2 0 1 5
-
2 0 1 7

上海侨务研究报告

上海侨务理论研究中心◎编

U0783260

华东师范大学出版社

目 录

侨务实践与工作探索

政策比较与经验借鉴

序言

2015 年是"十二五"规划完成之年,2016 年是"十三五"规划起始之年。2016 年 12 月,国务院印发了"十三五"时期侨务工作指导性文件《国家侨务工作发展纲要(2016—2020 年)》,以凝聚侨心侨力、同圆共享中国梦为主题,以推动侨务工作全面协调可持续发展为主线,明确了"十三五"时期侨务工作的指导思想、基本原则和目标任务,从法治、经济、科技、文化、教育、社会等各方面对我国侨务事业作出总体规划。《上海侨务研究报告(2015—2017)》以 2015 年至 2017 年这一承上启下时期内的多项研究为对象,囊括侨情、涉侨政策、侨务与国家战略、侨务与经济、侨务与文化、侨务与社会治理等方面的选题,不仅展示了近年来上海侨务理论研究工作者对侨务工作的思考和探索,而且反映了上海侨务事业的发展情况。

本书收录的研究报告共分为四个部分。

"文化传播与'一带一路'建设"篇侧重探讨上海侨务工作如何服务"一带一路"倡议。"一带一路"倡议自 2013 年习近平总书记提出以来,经过数年的布局与开拓,已经取得了多方面进展。本篇认为可以通过侨务工作凝聚"一带一路"沿线国家华侨华人力量,发挥其熟知所在国社会、市场和法律环境的优势,帮助"走出去"企业与所在国对接,化解企业在当地的法律风险;发挥其通晓中外语言文化、熟悉当地风土人情的优势,向"一带一路"沿线国家客观地介绍中国,促进实现民心相通。同时,随着中国的和平发展及国际地位上升,中华文化的传承传播更具时代价值和生命意义。本篇也探讨了通过华侨华人传承和传播中华文化的途径。

"上海侨情与城市发展"篇一方面通过对上海侨资企业的调研,辨别了侨资企业推动上海科技创新的制约性因素,指出侨资企业自改革开放以来在我国经济发展中始终占据重要份额,在上海加快向具有全球影响力的科技创新中心进军的发展阶段,应充分发挥海外侨资侨商作为上海经济转型升级和科技创新的重要参与者作用,将侨资企业发展与国家战略、上海发展规划相衔接,发挥海外侨商资金雄厚、专业技术先进、管理理念科学、视野国际化和商业网络广泛等独特优势。另一方面通过分析海外上海籍华侨华人和华侨华人总体结构的新特点以及海外上海高校校友会概况，探讨侨务工作汇聚华侨华人资源的方法与对策，认为应该立足当前上海城市战略发展与转型升级的需要，制定既符合国家侨务和人才政策总体要求，又符合上海特点和发展需求的侨务政策，以在海外引智工作中进一步打开局面。

"侨务实践与工作探索"篇结合上海侨务工作的实践探索，探讨社会治理结构创新与侨务工作功能定位，分析网络时代侨务工作的方法创新，调研了具体问题——如侨界空巢老人养老问题的供需矛盾等，为上海侨务工作提出针对性对策建议。

"政策比较与经验借鉴"篇试图通过对他国侨务政策的汇总与分析，为我国国内侨务工作，如引资引智、海外公民权益保护和海外侨民教育，提供经验借鉴和对策建议。

本书的作者众多，分别来自专业研究机构、大学和政府研究部门，署名为个人的，其观点仅代表作者本人。书中涉及的统计和调查数据，由于来源不同，口径不同，调查的时点不同，可能存在不尽一致的情况。全书难免有欠缺之处，在此恳请专家、同行和读者给予批评指正。

步入新时代，侨务工作肩负"广泛团结联系海外侨胞和归侨侨眷，共同致力于中华民族伟大复兴"的新使命，我们需要在习近平总书记关于侨务工作重要论述的指导下，加大海外侨情调研力度，准确把握海外侨务资源状况，为侨务工作实践提供更坚实的理论依据。希望本书能引起更多理论研究工作者对侨务理论研究的关注，并给今后的工作带来一定的启发和帮助。

编者

二〇一八年十月

文化传播与"一带一路"建设

"中国企业的海外机会"专项调研报告

上海市人民政府侨务办公室课题组[*]

摘要： 实施"走出去"战略是党中央从我国经济发展全局出发作出的重大决策，是全面提高我国对外开放水平的战略部署。"走出去"是战略，"走进去"需策略。为了帮助我国企业更好地了解海外发展机会，更好地发挥海外华侨华人在"走出去"战略中的独特作用，上海市人民政府侨务办公室开展了"中国企业的海外机会"专题调研，对美国、加拿大、巴西、墨西哥、瑞典、意大利、西班牙、南非、印度尼西亚等19个国家的100多位当地政要、知名华侨华人进行访谈，并通过网络问卷向20多个国家的400多位侨领进行调查，以华侨华人的视角梳理中国企业"走出去"可以利用的资源、市场进入机会和面临的风险，提出创造更大价值、明确投资导向、规避投资风险、尊重文化差异、提高员工素质、实现互利共赢等中肯建议。

关键词： "走出去" 企业 侨务 华侨华人

实施"走出去"战略是党中央从我国经济发展全局出发作出的重大决策，是全面提高我国对外开放水平的战略部署。"走出去"以利用国内外两

---

* 执笔人：林善浪。

种资源和两个市场为特征,是发展社会主义市场经济、实现资源优化配置、拓展经济发展空间、不断提升国际市场竞争力和促进社会经济结构战略性调整的必然选择,也是全面增强经济发展后劲和推动经济社会协调发展的必由之路。"一带一路"倡议的提出和实施,为中国企业"走出去"创造了难得的历史机遇。

一、专题调研概况

自 2000 年实施"走出去"战略以来,我国对外直接投资快速增长。在中国企业"走出去"的良好态势中,也存在一些问题。这些问题导致中国企业在"走出去"过程中遭遇风险,甚至失败。

"走出去"是战略,"走进去"需策略。海外华侨华人长期生活在海外,他们熟悉居住国(地区)的投资政策、资源和环境,同时又了解中国。因此,他们知道中国企业到其所在国家(地区)发展的机会在哪里、风险在哪里以及如何规避这些风险。他们是中国海外投资的先行者和实践者,是中国实施"走出去"战略的积极参与者,也是中国企业"走出去"的合作者和重要桥梁。为了帮助我国企业更好地了解海外发展机会,更好地发挥海外华侨华人在"走出去"战略中的独特作用,倾听海外知名华商侨领的经验之谈、智慧之言,促进我国企业对外直接投资和国际经济合作的发展,2014 年,上海市人民政府侨务办公室以"发挥海外侨务资源优势,服务中国企业走出去"为主题,开展全球范围的专题调研,先后到美国、加拿大、巴西、墨西哥、瑞典、意大利、西班牙、南非和印度尼西亚等 19 个国家,对 100 多位当地政要、知名华商和侨领进行访谈,获得大量第一手资料。上海市人民政府侨务办公室还通过网络对澳大利亚、西班牙、加拿大、智利、马来西亚、乌干达、德国、墨西哥、柬埔寨等 20 多个国家和地区的 400 多位华侨华人社团成员和华商开展问卷调查和访谈,获得大量第一手资料。

本调研报告即充分反映了这次调研活动的成果,从华侨华人的视角出发,梳理中国企业"走出去"可以利用的资源、市场进入机会和面临的风险,以更好地服务"走出去"战略。

二、机遇与挑战

（一）中国企业"走出去"的机遇

中国企业"走出去"，市场广阔，商机无限。一方面，世界主要发达经济体仍处于"后危机"时期，经济低迷仍将持续，资产价格大幅缩水，这吸引着有条件、有实力、有比较优势的中国企业到境外投资办厂、开展低成本的并购，整合品牌、技术、渠道；另一方面，新兴经济体"工业化"、"城镇化"需要大量设备与投资，吸引中国企业"走出去"，建立海外资源基地和制造业基地，参与基础设施投资，扩大农业对外合作。此外，中国劳动密集型产业正逐渐丧失竞争力，要求中国企业到国外建立生产基地，在全球范围内配置优势资源，促进产业链升级。

1. 发挥比较优势，拓展海外市场

（1）旅游业

此次调研的部分国家拥有得天独厚的自然条件，旅游资源丰富，但宾馆、餐厅和酒吧等配套设施缺乏，景点、景区开发不足，投资空间巨大。

① 巴西伊瓜苏——"三角地"

伊瓜苏地处巴西、巴拉圭、阿根廷三国交界处，三国人员来往方便。其主要旅游资源有伊瓜苏国家公园、伊瓜苏瀑布、鸟园、蜡像馆等，每年游客流量可达150万—200万人次，当地居民收入的55％来源于旅游业。巴西—中国工商文化科技交流协会会长蔡标认为，"来自世界各地的游客到伊瓜苏来实际上仅仅花了半天时间去看一个瀑布，因为并没有其他旅游设施能将他们留在这个地方"。近年来，伊瓜苏为了吸引更多外资，不仅提供优惠的建设用地，还制定了十年免税的优惠政策。他们更希望中国企业投资建设旅游景点，如花园、公园或者植物园，增加旅游景点的多样性，增强对游客的吸引力。

② 印尼——"万岛之国"

印尼共有1.7万座海岛，海洋风光秀丽，开发潜力巨大。目前，除巴厘岛外，其余待开发的风景优美的岛屿地价较为低廉，如能在这些岛上开发建成高端旅游设施，那么其发展前景将会十分可观。此外，随着游客数量逐年增长，印

尼一线、二线甚至三线城市的酒店供应不足,发展潜力巨大。

③ 南非——"彩虹之国"

南非是非洲大陆第二大经济体,旅游资源非常丰富,它能够提供多种多样的自然、探险以及时尚体验,是国际知名的度假天堂。旅游业是南非六大经济支柱产业之一,而且是南非所有支柱产业中创造就业机会最多的产业。相当长的一段时间内,南非旅游的主要客源来自欧美。近年来,南非作为我国与非洲经济贸易往来的门户,已经开通了直飞航线,我国赴南非的游客人数不断跃升。目前,中国已经成为南非第四大海外客源市场,为中国游客服务的旅游业及其配套产业蕴藏着巨大的投资机会。

(2) 酒店业

① 南非酒店并购的商机

随着旅游业的不断发展,南非酒店业也进入新的发展时期,中国企业俊安集团在南非投资的四星级酒店年入住率达到 60%—70%。该集团负责人陆思琦认为,2010 年南非足球世界杯申办成功刺激了南非酒店业的发展,而 2008 年金融危机的爆发使得大批酒店负债累累,这给中国企业通过并购、重组等方式进入南非酒店业市场提供了契机。同时,随着酒店业的发展环境日趋良好,南非银行越来越将酒店业看作一种金融模式,更加乐意为企业提供贷款服务,很好地解决了本地融资问题,能够有效避免汇率风险以及中资企业"外保内贷"难题,一举多得。具体而言,酒店建设要反映南非的特色,如具有民族风情的B&B(bed and breakfast)酒店,能够观察野生动物、提供打猎服务的民宿等,都是非常不错的投资选择,也能更好地吸引中国游客。

② 意大利酒店迎来最佳投资机会

意大利历史文化悠久、地中海风光无限,前去观光的游客与日俱增。结合中意之间经贸往来和游客增长等情况来看,投资意大利酒店业的前景十分广阔。意大利企业联盟华人联合会常务副主席、蓝色地球酒店集团董事徐银荷认为,目前是收购地产的绝佳时间点。在她看来,意大利的酒店是种稀缺资源,罗马的酒店总量基本得到控制,投资价值非常高。

(3) 农业

① 中国农业技术在南非有优势

南非上海总商会会长、全非洲和平统一促进会副会长、南非开普敦鑫旺府食品超市董事长胡建民认为,农业是南非最大的机会。首先,南非的农产品需求量巨大,而本地的供应量及技术水平不足。其次,南非土地价格非常便宜,当地人很欢迎外商通过租用土地的形式进入当地市场。这样做一方面能够解决当地人就业问题,另一方面也能够提高当地的农业技术水平。

②中国农产品深加工技术和养殖技术在印尼有优势

印尼是一个多民族国家,牛肉、鱼类的消费量较大,但精加工食品较为匮乏;棕榈油的产量很大,但大多数原料都经过采集直接出口了;渔业资源很丰富,但缺乏大型的捕捞设备和人工养殖技术。印尼实嘉集团董事长黄世伟认为,"印尼现在可供养殖的地方还很多,因为印尼是'千岛之国',由17 000多个岛屿组成,是全世界最大的群岛国家,疆域横跨亚洲及大洋洲"。印尼有2.48亿人口,其中15岁以上劳动力人口1.21亿人,劳动力充足且廉价。中国和印尼正处于前所未有的战略互惠期,再加上其中有2 000多万华人牵线搭桥,中方企业完全可以利用自身的技术、资金、管理优势进入印尼食品精加工、棕榈油深加工和海洋养殖业。

③中国农产品加工技术在巴西有优势

巴西拥有良好的农业资源,如果大面积耕种粮食可以养活全球30亿人。但由于缺乏农产品深加工技术,产品附加值很低。对中国企业来说,投资巴西农业是个很好的商机,包括大豆、棉花、蓝莓、蜂蜜和牛肉等农产品加工以及养殖水产品深加工等行业。

(4)教育业

①美国私立学校投资回报率高

美国的一些私立学校具有教会背景,经济危机使教会收到的捐助变少,其对学校的投资自然也就随之减少了。在这样的背景下,投资私立学校成为中国企业的一个好机会,可以选择以参股方式进入。美国远程教育基金会主席、南加州华人联合总会创会会长程远指出:"现在国内出国留学人群呈现出低龄化的趋势,因此,对高中、初中、小学的投资比较热门。一般来说,只要有300万—500万美金的投资,就可以控制学校50%以上的股份。教育项目的投资回报率相当高,基本上在30%—50%左右。现在留学环境也越来越好,市场非常大,许多人都在排队等待入学名额。"

② 南非技术培训需求大

在南非,投资本地化的关键环节是技术人员的本地化,而南非技术人员相当缺乏。当前在南非投资的中资企业的技术人员大多是从国内带去的。如果中方企业能够投资本地化的技工学校,一方面可以帮助南非培养技术人员,改变缺乏技术教育培训的现实,另一方面也可以降低中资企业的劳务成本,是一种双赢的投资。技能培训与企业投资配套"走出去"是一个很好的投资思路,可以让当地政府、员工以及市场对企业更加有信心,减少对中国企业没有长期经营战略的担忧。

(5) 珠宝业

南非钻石加工业的商机非常大。南非华人珠宝商邰雷认为,南非最出名的珠宝为钻石。南非是钻石的原产地,那里的钻石不仅品质好而且价格便宜。如果不考虑钻石品牌,一般店铺同品质的钻石要比国内便宜30%—40%。南非钻石行业70%—80%的份额被英国珠宝商垄断,因此,奢侈旅游纪念品可能是中国厂商进入南非市场的一个突破口。钻石是稀缺性资源,在市场上的价格非常稳定,投资风险很小。邰雷建议有意投资南非钻石的企业走品牌化之路,因为珠宝行业看重的是附加值,原材料批发的利润空间已越来越稀薄。

(6) 基础设施

① 非洲基础设施投资需求大

目前,非洲经济呈现良好的增长势头,但基础设施建设很薄弱,中国企业完全可以利用中国援建非洲基础设施几十年的经验和口碑,拓展基础设施建设市场。据南非海联投资集团董事长曹行知介绍,自20世纪90年代起,南非基础设施建设状况始终没有大的改善,但近年来一下子增加了3 000亿美元的投资计划,其中包括3 000亿兰特(约合1 800亿元人民币)的铁路、港口、管道等交通设施投资。中国在非洲有几十年的建设铁路、港口的经验,技术水平越来越高,管理模式越来越成熟。现在是进入南非基础设施建设市场的绝佳时刻,一些有先见之明的中国企业已经开始布局,并拿到了一部分订单。

② 柬埔寨基础设施投资潜力很大

柬埔寨上海商会提供的信息显示,柬埔寨现在万业待兴,在基础设施建设方面需求很大。由于和中国关系的特殊,柬埔寨政府有针对中国企业的优惠政策。柬埔寨的土地价格也特别便宜,吸引了世界上很多国家前去租赁土地,租赁权一般可达 50 年。

　　(7) 新能源产业

　　南非的太阳能产品市场潜力巨大。我国太阳能技术成熟，具有比较优势，但产能严重过剩，"走出去"的势能最足。据南非阿波罗太阳能公司朱怡苑介绍，南非的太阳能产品市场相当广阔。首先是市场潜力大。南非太阳能热水器的普及率不到 10%，市场空间巨大。其次是市场竞争不充分，目前仅有两三家企业竞争。第三是利润空间较大，利润率约为 20%。但是，南非市场准入较为严格，产品在进入市场之前有一个很长的检测期，导致许多企业由于无法承受而选择放弃。现在，南非政府要求外资企业本地化，进一步提高了市场准入门槛。为此，她建议有意进入南非新能源市场的企业：要做好长期发展的打算，仅仅考虑短期发展是很难生存下来的。

　　(8) 装备制造业

　　印度尼西亚扼守马六甲海峡，是东盟最大的经济体。印尼制造业在长达十年的衰退后开始出现强劲反弹，纺织服装、鞋帽制造业已迅速发展为印尼的重要产业，产业供应链比较完备，产值、出口额和就业规模在全国各行业中居领先地位。但是，印尼高端制造业比较落后，成套设备及其零配件基本依靠进口，市场潜力很大。根据日本 625 家制造业企业的调查，最具有投资潜力的国家，219家企业选择印尼，占 44.9%；213 家企业选择印度，占 43.6%；188 家企业选择泰国，占 38.5%；183 家企业选择中国，占 37.5%，再往下是越南、巴西等国。目前，印尼政府正在评估提高部分工业制成品进口税率的可行性，涵盖 10 000 个现有税号中的 741 个税号，包括纺织品、下游化工产品、基础金属、车辆等。经过 30 多年的改革开放，中国企业在装备制造业的技术和能力大幅度提高，投资印尼成套设备等装备制造业，正是时候。

　　2. 延伸产业链条，打造全球企业

　　(1) 输出知名品牌

　　① 依托华商发展加盟店

　　国内大型企业联合海外华人企业，利用其影响力进行品牌输出，也是一种有效的"走出去"方法。2014 年，经上海市政府侨办牵线，"锦江之星"品牌的第四个海外拓展项目——印尼项目正式签约，将锦江之星品牌在印尼的特许经营总代理权授予当地华人企业金峰集团。其主要内容为：在印尼境内，由金峰集团根据授权要求设立自营店和发展加盟店，品牌授权期限为15年；在整个合同期及续约期内，金峰集团应发展不少于100家锦江之星酒店，其中，前三年不少于5家，前五年不少于10家，前15年不少于30家；自营店与加盟店应按照至少2：8的比例，且前三年所开设的酒店中自营店应不少于两家。锦江之星"以品牌输出换市场"的方式，对国内企业"走出去"具有很好的借鉴意义。

② 以股权置换、并购方式输出品牌

近年来，国内颇具实力的房地产开发公司纷纷亮出"自主酒店品牌"，并将海外并购的触角延伸到酒店业。2012年12月13日，绿地集团与西班牙美利亚（Meliá）集团签约，双方就中、欧多地自有资产高星级酒店经营权置换达成合作协议，并拟就绿地自主酒店品牌"走出去"开展全面战略合作。万达集团继英国伦敦、西班牙马德里、美国芝加哥等地之后，2014年8月完成了对澳大利亚黄金海岸市珠宝三塔项目的并购，并计划建一栋五星级酒店和两栋销售型酒店式公寓。到2020年，万达将在世界12至15个主要城市建设万达品牌的五星级酒店，打造具有国际影响力的中国高端酒店品牌。

（2）拓展高端产业链

自2008年信贷危机以来，国外许多企业陷入债务危机，吸引了很多中国实力企业到海外抄底，这股风潮一直延续到了现在。

目前，我国企业的海外并购主要是以升级技术链和产业链为目标的并购。美籍华人、潍柴动力股份公司副总裁钱诚在2009年和2012年进行了两次并购活动。潍柴集团的核心业务是柴油机，其在2009年收购了法国马赛的博杜安公司、意大利排名第一的豪华游艇企业法拉帝75％的股权之后，拥有了船用的推进系统，延伸了产业链。法拉帝之前的业务主要集中在欧洲和美国，潍柴控股后更加注重开拓亚太新兴市场。收购法拉帝，相当于建立了一个开发高端艇用发动机的载体，从而打破了德国企业的长期垄断地位。法拉帝原先深陷债务危机，被并购后利用潍柴在中国银行的信誉获得贷款——由此也为中国银行业拓展意大利业务提供了机遇。从潍柴收购案例中我们看到，海外并购不仅是收购一家企业后得到它原有的市场和销售渠道，更应当关注该公司所持有的专利技术、所处的产业链地位等优势。

（3）以投资占领市场

成功"走出去"的企业不一定是最先进的、技术最好的，但一定是适合当地情况的。某些产业在中国已经进入产业生命周期的成熟阶段，甚至衰退阶段，发展困难，但在国外却可能是朝阳产业，发展前景光明。

① 农药企业走出去机会多

中国每年有 60 万吨农药出口到其他国家，中国企业可以在当地建厂，占据当地农药市场，并向周边国家和地区辐射。

② 印尼地产市场潜力大

中国房地产业和建筑产业成熟，而印尼房地产开发主要集中于首都和少数几个大城市，多数中小城市比较薄弱。再加上印尼土地实行私有制，使用权没有年限限制，这给中国房地产企业进入印尼提供了机会和空间。

③ 制药企业在非洲有机会

乌干达方方集团董事长、华人女企业家方志认为，位于非洲中部的乌干达，经济社会发展水平相当于 20 世纪 80 年代的中国，很多方面都存在商机。比如投资开制药厂就是一个很好的机会，她本人愿意和国内企业合作，共同发展。

3. 整合创新资源，接轨前沿技术

从 2001 年到 2013 年，我国高新技术产品出口增长了 6 倍，已成为全球第一大高新技术产品出口国，笔记本电脑、手机、彩电等产品的全球市场份额都超过50％。随着中国创新能力和发展水平的提升，高新技术产业开始由简单的产品出口向资本、技术、产品全面出口转变，涌现了一批世界级的高科技企业。今后，中国将实施更加积极的高新技术产业开放战略，支持高新技术企业"走出去"，既要接轨发达国家的前沿技术，也要在新兴国家和发展中国家建立高科技产品生产基地，在不同技术梯度国家、不同市场之间合理配置创新要素，培育世界水平的高新技术跨国公司。

（1）硅谷充满投资机会

硅谷是世界高科技产业，尤其是计算机产业的中心，正如华尔街是世界金融中心一样。投资硅谷就意味着与电子信息前沿技术接轨。现在不少中国投资者开始转战硅谷，或加入硅谷的基金，或将目光投向硅谷的项目，包括阿里和

腾讯在内的互联网公司,相继在硅谷设立了投资机构。全美知名侨领、企业家和社会活动家方李邦琴女士指出,创新需要资金的支持,硅谷的模式就是"科技创新＋金融创新",首先要把金融做好。要更多地利用当地团队,包括律师事务所网络、财务事务所网络等。中国企业或者资本来到硅谷寻求投资机会时,获得律师事务所的帮助是一个好方法。尤其要指出的是,硅谷集聚了大批华人企业家和工程师,"没有华人就没有硅谷",几乎每个科技公司都有大量的华人活跃在各个阶层,尤其是一线工程师。玉山科技协会、华源科技协会、硅谷中国工程师协会等华侨华人专业人士社团都拥有数以千计的会员,在硅谷都有一定的影响。对有意进军硅谷的中国企业,华侨华人能够提供新技术、商务咨询等方面的协助。

（2）技术优势与印尼市场、劳工优势互补

印尼是东南亚人口最多的国家,是世界第四人口大国。近年,印尼经济保持较快增长,出口增长强劲,是中国在东南亚地区最重要的市场之一。随着经济发展,印尼对电子设备、通讯服务等高科技产品的需求日渐走高。同时,印尼劳动力资源丰富。中国高科技企业的技术、资本优势与印尼市场优势、劳动力资源优势具有很强的互补性。华为2000年进入印尼,刚成立时只有几十名员工,如今已发展为印尼通讯行业的领军企业,年销售额十几亿美元,为印尼10家领先运营商中的9家提供服务。华为印尼十分重视融入本地,有250多家当地供应商,设立了3个研发中心,还与当地大学合作;现有4 000名员工,其中80％以上是印尼本地人。中国企业投资印尼的另一个优势是华人和华商多。印尼共有华侨华人两千多万人,约占海外全部华侨华人的1/3,有利于中国企业融入当地。

（3）借助海外电子商务平台"走出去"

随着互联网,尤其是移动互联网的不断普及,电子商务平台日益成为企业发展的新方向。中国企业"走出去"同样可以依托这样的平台,实现商品的海外网络销售。美国亿贝（eBay）网就是这样一个可以借力的平台。成立于1995年的eBay,经过二十年的发展,已经从一个简单的拍卖网站,成为全球电子商务的巨人,在美国等欧美国家更是电商巨头。eBay大中华区从2006年开始转型跨境电商,发挥中国制造在全球贸易链中的竞争力以及中国商家和小微企业在这方面的优势,中国的出口额迅速增长。2013 年,出口品类前五大类分别是电子、时尚、家具、汽配、收藏品,增长速度最快的是家具、汽配、时尚类。此外,eBay 中国提供适合线上 B2C(Business-to-Customer)跨境零售出口的物流模式,提高了各种产品销售到海外的能力。同时,推广海外仓储,为国内商家提供便利。目前,电子商务海外成熟市场体量大、增长稳。欧美线下零售非常发达,线上电子商务也发展了近二十年,整个生态环境非常成熟。当地消费者对中国的产品接受度非常高。根据第三方专业部门评估,欧美线上零售额将持续增长,在今后五到十年内远远超过线下零售的增长。随着时间的推移和消费者对网购接受度不断提高,跨境电子商务将有更大的机会。新兴市场也在爆发式增长。如阿根廷 2013 年电子商务的增长率达到 130%,消费者对进口产品,特别是对中国制造的进口产品有着非常旺盛的需求,这两方面结合在一起就产生了新兴市场的高速增长。中国商家和小微企业对于海外市场的理解是有限的。因此,依托成熟的跨境交易平台是一个非常好的办法。很多国内小微企业已经从跨境网络销售开始,进而在海外设立仓储并提供售后服务,并进一步把研发设计等业务移到海外,从而稳步实现企业"走出去"。

4. 扎根区域中心,辐射周边市场

广阔的海外市场、资源全球化配置是吸引中国企业"走出去"最重要的两大因素。多数中国企业"走出去"刚刚起步,要先扎根于某个优势市场,逐步向周边国家拓展。

(1)南非是拓展南部非洲的"桥头堡"

南非作为南部非洲的经济中心和门户,辐射周边 12 个国家。中国企业如能先在南非市场扎根,就比较容易进入南部非洲其他国家的市场。中国南车集团和北车集团就是典型案例。南车集团南非分公司总经理王国军指出,南非就是南部非洲的中心国家,只有在南非站稳了脚跟,才能辐射周边国家,从而实现在整个非洲市场的长期发展。北方车辆南非分公司总经理王辉指出,北方车辆实施"走出去"战略时,特别重视对具有"桥头堡"特征地区的投资,南非作为南部非洲的"桥头堡、排头兵",是北方车辆拓展海外市场的重要突破口。

（2）巴西是拓展南美洲的"桥头堡"

巴西是南美洲最大的国家，拥有丰富的自然资源和完整的工业基础，国内生产总值（GDP）位居南美洲第一，为世界第七大经济体，是南美洲国家联盟、南方共同市场、20国集团的成员国，是中国企业进入中南美洲市场的"桥头堡"。例如，奇瑞集团经过两年多的考察，于2014年8月决定在巴西雅卡雷伊建立奇瑞巴西工业园，作为拓展中南美洲市场的基地和跳板。中南美洲有51个国家或地区，人口约为5.62亿，许多国家人均GDP超过1万美元，消费水平相对较高。其中，巴西和墨西哥占中南美洲经济总量的60%。中南美汽车市场增长迅速，是继北美、亚洲和欧洲之后世界第四大汽车市场，潜力巨大。

（二）中国企业"走出去"的挑战

伴随新一轮企业"走出去"热潮，境外投资风险呈上升趋势，包括可能面临社会安全风险、法律法规风险、市场风险、技术风险、文化融合风险等。有效的风险管理是中国企业对外投资成功的最基本前提，是企业"走出去"的第一步。调研过程中，华侨华人也解析了中国企业"走出去"时应该如何有效控制风险，积极作为，趋利避害。

1. 不熟悉当地法律法规

中国企业在海外投资时，尤其需要重视国家安全、反垄断、环保、反腐败和劳动等相关法律问题，规避法律风险。

（1）投资南非先读《黑人经济振兴法案》

南非的《黑人经济振兴法案》（Black Economic Empowerment Act，BEE），对"黑人企业"进行了分类：黑人拥有公司51.1%以上的股份和掌控权，为黑人企业；黑人拥有公司25.1%以上的股份和掌控权，为黑人授权企业；黑人拥有公司5%—25%的股权，为黑人影响力企业；以上黑人股份中黑人妇女占有30%以上的股份，则为性别平等企业。BEE法案还规定公司必须将税后利润的3%用于教育培训，1%用于社会发展项目。BEE法案的规划目标包括：凡在约翰内斯堡证交所上市的公司，黑人至少拥有25%的股份；约翰内斯堡证交所上市公司中40%以上的董事须是黑人；30%以上的生产性土地归黑人所有；50%以上的政府和国企采购须由黑人企业承担,同时合同中30％的份额须由黑人中小企业所有;政府针对私人企业的资助中,40％的份额须由黑人企业所有;国家金融财务公司50％以上的借款人须是黑人;30％以上的政府－私营BOT（Build-Operate-Transfer,指基础设施投资、建设和经营)项目须与黑人企业合作。BEE法案采用评分制度,根据股权、管理控制、平等就业、技术发展、定向采购、企业发展、社会经济发展等方面的表现给企业打分。评分作为政府和公共企业在采购、执照发放、优惠政策倾斜、公私合作、国有资产出售等过程中的重要参数,直接影响企业竞标政府项目的结果,对所有赴南非投资的外国企业有深远影响。计划在南非投资的企业,要先吃透BEE法案的各项细则,了解BEE法案在实际执行过程中的情况和相关案例。

（2）投资巴西应注意《统一劳工法》

巴西《统一劳工法》规定了严格的、细致的劳工权益,企业稍有不慎,就会陷入劳工纠纷或受到行政处罚,蒙受不必要的损失。具体来说,一年至少发13个月的工资。除法定假日外,劳工每年还享有30天的带薪假期,一年真正的工作时间也就是200来天。劳工"正常工作时间"之外的加班按"正常工作时间"小时工资的150％计酬,夜间工作按日间工作工资的120％计酬,假日工作按平常工作工资的200％计酬。劳工享有劳工家庭津贴、工龄保障基金、社会保险金等权益。

（3）意大利解雇员工不容易

在意大利,雇主与员工应以书面形式签订定期合同和非全日制工作合同,绝大多数企业采用集体劳动合同。意大利法律规定,雇员在两种情况下可被解雇:一是充分理由,指员工严重违背职责,导致不能维持工作关系的连续性;二是正当理由,包括雇员不遵守职责,不执行管理者发布的重要指令,对机器和设备造成实质性损坏,雇主希望重组生产或者劳动力。雇主需要将解雇计划及原因向省级劳动部门报告,这是强制性的且需要在解雇前进行。解雇要采用书面形式并且详细列明解雇原因,否则无效。雇员被解雇后有权获得强制性赔偿金。可以说,意大利对劳工的保护是非常严格的,如果用工合同没签清楚,很难辞退当地职员。有些中国企业进入意大利市场时没有了解情况,给自身带来了很大的困扰。

（4）加州限制竞业禁止协议

美国律师大卫·李（David C. Lee）指出，在加州，竞业禁止协议是禁止签署的，除非你的公司被收购。公司被收购时，将要求签署合理的竞业禁止协议，竞业禁止年限一般为一到两年。员工决定辞职去成立一家新公司时，公司不能要求员工与之签订竞业禁止协议。

2. 与当地工会组织的关系

（1）西方的工会力量强大

西方的工会组织经历了 100 多年的发展，非常有组织性，已经上升到政府强制性的法律保护层面。中国企业在海外投资，要学会与工会打交道，适应当地的谈判程序和习惯。海外并购一般都会涉及裁员，但在并购谈判时西方工会组织就会把不裁员写入谈判条件中。西方国家的人力成本非常高，社会福利成本也很高，劳资是海外并购案最难谈拢的地方，即使谈拢了，并购后也经常会遭遇加薪、加福利的要求，若不答应，工会就会以罢工相要挟。因此，中国企业无论走到哪个国家，都应主动向中国驻当地使领馆了解当地工会情况及其相关事项，加强与当地工会的交流，准备切实有效的应急预案。同时，要在国际商务活动预算中，增加工会风险系数，安排必要的安全成本预算。一旦有纠纷产生，应采取比较温和的、协商的方式予以化解，将风险造成的损失降到最低。

（2）非洲的工会越来越活跃

非洲工会多，成员广，比较成熟和独立，是庞大的非政府组织。20 世纪 80 年代以来，非洲的工会越来越活跃，而且越来越有影响力，有些非洲国家甚至存在"强工会弱政府"的现象。劳资纠纷在非洲比较突出，同非洲工会打交道是我国企业面临的一个新课题。近年来，中国企业驻非洲的公司、工厂为工会所扰的例子已屡见不鲜。非洲的工会和我国的工会有着根本性的区别，一些中国企业用处理国内工会问题的办法去对待和处理非洲工会问题，是行不通的。一旦出现劳资纠纷，非洲工会一般都会介入，同时政府也会过问，企业必须慎重对待。

（3）南非工会集中程度高

南非的工会会员有 310 万，占正规劳动大军的 25％。与美国小工会林立的情况不同,南非工会的集中程度相当高,最大的南非工会全国大会(COSATU,简称工全会)是世界上三大工会之一,下属21个行业工会,共有会员180多万,约占全国工会会员的60%。南非贫富差距很大,工会的社会动员能力强。南非上海总商会会长胡建民坦言:"南非最大的问题还不是治安问题,工会问题才是阻止外资企业进入南非的最大难题。南非工会组织具有极大的权力,并且由于工会组织存在不同程度的贪污、腐败问题,甚至会威胁到外资企业的生存。"中国企业想进入南非市场,必须做好与工会打交道的心理准备。

3. 土地开发制度的差异

部分国家虽然实行土地私有制,但土地开发利用普遍实行用途分区管制,如日本、美国、加拿大等国家实行"土地使用分区管制",英国实行"土地规划许可制",法国和韩国等国家实行"建设开发许可制"等。一些国家还严格限制外国投资者的土地购买和使用权。在"走出去"的过程中,中国企业要先熟悉当地土地开发利用制度。

(1)澳大利亚房地产开发商要负责附属公共设施建设

澳大利亚绿色建筑研究所所长唐志宏指出,建工集团发现澳大利亚有一个很好的房地产开发项目,认为这是一个不错的商机,投资预算20亿美元。但是,澳大利亚的土地开发法规规定,房地产开发商必须承担附属公共设施建设。如果加上附属公共设施建设成本,该项目就很难盈利了。

(2)巴西严格限制外国企业购买土地

2010年,巴西政府出台法令,规定外国人、外资企业或外国人控股的巴西企业,不得购买250公顷以上或租赁5 000公顷以上的土地,由外国人或外国公司控制的土地规模不得超过所在市镇土地总面积的25%。2011年,巴西政府又出台新的法令,禁止外国人、外资企业及外国人控股的巴西企业购买或并购拥有土地所有权的巴西企业。

4. 中外社会文化的冲突

中国企业要想成功并购国外公司,除了资金、信息、战略策划之外,文化融合是关键。不同国家的文化差异很大,商业联络和其他方面联络的方式不一样,做事情的方式也不一样。即使是同在欧洲,各个国家之间的文化差异也很大,如德国和法国的交流方式存在很大的差异。公司实际上是一种文化。在公司文化整合中,涉及不同国家的意识形态和文化价值观。中国企业在国外并购,如果不了解当地文化,就很容易掉进陷阱。

(1) 意大利工作节奏慢

意大利上海联谊总会会长曹传豪、意大利宋庆龄基金会主席金慧都指出,企业文化差异是中国企业与意大利企业合作失败的一大原因。意大利企业工作节奏较慢,而中国企业工作节奏较快。中国企业希望已经谈定的合同马上签字,而意大利企业希望考虑周全后再签字。建议中国企业在意大利进行投资之前,尽量与华侨和商会组织联系,了解当地的企业信息与做事习惯。

(2) 美国硅谷人非常好起诉

美国硅谷是一个重视规则的地方。因而硅谷企业的合同通常很长,事无巨细,试图将所有的意外情况尽可能地在合同里列出。硅谷人非常好诉,有时甚至会因为一些细枝末节起诉别人。投资硅谷的中国企业需要了解,诉讼是经营公司的一部分。

(3) 在印尼要尊重穆斯林风俗

印尼是世界上穆斯林人口最多的国家,约87%的人口信奉伊斯兰教。中国企业在印尼投资,除了要在饮食、生活习惯等方面为员工创造便利外,还要在每个作业点和固定办公场所为穆斯林员工提供祈祷室。

5. 贸易保护暗潮的涌动

(1) 投资保护主义明显抬头

受美国金融危机、欧洲债务危机等方面的影响,目前国际投资保护主义开始在全球兴起,各国频繁颁布国际投资保护措施,形式多样化,主要表现在设置海外投资准入壁垒、严格的国家安全审查、企业社会责任要求、政治干预等方面,这对中国对外投资产生不利影响。例如,美国频频利用"政治壁垒"构建中资企业扩张障碍。中资企业在美投资、收购、销售、承包等行为在已符合当地法规、通过技术检测等前提下,仍屡次受阻。例如,华为公司接连被迫放弃收购美国3Com公司、2Wire公司、摩托罗拉移动网络部门和技术公司3Leaf,中海油收购美国优尼科能源公司失利等。

（2）注意防范汇率风险

2013年底，由于美联储启动宽松货币政策退出机制，加上南非自身经济结构转型缓慢，面临经常项目和财政盈余"双赤字"的挑战，南非货币不断贬值，汇率波动达到30％。对此，不少投资公司合理利用对冲机制，规避汇率风险。当然，货币贬值是一把"双刃剑"，南非货币兰特持续贬值吸引了大量外国游客，酒店入住率得到大幅度提升；刺激产品出口增加，如葡萄酒出口因货币贬值而增加了26％。汇率波动是中国企业必须重视和认真对待的。

三、借力与用力

（一）华侨华人在"走出去"战略中的作用

海外华侨华人大多已经融入当地社会经济生活，并对当地经济社会结构发挥积极作用。在东南亚及南美洲的一些国家，华人在当地国民经济中占有十分重要的地位。中国企业在"走出去"的过程中，可以利用华侨华人资源，与当地华侨华人合作，开拓当地市场。同时，随着中国产业技术不断提升，海外华侨华人也愿意与中国企业合作，实现优势互补。

1. 洞察海外投资商机

中国企业对外投资还处于起步阶段，部分企业不能准确把握国际市场动向，不熟悉投资国的市场状况、投资环境、风土习俗，不熟悉国际投资的运行规则、法律制度，从而失去了很多进入国际市场发展的机会。企业海外投资失败，大多是因为缺乏前期市场调查。受访的多位侨胞都表示，他们对东道国经济社会各方面情况比较熟悉，愿意协助国内企业做好前期的准备工作。尤其是很多中小型民营企业有意"走出去"，又不舍得聘请投资咨询等专业机构开展市场调查，对它们而言，借助华侨华人的力量是一条难得的捷径。

尽管近年来我国驻外机构和国内商务部门都加大了挖掘海外投资信息的力度。但是，官方机构毕竟人手和力量有限，有一些投资信息难以及时、准确地收集和发布。华侨华人熟悉东道国的社会经济发展情况，不少华侨华人本身也经营企业,能够更全面、更及时、更准确地收集我国驻外机构难以收集的投资信息。

2. 把握当地市场需求

各个国家之间,甚至一个国家的不同地区之间,由于收入水平、民族文化、消费习惯等方面的差异,市场需求不仅被细分成多种层次的不同需求结构,而且会出现挑剔的客户和精致的需求。企业只有能够满足挑剔的客户和精致的需求,才能成为持续经营的跨国公司。这也是众多跨国公司实施本土化战略的重要目的。中国企业对外投资能否成功,关键在于能否把握当地市场需求,能否满足挑剔的客户和精致的需求。国内外消费者的需求差异很大,只有长期在当地生活的人才能准确地把握市场需求特征和发展趋势。依托华侨华人群体的帮助,是对外投资的中国企业把握当地市场需求的重要渠道。

3. 提供优质商务服务

中国企业"走出去",离不开专业的商务服务,包括会计、建筑和工程、金融、保险理财、信息咨询、广告、公关、教育培训、特许经营、管理咨询、计算机、研发技术等各个方面。但是,各个国家商务服务发展存在很大差异,法律法规、市场规则、行业标准和风俗习惯等方面也各不相同。不少中国企业对投资国的专业服务不熟悉,因而重金聘请外国专业机构,但外国专业机构常常无法准确理解中国企业对商务服务的实际需求,很难达到理想的合作效果。

海外华侨华人组建了众多的专业人士社团,集聚了一大批华侨华人专业人士。这些人都受过良好的教育,获得硕士、博士等相关学位,学贯中西,既了解西方的商业规则和西方人的思维模式,也深谙中国经商之道,能够把西方的国际化准则与中国实际结合起来,为中国企业"走出去"提供各个方面的优质商务服务。

4. 化解法律服务难题

中国企业海外投资所面临的风险,既有政治风险、文化风险,也有商业风险、道德风险和法律风险,多数风险都可以归结为法律风险。企业在投资经营过程中,处处会碰到法律问题,但各个国家的法律规定不仅差异很大,而且非常复杂、专业。中国企业对外投资碰到法律问题时,往往面临着双重尴尬:一是中国律师"走不出去"问题。我国的律师制度改革开放以后才恢复,中国法律服务业整体上还不具备"走出去"的能力,其中的原因包括不能熟练应用外文和外国法律、行业专业知识不够、境外法律解释和法律思维习惯欠缺等。二是外国律师"走不进来"问题。由于找不到合适的中国律师,中方企业在海外应诉时,往往只能聘请所在国的外国律师,但是,中西方文化、思维表达方式不同,专业律师了解法律的思维方式也不同,导致外国律师对中国企业不了解,双方难以自由沟通。

国外律师行业的华侨华人专业人士,兼具东西方文化背景,其中不少人具有成功办理重大案件的经验。他们具有天然的中西合璧的优势,可以帮助解决中国企业碰到的法律问题,为中国企业打官司,提供法律咨询。

5. 开发商事人脉资源

海外华侨华人帮助中国企业"走出去"的方式和渠道多种多样,除了资金、技术以外,帮助开发人脉资源也是重要的方式。中国企业进行海外投资时,建立人脉网络,培养友好感情,处理好与当地企业、主流社会的关系,也是十分重要的任务。人脉资源往往需要长期积累,华侨华人秉承中华文化传统,在构建人脉网络方面颇有建树。广大华侨华人乐意利用自身的人脉资源为中国企业"走出去"服务。

6. 缔结商业合作伙伴

经过艰苦奋斗、创业发展,华侨华人中涌现出一大批优秀的企业家,建立了自己的产业。华商企业和组织除了涉足传统的金融、商贸与制造业外,也积极开拓博彩、娱乐和服务业等新兴市场。华商重视彼此之间的互帮互助,构建了庞大的贸易网络、金融网络以及与此相联系的华人财团网络,在世界市场上驰骋,成为与西方国家财团相抗衡的巨大力量。在中国实施"走出去"战略的过程中,海外华商也是国内企业重要的商业合作伙伴。海外华商网络是能够迅速反应并提供多元化选择的商贸金融网络,能帮助中国企业有效避开东道国政策限制,分散风险,拓展营销渠道,有效地占领市场,融通国际资金。

（二）华侨华人对中国企业"走出去"的建议

在调研中,海外知名华商和侨领在深刻剖析中国企业"走出去"的机会和风险的同时,也对准备"走出去"的中国企业提出了中肯的建议。

1. 慎选伙伴,创造更大价值

不管是大型企业,还是中小企业,对于海外市场的"游戏规则",如税务、法律方面,都未必非常了解。这是中国企业要"走出去"所面临的困难之一。对此,中国企业可以采取合资的方式,较快适应当地环境。合资最重要的是寻找比较好的合作伙伴,形成"你中有我、我中有你"的合作关系。

印尼中华总商会副会长许世经建议,中国企业到印尼投资千万不要单打独斗,一定要合作。每个地方的民族特性、社会经济环境不同,风俗习惯和商业规则也不同。到印尼投资,最好是跟印尼当地华人、友族或者人品比较好的企业家合作。印尼著名的侨领和华人企业家陈伯年也建议,中国企业到印尼投资,关键是找到一个好的合作伙伴,不建议一开始就采取独资方式。

2. 有的放矢,明确投资导向

中国企业"走出去"的目标不同,有的是与国外企业资金、市场、技术方面形成优势互补,有的是进行战略性投资或者资本性投资,有的是与发展中国家土地、劳动力、市场等资源形成优势互补。华侨华人建议中国企业"走出去",必须要明确目标,根据目标进行科学论证。

资源和原料导向:投资集中于石油、天然气、原材料等初级产品丰富的地区。

市场导向:为避开外国各类贸易壁垒,将生产基地转移到国外。

技术导向:并购海外企业,或者在发达国家建立生产基地、研发机构。

成本导向:把生产基地转移到劳动力、土地和原材料比较廉价的国家。

3. 严格管控,规避投资风险

有效管理风险是企业对外投资成功的基本前提,是企业"走出去"的第一步。对外投资的主要风险包括：社会安全风险，法律、法规和制度风险，项目投资风险，技术风险和市场风险，人事、文化融合及机构整合风险等方面。有的风险是企业自身可以管控的，有的风险是企业不可管控的。

企业对外投资过程中，要严格管控高杠杆收购。在市场经济条件下，资产负债率和资本金是衡量一个企业风险和信誉最主要的指标。总结发达国家并购的经验，凡是高资产负债率、高杠杆收购的项目风险都比较大，因为高杠杆收购意味着企业对后续风险和收购后的现金流评估比较乐观。但是，企业并购以后，许多风险其实是企业控制不了的，可能发生许多意料之外的情况，尤其是来自企业外部的风险，包括市场变化、当地工会动向、文化冲突、社会安全风险等，这些都超出企业管控的范围。来自企业外部的风险，企业虽然不能控制，但可以在对外投资前进行审慎评估，包括地缘政治环境、政权稳定程度、社会安全状况、民族矛盾情况等。

4. 遵守法规，尊重文化差异

中国企业"走出去"，必须熟悉当地的实际情况，了解当地的法律法规，尤其要注意联邦制国家，每个州的法律都不同。企业对外投资，应因地制宜地选择发展策略，对于制度不稳定的国家，比起直接投资企业不如选择做贸易，这样风险要小很多。

中国企业在海外进行投资活动，要正视民族文化差异，尊重当地民风民俗，融入所在社区，融入当地主流社会，主动与当地社会知名人士交往，避免产生种族矛盾、宗教矛盾及劳资矛盾等。

5. 打造队伍，提高员工素质

中国企业要想真正"走出去"，建立一支国际化的经营团队至关重要。跨国经营不仅需要金融、法律、财务、技术等方面的人才，更需要具有战略头脑，精通现代企业管理、国际营销的跨国经理层。除了大力培养企业自身的人才队伍之外，更要聘用懂当地语言和法律政策的员工，尤其要在管理层吸收本土人才。

中国企业"走出去"，还要注重提高员工素质。在"走出去"过程中，有些劳动密集型企业雇佣的员工素质较低,文化程度不高,因而出现了许多违纪违法、不遵守当地风俗习惯的现象。企业要加强对员工素质的培养,帮助他们更好地了解当地风俗民情,融入当地社会环境,提升企业在当地的社会形象。

6. 造福当地,实现互利共赢

企业"走出去",要做好长远发展的准备,主动融入当地,造福社会,为当地创造税收,改善就业,培植企业长期发展的社会基础。

南车集团南非公司总经理王国军指出,在南非投资要注意两个方面的问题:一是增强社会责任,二是瞄准长期市场。以南车为例,从过去的单一大部件出口,到零配件出口,再到现在的整车集成和技术转让,南车为东道国提供了系列化、全方位的服务。

多位受访华侨华人指出,中国企业要有公益性思维方式,要为所在国尽自己的一份力。中油国际(印尼)公司就是主动承担社会责任的典型案例。多年来,中油国际(印尼)公司保持与当地政府和社区的良好沟通,与所在社区建立了完善的沟通机制,在每个项目实施的全过程,全面兼顾当地社区的经济效益、环境效益和社会效益。中油国际(印尼)公司为生产作业修建的井场道路,方便了周边村民的出行;中油国际(印尼)公司还为当地农民修建农田基础设施,支持当地医疗卫生和教育事业的发展;在发生重大自然灾害后,中油国际(印尼)公司积极参与赈灾救助活动,通过捐款捐物等多种形式及时伸出援助之手,仅在海啸灾害中就捐赠1 250万元人民币。

(三) 对于发挥华侨华人作用的工作建议

1. 沟通信息,建立对接机制

中国企业和华侨华人之间面临双重的信息不对称。就中国企业而言,不知道哪些华侨华人可以提供企业所需要的帮助;就华侨华人而言,不知道哪些中国企业计划投资华侨华人所在国,从哪些渠道寻找合作伙伴。政府部门应当在中国企业和华侨华人的信息沟通方面建立起全方位、规范化、标准化的信息服务机制。

2. 加强协调，密切部门协作

中国企业与华侨华人合作对外投资，涉及政府经济职能部门，也涉及侨务部门，甚至外交部门。目前，对外投资管理还是条块分割，熟悉经济业务的部门，不熟悉侨务工作；熟悉侨务工作的部门，不熟悉经济业务。为促进中国企业与华侨华人合作对外投资，应建立包括商务、发改、外汇、税务、国资、财政、侨务、人行、海关等部门在内的跨部门协调机制。

3. 搭建平台，服务对外投资

目前，国内与海外华侨华人的交流平台的主要功能是"引进来"和贸易洽谈，"走出去"还缺乏常态化、高层次的交流平台。构建国内企业与华侨华人合作对外投资洽谈、交流的常态化、高层次平台，是当前的迫切需求。建议有关部门主办或联办投资洽谈会，打造以国内企业和海外华侨华人社团、华商为主体的常态化对外投资交流平台。

4. 创新机制，推进深度对接

促进国内企业与华侨华人合作对外投资，必须推进产业深度对接，减少国内企业对外投资的盲目性，降低对外投资风险。建议有关部门牵头，在促进国内企业与华商产业合作方面建立相关机制，如产业集群对接机制、产业链条对接机制、产业基地对接机制等。

5. 倾情联络，涵养侨务资源

为了服务"走出去"战略，必须广泛联系华侨华人，在联络交往中获得信息，牵线搭桥。建议侨务部门继续发挥传统优势，深交老朋友，广交新朋友，努力涵养侨务资源。大力与海外区域性、世界性的华侨华人及其社团建立直接联系，构建与华侨华人开展广泛联系的网络。尤其要加强与新华侨华人、华裔新生代的联络，尽量与他们达成情感上的交流、信息上的沟通、利益上的互惠，求同存异，共同发展。

侨务工作服务"一带一路"建设的研究

林善浪　林玉妹*

摘要：服务国家"一带一路"建设，上海具有区位优势、产业优势、科教优势和先行开放优势，着力建设高水平的贸易和投资自由化便利化改革的试验区和先行区、"一带一路"融资中心和资本控制中心、对外投资综合服务中心、国际航运中心、科教交流合作中心。华侨华人在"一带一路"建设中具有独特作用，具体包括：帮助发掘潜在市场、提供便捷的商务服务、提供有力的法务支撑、积累宝贵的"无形"财富、帮助规避潜在风险、成为强力合作伙伴等。侨务部门在国家实施"一带一路"建设中具有不可替代的优势。本文提出的建议包括：发挥信息沟通和服务作用；发挥政策引导和激励作用；发挥部门协调、协作和配合作用；搭建平台，服务对外投资；创新内外深度对接机制；开展"走出去"能力教育培训；广泛联系华侨华人等。此外，以 RCEP 成员国作为侨务部门服务"一带一路"建设重点突破区域。

关键词：一带一路　侨务工作　华侨华人

---

* 作者简介：林善浪，同济大学经济与管理学院教授；林玉妹，上海对外经贸大学马克思主义学院副教授。

"一带一路"建设将引领我国今后相当长一个时期的对外开放和经济合作，对于全面提升我国全方位开放水平具有重大意义。无论是全国还是上海，在"一带一路"建设中，华侨华人具有独特作用。侨务部门在联系华侨华人等方面具有天然优势，要进一步发挥其在"一带一路"建设中的作用。

一、上海在"一带一路"建设中具有独特优势

上海具有显著的区位优势、产业优势、科教优势和先行开放优势，在国家"一带一路"建设中发挥着独特作用。

第一，上海是高水平的贸易和投资自由化便利化改革的试验区和先行区。上海是全国开放程度最高的城市，是我国第一个设立自贸试验区的城市。如今，上海正在建设对标国际最高水平、实施更高标准的"一线放开"、"二线安全高效管住"自由贸易港区。上海可以依托这些优势，把货物进出、国际贸易、航运物流、金融服务等相关领域改革结合起来，实现开展国际业务的最大便利，加强与"一带一路"沿线国家（地区）制度和规则对接，促进"一带一路"服务贸易创新发展、国际产能和装备制造合作，建设进口商品保税展示中心、文化服务贸易基地、国际会展平台、跨境电子商务平台等服务"一带一路"建设功能，探索贸易和投资自由化便利化可复制、可推广的改革试点经验，打造我国对外开放的新高地。

第二，上海是"一带一路"融资中心和资本控制中心。发挥上海作为金融中心和金砖银行总部的优势，加快推进金融领域市场开放，吸引金砖国家、亚太自贸区以及"一带一路"等区域和国际性投融资机构入驻，建设投融资担保服务保障体系，建立大宗债券发行、股权投资交易和流通的核心市场，开展投融资、清算、信用担保、风险分担等合作，吸引境外企业在上海证券交易所发行上市，将上海建设成为"一带一路"融资中心和资本控制中心。

第三，上海是"一带一路"对外投资综合服务中心。沿着"一带一路""走出去"，将是中国企业未来发展的新常态。依托国际大都市的人才、制度和管理等综合优势，加快构建国际化、法治化营商环境，搭建中国企业开展境外投资和成长为世界企业的重要孵化、融资、交流、推广的平台，将上海打造成提高中国企业、中国品牌国际认知度和美誉度的战略桥头堡。发挥上海对外广泛交往和联系

的特有优势,扶持一批行业协会、进出口商会、投资促进会、驻外代表处等社会机构,或在重点国家设立商业代表处,与"一带一路"沿线国家共同举办经贸投资论坛、各类展销会等定期机制化大型活动,帮助双方企业对接,服务中国企业"走出去"。

第四,上海是"一带一路"国际航运中心。依托上海国际航运中心的优势,提升上海国际航运功能,增强"一带一路"的航运服务能力。对内,对接长江经济带,建设连接长三角主要沿海港区的高等级航道网络,联动完善提升四通八达的高速公路、轨道交通、高速铁路路网体系和站场功能,加快"无水港"建设,扩大上海港的腹地范围,提升国际航空枢纽功能,营造具有国际竞争力的航运发展环境;对外,加快发展一批"友好港",增加海上丝绸之路沿线的港口网点,开通更多直达"一带一路"沿线国家的航空航线。

第五,上海是"一带一路"科教交流合作中心。发挥科技资源优势,与"一带一路"沿线国家(地区)拓展技术转移协作网络,搭建"一带一路"产权交易中心、技术转移平台,共建联合实验室或联合研究中心;加强与沿线国家(地区)科技园区合作,支持有条件的企业到沿线国家(地区)设立海外研发中心;推动上海各类研发与转化功能平台向沿线国家开放共享,各类科研院所与沿线国家(地区)深化科技交流。发挥"海纳百川"包容优势,深化与沿线国家的文化交流与合作,将上海打造成东西方文化交汇的中心节点、城市文明发展潮流的引导者以及新的全球文化艺术教育之都。

二、华侨华人是实施"一带一路"建设的重要资源

"一带一路"沿线各国是华侨华人的聚集区,也是华商力量最强的区域。特别是东南亚地区,华侨华人已经融入当地社会经济生活,并对当地经济社会结构发挥积极作用。在实施"一带一路"建设过程中,华侨华人是可以信任的重要资源,他们具有特殊优势。

第一,人数众多,分布广泛。据不完全统计,在全世界 6 000 多万华侨华人中,超过 4 000 多万人分布在"一带一路"沿线国家或地区①。亚洲是华侨华人传

---

① 蔡建国:《充分发挥华侨华人在"一带一路"战略中的力量》,《人民政协报》2015 年 6 月 11 日。

统聚居区,其中东南亚地区约有 3 300 万人,印度约有 19 万人。欧洲约有 250 万人,其中法国约有 80 万人,英国约有 60 万人。大洋洲约有 100 万人,其中澳大利亚约有 86 万人,新西兰约有 14 万人。非洲约有 110 万人,其中南非约有 35 万人。俄罗斯约有 30 万人[①]。这些海外华侨华人活跃于住在国的政治、经济、文化、社会领域,其中不少是高新技术、教育、金融等领域的专业人士,是"一带一路"建设的重要力量。

第二,商贾辈出,资本雄厚。海外华商从过去的"三把刀"经济,到现在投资高科技、知识型产业,艰辛打拼,艰难创业,发展壮大,已经成为全球最具实力的商业群体之一。据估算,目前全球华商资本约 4 万亿美元,主要分布在"一带一路"沿线国家或地区,其中亚洲华商占 70％以上。2015 年度《亚洲周刊》"全球华商 1 000"排行榜的 321 家海外上市华商公司,有 320 家在亚洲,总市值 2.2 万亿美元[②]。在东南亚的许多国家,华商企业是最重要的经济支柱,华商公司占上市企业 70％以上。在欧洲,随着华侨华人人数的增长,华商走出中餐馆和杂货店等传统行业,开始进入金融、海运、电讯、地产、贸易、时装、奢侈品、旅游等行业,经济地位不断上升。

第三,社团影响大,华商网络广。早年先侨乘桴渡海,到异乡挖矿开路、拓荒营商,一直到今天,有人烟处便有华人,有华人处便有社团,从一乡一镇的同乡会,到一市一省的联合会,再到一国一洲甚至全球的总会,星罗棋布,数以万计。改革开放以后,随着留学生和移民人数的增加,海外华侨华人呈现高学历、高技术、精英化的特点,由此催生了众多经济金融、科技文化等领域的专业性社团。海外华人社团融入住在国社会,是华侨华人守望相助、传递信息、联络情感、排忧解难的重要平台,是维系华人族群文化和族群特征传承的重要媒介,也是中国与海外华侨华人交流、沟通、合作的桥梁。华商网络是海外华侨华人社团的重要组成部分,是通过华商企业之间的经济往来形成的泛商业网络,在沟通信息、维护权益、规范行为、提供服务等方面扮演了重要角色。随着全球化的发展,一些华商网络由早期的地域性、方言性商业网络发展成全球性的商业网

---

① 庄国土:《世界华侨华人数量和分布的历史变化》,《世界历史》2011 年第 5 期。
② 根据香港《亚洲周刊》2015 年度全球华商 1 000 排行榜数据计算。

络,内部运作也呈机制化和常态化的趋势。对"一带一路"建设而言,无论是华商网络、专业性社团还是其他社团,都是重要的人力资源、资本资源、文化资源、政治资源、科技资源和信息资源。

第四,融入住在国,话语权提升。"黄肤黑发龙传人,中华血脉中华心。"海外华侨华人融入住在国的政治、经济和文化生活,不少人跻身社会精英阶层,活跃在住在国政坛和商界等领域,社会地位不断提升。但是,无论身在何处,海外华侨华人的根始终在中国,其在文化上和心理上仍然保持民族性。与华人社团并称"三件宝"的华文报刊和华文学校,是传承民族性、增强凝聚力的重要载体,对与主流社会密切沟通、增加话语权、提升华侨华人社会地位具有重要作用。据不完全统计,海外华文学校近 2 万所,华文学校教师达数十万人;印刷媒体有500 多种,其中每天出版的日报 100 多家;海外华语广播电台 70 多家,华语电视台几十家,网络媒体更多。①

三、华侨华人在"一带一路"建设中的独特作用

遍布世界的海外华侨华人了解中国和所在国的情况,在语言、文化、法律、环境等方面具有不可比拟的优势。他们虽然身在海外,但心系祖籍国,有能力也有强烈的愿望参与"一带一路"建设,为之作出自己的贡献。

海外华侨华人在"一带一路"建设中可以在以下几个方面发挥作用。

(一) 帮助国内企业发掘潜在市场

对于国内的大多数企业尤其是中小企业来说,与境外市场直接接触的机会较少,因而缺乏对境外市场情况的了解,海外投资难以付诸实施。上海市侨办组织采访了多位侨胞,他们都表示自己对国内企业欲投资地的各方面情况比较熟悉,愿意协助国内企业做好前期的准备工作。尤其是国内很多中小型民营企业想"走出去",但缺乏雄厚的资本聘请咨询事务所进行详尽的市场调查分析,

---

① 高阳:《华文媒体担当着不可或缺的海外传播责任》,中国新闻网 2015 年 8 月 17 日,http://www.chinanews.com/kong/2015/08-17/7472481.shtml。

面对这一情况，很多侨胞表示愿意提供切实有效的帮助。

官方的正式发布无法体现全部信息，但企业可以从熟悉住在国的海外华侨华人那里得到很全面甚至隐秘的信息。例如，上海有一位民营企业家到南美旅游时，途中不经意向华人导游了解该国的市场情况。这位华人导游在南美生活多年，民营企业家对他介绍的情况很感兴趣，遂委托他帮忙寻找合作伙伴。在这位华人导游的帮助下，企业家经几轮谈判找到了合作伙伴。目前，这位民营企业家在南美的生意很成功。

（二）提供便捷的商务服务

企业要成功"走出去"，需要遵守国际通行规则，善于运用规则维护自己的利益。企业在国内外的生存和发展环境有很大的差异。企业在国内发展，有政府和民众的支持，对本国的政策法规、文化风俗习惯了如指掌。但在国外，由于文化、历史的差异，政策、法规的不同以及贸易、投资国政府和民众的心态，中国企业的发展会遇到各种困难。因此，"走出去"的企业既要了解贸易规则和投资国的特殊国情，也要按国际通行规则办事，以此来保护自己，才能做大做强。

目前，国内企业"走出去"时大多是自己找资源，急需提供报批、金融、外事、资讯等综合业务的商务服务。售后服务跟不上也是"走出去"的企业开辟海外市场的重要制约因素。广大海外华侨华人了解住在国的法律法规、市场规则、文化风俗习惯，能够有效帮助国内企业成功"走出去"。在此次调研中，一位美籍华人在回答调查问卷时提到，南京同创集团就是在他的帮助下将欧洲运营商Telenor带入同创，成功合作发展卫星项目的海外业务。

（三）提供有力的法务支撑

国内企业"走出去"后，在经营过程中不可避免地会遇到法律问题。一些已经"走出去"的企业也因为不了解当地的法律法规和经营规范，导致海外项目进展不理想。比如，欧洲各种技术标准、环保标准等非常严格，中国产品进入欧洲市场容易遭遇各种贸易壁垒、反倾销制裁等。国内公司在国外打官司，语言文化是一个重要因素。前些年，有的国外律师事务所雇个中文翻译就开始接中国案子。殊不知，每个国家的法律使用的都是一套专门的特殊语言，国外普通人士自己都搞不懂,更谈不上帮助中国客户打官司了。近十年来,一大批来自中国的留学生逐渐进入国外律师行业,他们具有东西方双重文化背景,其中不少人具有成功办理重大案件的经验,"走出去"的中国企业如果遇到诉讼案件可以重点考虑这部分人士。值得注意的是,中国企业因传统、制度等方面的因素,讲究"和气生财",不太愿意打官司,遇到官司多采取回避或是能私了就私了的态度。这与外国的国情并不相符,这种态度也不利于企业的长远发展。"走出去"的企业要想在国外站住脚、扎下根,不仅要敢于应诉,还要善于起诉;企业应该意识到,打官司是正常的,要敢打善打。当然,前提是要培养人才,建立起企业的国际化经营团队,否则还是要吃亏。

百人会会长吴建民表示:"百人会在美国已经创立了 25 年,现在大概有 150 个会员,都来自不同的行业。我们的共同目标和宗旨是希望帮助中美两国有更好的合作,帮助美国的华裔尤其是下一代的华裔更进一步地融入美国社会。我们希望帮助中国的企业在美国发展,避免投资的时候出现什么大问题。我们其实对美国各个行业蛮熟悉的,尤其是法律、法规方面。如果中国企业需要多了解美国的法律、法规和文化,我们非常愿意提供帮助,这也是我们的义务。"[①]

(四) 积累宝贵的"无形"财富

如同境外企业到中国发展必须考虑本土化一样,中国企业到海外发展,也必须有海外本土人士参与其中,否则只能游离于当地社会的边缘。海外华侨华人帮助国内企业"走出去"的含义很广泛,除了资金以外,人脉关系、渠道、合作伙伴间的互信、专业知识与商业法律知识、文化背景差异的理解等都可左右国内企业"走出去"的成败。因此,国内企业在海外发展要注重与当地商人的合作,培养友好感情,赢得人缘基础,并且学会处理与当地企业和主流社会的关系。在这个过程中,当地华侨华人可以起到牵线搭桥、出谋划策的作用。

(五) 帮助规避潜在风险

中国企业"走出去"面临着许多潜在风险,而华侨华人对当地的经济社会情

---

① 访谈资料:吴建民,美国华美银行董事长、美国百人会会长,旧金山,2014 年 4 月。

况较为熟悉,能够有效地帮助中国企业规避各种未知风险。

上海市侨办组织调研得知,有位华人在加拿大从事食品行业,其公司颇具规模,产品已进入当地的主流市场,形成了稳定的市场营销网络。国内一家知名食品企业在这位华人的帮助下到加拿大投资设厂,并与这位华人合资成立公司,想借助这家加拿大华人公司的市场营销网络将国内食品打入加拿大市场。但该国内企业的主管人员将国内企业的某些规则照搬到加拿大,置加拿大市场规则于不顾,不听劝阻,强调中国食品的口味,盲目行事,不考虑当地市场的接受度,造成巨大损失,导致双方合作不欢而散,合资企业关门,这位华人损失大量资金,国内企业作为投资的设备变为一堆废铁。在该事例中,如果国内企业能够三思而后行,多听取当地华人的意见,失败就可以避免。众所周知,中餐在世界上广受欢迎,国内人士出国后发现,世界各地华人开设的中国餐馆里中餐的味道都不一样。海外市场教会了华人:中餐只有适应当地人的口味,才会有市场。中国企业要"走出去",必须适应海外市场。

近年来,中俄贸易额不断增长,很多国内企业想到俄罗斯做生意,但俄罗斯的治安状况不佳,做生意有很大的风险。俄罗斯官方利用各种方式介绍俄罗斯的投资环境,但仅仅从官方的介绍中是了解不到当地的"潜规则"、"潜文化"的。相反,已经在俄罗斯创业发展的华侨华人可以给有意赴俄罗斯发展的国内企业很多启示。上海市侨办曾组织在俄罗斯创业的华侨华人与有意到俄罗斯发展的民营企业家进行座谈交流,这些华侨华人向国内企业家介绍了很多在俄罗斯做生意的实用技巧、注意事项等,参加座谈的国内企业家都感到受益匪浅。

同时,与培训机构千篇一律的培训不同,海外华侨华人尤其是已经在住在国创业的华侨华人"现身说法",向国内企业家讲述自身创业的经历,更具个性化,更有针对性。在此意义上,他们不仅是企业的老师,更是参谋和助手。

(六) 成为强力合作伙伴

合作共赢是企业在市场中成长壮大的一大法宝。对于"走出去"的中国企业来说,同根同源的华商资源是不可多得的宝贵财富;而随着中国的快速发展,越来越多的华商看见了来自中国的机遇。"走出去"的企业应当加强与当地华商的合作,建立良好的合作伙伴关系,创造合作共赢的美好未来。

例如，经上海市侨办牵线，一家加拿大华人企业与上海某集团建立联系。上海的公司有意开拓加拿大市场，而这家加拿大华人公司有意进军中国，特别是上海市场，双方需要到对方地区寻找合作伙伴、洽谈业务等。于是，双方从互设办事处开始，上海公司成为加拿大华人企业在沪的办事处，帮助联系有关合作的业务洽谈；同样，加拿大华人企业成为上海公司的驻加办事处。这种合作方式解决了各自对对方地区不了解带来的问题，有利于双方的业务开展。经过一段时间的合作后，双方开始洽谈建立合资公司，取得了很好的效果。这种与境外华人企业互设办事处的合作方式，是国内企业深入了解海外市场、寻找商机的有效途径。

（七）促进人文交流

"一带一路"沿线国家或地区是世界上典型的多民族、多宗教聚集区域，是"四大文明古国"的诞生地，是佛教、基督教、伊斯兰教、犹太教的发源地，是多个文明交汇的地区。增进各国（地区）之间的人文交流与文明互鉴，消除彼此隔阂，增强尊重互信，是"一带一路"建设的基础。海外华侨华人能够以国外受众易于接受的方式介绍和推广中华文化，也能够以中国民众易于接受的方式介绍和推广住在国文化，并在文化交流、学术往来、人才交流合作、媒体合作、青年和妇女交往、志愿者服务等方面发挥牵线搭桥、桥梁纽带的作用。海外华文学校可以培养更多住在国的中文人才。华文媒体可以发挥信息传递和沟通的作用，向海外各国传播中华文化的内涵和魅力。新加坡三江会馆会长李秉萱认为，"一带一路"建设是商人和经济走在前面，但不要忘记其背后是中华文化，"硬实力"加上"软实力"是文化的"强实力"，这正是"一带一路"真正需要做到的。

四、侨务工作可以更好地服务"一带一路"建设

改革开放以来，侨务部门在国家"引进来"战略中发挥了积极作用。同样，在国家实施"走出去"战略过程中，侨务部门具有不可替代的优势，包括人力资源优势、组织优势和信息优势。

（一）发挥信息沟通和服务作用

要想真正发挥华侨华人在中国企业"走出去"中的作用，必须解决双重的信息不对称问题。就中国企业而言，不知道哪些华侨华人可以提供企业所需要的帮助，也不知道从哪些渠道了解和联系华侨华人；就华侨华人而言，虽然掌握一定的资源或合作商机，愿意为中国企业提供帮助或者与中国企业合作，但不知道哪些中国企业计划投资华侨华人所在国，不知道从哪些渠道寻找合作伙伴。

侨务部门可以在中国企业与华侨华人的信息沟通方面发挥优势，促进双方的信息对接。改革开放以来，侨务部门已经在信息沟通方面做了不少工作。但是，这种信息沟通属于非规范化、非标准化的沟通，带有随机性。为了进一步发挥侨务部门在中国企业与华侨华人的信息沟通方面的作用，必须建立起全方位、规范化、标准化的信息服务机制。

第一，建立信息收集和发布机制。发挥侨务部门联系国内外的优势，在海外建立以华侨华人社团为主体的信息采集和发布机制，在国内建立以经济园区（开发区）、行业协会/商会为主体的信息采集和发布机制，发挥这些非政府组织联系会员广泛的优势，汇集丰富的信息资源，形成信息共享机制。

第二，建立统一的、标准化的信息分类标准。根据产业分类、企业分类标准对信息描述和分类进行标准化，不适合标准化的信息采取规范化的方式处理。供求双方按照统一的标准发布各自的信息，以便于实现信息对接。

第三，建设信息化公共平台。依托现有的侨务部门电子政务平台，或者建设独立的公共信息平台，形成双向或多向传播渠道的供求信息对接平台，包括信息采集和上传、信息传输、信息储存和处理、信息发布和利用等功能。

第四，建立信息共享机制，免费开放。建立良好的面向应用的内部信息资源共享机制，面向社会提供各种相关信息资源，是信息资源共享的重要组成部分。建设华侨华人商务信息综合处理平台，以政府专网为网络依托形成跨政府单位的综合处理平台，是解决互联互通和信息资源共享的技术保证。该平台应由多类支撑部件构成，这些支撑部件既可组成一个完整的应用体系支撑平台，又可以根据各类政务信息系统的实际应用情况作为独立的功能部件单独应用。

第五，提供综合信息服务。侨务部门可以为中国企业和华侨华人提供信息服务,提供对外投资的综合信息,提供有关国家政策、行业发展、市场行情、技术前沿、经济态势以及国际市场的产品销售、需求预测,甚至目标市场国的法律、法规等信息。

(二)发挥政策引导和激励作用

我国对外投资的政策体系不健全,尚未建立全方位的对外投资管理服务体系,更没有激励中国企业与华侨华人合作"走出去"的政策。随着我国对外投资的发展,民营企业将逐步成为我国对外投资的主体。与央企等大型国有企业相比,民营企业规模比较小、跨国经营能力比较弱,缺乏政府强力支持。在"走出去"过程中,民营企业更需要与华侨华人合作。一方面,要加快制定和完善支持企业"走出去"的相关优惠政策,包括审批、税收、关税、外汇兑换、出国参展、贸易洽谈、人员出入境管理等全方位的对外投资的政策服务体系;另一方面,要通过政策引导,激发民营企业与华侨华人合作的积极性。

与鼓励华侨华人"引进来"的优惠政策相比,鼓励华侨华人发挥"走出去"作用的政策工具比较少。激发中国企业和华侨华人合作的积极性,可以从以下几个方面入手。

第一,鼓励民营企业与华侨华人合作建立境外经贸合作区(开发区/园区)。对华侨华人占有一定投资比例的、与民营企业合作建设的境外经贸合作区(开发区/园区),相关金融机构优先提供授信支持、配套金融服务、投资保险保障以及相关的审批、税收、检验检疫、进出境通关等优惠政策。适当给予政策支持,既鼓励华侨华人参与境外经贸合作区(开发区/园区)建设,又调动华侨华人发挥人脉资源和商业网络优势为合作区招商引资的积极性,降低合作区建设风险。

第二,对与华侨华人合作对外投资的民营企业,优先支持外汇储备转贷款、内保外贷和其他境内融资。

第三,支持个人与华侨华人合作对外直接投资,扶持境外创业,在融资方面给予小额外汇储备转贷款、内保外贷和其他境内融资支持。

第四,对在境外与华侨华人合作输出名牌产品和驰名商标、建立生产基地或连锁店的中国企业,优先给予审批、税收、融资、检验检疫、进出境通关等政策支持。

第五，对为中国企业"走出去"作出重要贡献的华侨华人，给予嘉奖和奖励。

（三）发挥部门协调、协作和配合作用

中国企业与华侨华人合作对外投资，涉及政府经济职能部门，也涉及侨务部门，甚至外交部门。目前，对外投资管理还处于条块分割状态，商务部管投资政策，发改委管产业政策，外汇局管外汇政策，税务局管税收政策，人行管融资政策，海关管进出口政策，国资委管国有企业非金融类资产，财政部管金融类资产，等等。这些部门熟悉经济业务，不熟悉侨务业务。相反，侨务部门熟悉侨务业务，不熟悉经济业务。

为了促进中国企业与华侨华人合作对外投资，应建立包括侨务部门在内的跨部门协调机制。

一是建立侨务、商务、发改、外汇、税务、国资、财政、人行、海关等部门在内的联席会议制度，定期召开会议，研究政策创新和协调问题。

二是加强与有关部门的沟通协调，及时解决与华侨华人合作对外投资审批、监管出现的新问题。总体上，要大力简化审批程序，增加审批流程的透明度，明确审批所需材料、审批时限和标准，提高企业对海外市场的反应速度。

三是加大与相关部门的信息交流，提升对企业与华侨华人合作对外投资的管理服务水平。

（四）搭建平台，服务对外投资

目前，国内企业与华侨华人的交流平台的主要功能是"引进来"和贸易洽谈，"走出去"还缺乏常态化、高层次的交流平台。构建与华侨华人合作对外投资洽谈、交流的常态化、高层次平台，是当前的迫切需求。侨务部门在搭建平台方面具有资源优势和组织优势，具体可以从两个方面展开。

一是以"华侨华人与中国'走出去'战略"为主题，以国内企业、华侨华人社团、华商为主体，以论坛的形式拓展活动内容，丰富活动形式，打造常态化的对外投资交流平台。

二是"请进来"与"走出去"相结合，主办或联办投资洽谈会，组织华侨华人

社团、华商和专业人士以及国内企业参与投资洽谈活动。

（五）创新内外深度对接机制

促进国内企业与华侨华人合作对外投资，必须推进产业深度对接，减少国内企业对外投资的盲目性，降低对外投资风险。建议侨务部门发挥产业对接的纽带作用，成为国内企业与华商产业合作的牵头人、组织者。

第一，创新产业集群对接机制。以地区总商会、专业性商会、行业协会为主体，与对口的海外华侨华人社团、华商商会建立联系渠道，共同推进国内制造业、服务业等产业群与海外华侨华人社团、华商商会对接，合作对外投资。

第二，创新产业链条对接机制。以区域、行业龙头企业为依托，发挥海外华侨华人社团、华商商会作用，国内企业与海外华商建立上下游协作，促进委托加工（OEM）、自主设计加工（ODM）、自主品牌生产（OBM）发展，促进区域、行业龙头企业与海外华商合作在东道国设立设计中心、采购中心、加工基地，形成产业链"对接机制"。

第三，创新产业基地对接机制。以国内经济技术开发区、出口加工区、高新技术开发区、工业园区等产业基地为依托，发挥海外华侨华人社团、华商商会作用，建立联系渠道，进行深度对接，与海外华商合作建设境外经贸合作区（开发区／园区）。

第四，创新特色农业对接机制。支持农民专业合作社、农业龙头企业与海外华商农场、专业合作社建立联系渠道，推介投资项目，合作投资海外农业项目。

（六）开展"走出去"能力教育培训

目前，从整体上看，中国企业"走出去"刚起步，国际化经营程度、企业资产规模、市场占有率等相对较低，与发达国家跨国公司相比，盈利能力、风险管控、营运效率、服务质量等方面仍存在明显差距，投资回报率低，部分企业甚至出现重大亏损。中国企业对外投资，必须建设国际经营团队，提高跨国经营能力。

无论是发达国家，还是东南亚一些新兴国家，都有不少华商在国际化经营方面积累了丰富的经验。侨务部门可以发挥广泛联系华侨华人的优势，组织有经验和特长的华侨华人,为国内计划对外投资的企业及其团队进行定期或不定期的培训,建设国际经营人才队伍。

(七) 广泛联系华侨华人

服务"走出去"战略的形式多种多样,关键在于广泛联系华侨华人,在倾情联络中获得信息,牵线搭桥。侨务部门继续发挥传统优势,深交老朋友,广交新朋友,努力涵养侨务资源。大力与海外区域性、世界性的华侨华人及其社团建立直接联系。组成侨务代表团,深入华人社区开展工作,结交事业有成的商人、企业家、专业人才、社团首领和当地主流社会的各界知名人士,并保持经常性的联系,构建与华侨华人开展广泛联系的网络。尤其要加强与新一代海外华侨华人的联络,重视与他们达成情感上的交流、信息上的沟通、利益上的互惠、政见上的商榷、观点上的保留,真正做到求同存异。

(八) 重视联系海外新华商

改革开放以来,有许多中国人走出国门,走向世界,在异国他乡开始了新的创业,成为海外华商的生力军。新时期国人走出国门,多往发达地区走,而且转移趋势明显。例如,目前在美国东部地区的华人华侨有 400 万之多,他们大多居住在纽约、华盛顿、新泽西等繁华之地,从事餐饮、地产、五金等行当。相对于老华商,新一代华商站在了更高的起点上。早期的海外华商,大都是以剪刀、菜刀、剃头刀等"三把刀"起家,尔后转向零售、中介和批发业。现在,在 400 多万华人新移民中,大约 200 万是科技专业人才。美国硅谷的 20 多万名科技人员中,华侨华人约占 30%。[①] 又如,阿联酋华侨华人绝大多数是 2000 年以后过去的,主要集中在迪拜地区。短短 10 年间,阿联酋华侨从原来的 1 000 多人迅速增长到目前的 20 多万人,其中打工的约占 40%,经商的约占 60%,侨团组织将近 20 个。[②] 随着"一带一路"建设的实施,越来越多华商走向世界,成为侨务部门工作的重要对象。

---

① 许雪毅、蔡敏:《闽商大会徽商大会相继召开,海外新华商正在崛起》,《经济参考报》2007 年 5 月 23 日。

② 吴晓生:《广东省侨务访问团抵达阿联酋,调研"走出去"战略》,中国新闻网 2011 年 6 月 27 日。

五、以 RCEP 成员国为重点突破区域

(一) RCEP 成员国华侨华人最多

东南亚是世界上华侨华人最集中的地区。东南亚华侨华人总数约 3 348.6 万,包括约 250 多万的新移民及其眷属,约占东南亚总人口的 6%,约占全球 4 543 万华侨华人总数的 73.5%。其中,印尼是东南亚,也是全球华侨华人数量最多的国家,华侨华人数量在 1 000 万以上。泰国华侨华人约有 700 万人,占泰国人口的 10%。马来西亚华侨华人总数约在 645 万人。新加坡的华侨华人总数约在 353.5 万人。缅甸华侨华人数量估计可达 250 万人。[1] 日本的华人 65.5 万人,跃居日本的外国人榜首。韩国的华人华侨 58.7 万人,澳大利亚华人有 67.0 万人。新西兰华人 14.8 万人,已成为亚裔中最大的移民群体,占新西兰人口总数的 3.7% 左右。[2]

(二) RCEP 成员国华侨华人经济实力最雄厚

在 RCEP 成员国中,华侨华人经济实力最雄厚。其中,东南亚华侨华人经济实力估计为 1 500—2 000 亿美元,约占全球华侨华人经济资源的 70% 以上。例如,印度尼西亚是东南亚最大的国家,华人作为印尼的少数民族,人口数量只占印尼人口总数的 4% 左右,而其华商资本额达到 1 638 亿美元,相当于印尼 2009 年名义国内生产总值 5 908 亿美元的 28% 左右,[3]是印尼国内一股强大的经济力量。泰国华侨华人在商业、金融、制糖、运输、纺织和农产品加工中具有举足轻重的地位,有人认为泰国的金融机构有六成以上由华裔所掌握。

(三) RCEP 成员国经济发展潜力最大

RCEP 的主要成员国计划包括与东盟签署自由贸易协定的国家,即中国、

---

[1] 庄国土:《东南亚华侨华人数量的新估算》,《厦门大学学报(哲学社会科学版)》2009 年第 3 期。
[2] 庄国土:《世界华侨华人数量和分布的历史变化》,《世界历史》2011 年第 5 期。
[3] 廖永红:《浅谈华侨华人对东南亚经济发展的影响——以印度尼西亚为例》,《新西部》2012 年第 C1 期。

日本、韩国、澳大利亚、新西兰、印度，所涵盖区域也将成为世界最大的自贸区。若 RCEP 谈成，将涵盖约 35 亿人口，约占世界总人口的一半。2016 年，RCEP 经济体的总产出达到 23.4 万亿美元，占世界总产出的 31.6%；RCEP 各成员国的贸易总额为 8.9 万亿美元，占世界贸易总额的 28.5%。[①]

RCEP 是应对经济全球化和区域经济一体化的重要举措，也是"一带一路"沿线中经济最有活力的区域。侨务部门可以把这一区域作为服务"一带一路"建设的重点突破区域。

（四）加强对 RCEP 成员国华侨华人的侨务工作

RCEP 包括的 16 个国家，有的国家的华侨华人已是侨务部门工作的重点，有的国家的侨务工作相对比较薄弱。总的来说，目前侨务部门对东南亚华侨华人及其社团比较熟悉，对南亚和大洋洲华侨华人及其社团的研究相对薄弱。早期华人华侨 90% 居住在东南亚。但是，随着中国经济规模扩大和全球化的发展，RCEP 中大洋洲、南亚等地区华侨华人数量日益增加。当前国际形势不断发生深刻复杂的变化，世情、国情、侨情的新情况、新特点层出不穷，这就要求侨务部门从"一带一路"建设需求出发，做好基础调研工作，了解 RCEP 海外侨胞、侨团实际情况；尤其是广泛联系 RCEP 中的南亚、大洋洲等地的华侨华人社团和新华人群体。

[①] 夏旭田、钟华、杨竣凯：《覆盖世界一半人口的自贸协定要来了，RCEP 明确 2018 年结束谈判》，《21 世纪经济报道》2017 年 11 月 17 日。

以侨为桥："一带一路"沿线国家中华文化国际传播战略研究

孙宜学*

摘要：习近平总书记提出的"一带一路"倡议，不仅有利于推动中国自身发展，而且惠及亚洲、欧洲、非洲乃至整个世界，对提升世界经济发展繁荣与和平进步具有深远意义。要实现这一造福世界各国人民的宏伟蓝图，需要各国互信合作，共享和平，共同发展。文化作为一种软实力，可以为"一带一路"倡议的实现，在政治、经济、外交等领域营造必要的和平环境。"一带一路"沿线国家中华文化国际传播工作综合性强，涉及面广，问题复杂。目前，我们在硬件和软件方面准备不足，相关研究不成系统，不够全面，无法适应快速发展的中华文化国际传播的形势。华侨华人群体是连接中国与其所在国的天然桥梁，他们既了解中国，也熟悉所在国的政治、经济、法律和社会状况，是"一带一路"建设中不可忽视的重要中介力量。"一带一路"要推进与沿线各国间的政治互信、经济互联、文化交融、民心相连，必须将如何调动、发挥华侨华人力量作为一大课题。

关键词："一带一路" 华侨华人 中华文化 国际传播

---

* 作者简介：孙宜学，同济大学国际文化交流学院教授，博士生导师。

习近平总书记提出的"一带一路"倡议，不仅有利于推动中国自身发展，而且惠及亚洲、欧洲、非洲乃至整个世界，对提升世界经济发展繁荣与和平进步具有深远意义。要实现这一造福世界各国人民的宏伟蓝图，需要各国互信合作，共享和平，共同发展。汉语和中华文化作为一种软实力，可以为"一带一路"倡议的实现，在政治、经济、外交等领域营造必要的和平环境。

海外华侨华人始终在自觉地传承汉语和中华文化，始终是中华文化走向世界的桥梁，也是维护华人教育持续发展的坚强后盾。没有华侨华人的支持、付出、抗争甚至流血，中华文化的国际传播不会有今天这样的繁荣景象。

海外华侨华人也是其他族裔认识中华文化的窗口。因此，华文教育、中华文化国际传播能否成功，能否持续成为世界文化中的活跃一分子，华侨华人至关重要。他们生活在海外，本身就是中外文化冲突、交汇、融合的主体，是中华文化在其所在国是否得到认可的试金石，也是中华文化传播是否深入其所在国的晴雨表。因此，我们在推广中华文化时，一定要发挥海外华人华侨的先驱和先锋作用——华侨华人能更好地做到中华文化传播的"润物细无声"，他们更懂得如何以当地文化所能接受和理解的方式讲中国故事，从而使汉语与中华文化国际传播的道路更加通畅无阻。

同时，我们也必须认识到，"一带一路"沿线国家华侨华人功能在总体深化的同时，也存在着主动性不均匀、区域发展不平衡等问题。尤其是各国政治、文化迥异导致的华侨华人处境的迥异，决定了沿线各国华侨华人发挥桥梁功能的途径与方法迥异。这就要求我们必须因地制宜，区别研究分析并制订具有国别、地区针对性的对策，从而在尊重各国国情民情的前提下充分发挥华侨华人传播中华文化和沟通中外文化的积极主动性。

一、"一带一路"沿线国家语言生态与华文教育

历史证明，一个国家的语言文化政策，直接影响该国的语言生态和语言命运。"一带一路"沿线很多国家都有过被殖民的历史，这对这些国家的语言构成和政策影响很大，客观上增加了汉语与中华文化国际传播的难度。

（一）"一带一路"沿线国家的语言生态具有鲜明的殖民色彩

殖民者无不希望长期统治被殖民国家，而使被殖民者忘记民族身份，认同殖民者的身份，无疑是殖民的最终目的。因此，殖民者总是想方设法，甚至采取强制手段推行殖民语言，使被殖民国的语言教育政策成为殖民国语言教育政策的体现和延伸，最好实现一体化——被殖民国独尊殖民国语言、文化。荷兰殖民下的印尼，西班牙殖民下的菲律宾，英国殖民下的新加坡、马来西亚、沙特阿拉伯，法国殖民下的越南、柬埔寨，葡萄牙殖民下的泰国等，都是如此。此外，苏联解体后各国民族语言与俄语之间的冲突，以及"去俄语化"过程中引发的各种民族矛盾与冲突，与殖民国、被殖民国之间的矛盾冲突性质是一致的。

不容否认，殖民国家在政治、经济、文化方面往往优于被殖民国家。即使对殖民者充满家国仇恨，但被殖民国家中的先进分子仍会从被殖民的事实中认识到殖民国家的优势，如曾经的半殖民地中国的知识分子就提出"师夷长技以制夷"。虽然他们是基于摆脱殖民的目的学习殖民国的语言、文化、科技，但客观上也对推行殖民国的语言和文化起到了积极作用。殖民者也往往通过教育培养被殖民国的先进分子成为推行殖民国语言的先进分子，训练其理解和崇仰殖民国语言和文化，从而实现双方合力，以启蒙、教化的名义，为在被殖民国推行殖民国语言铺路搭桥。天长日久，被殖民国就会形成一个习以为常的语言生态环境：殖民国语言往往意味着精英语言，被殖民国的当地民族语言则常常是日常生活语言。被殖民国的子民要从普通人成为精英，语言就是通行证。

（二）"一带一路"沿线国家语言多样化

语言多样化是世界各国语言生态的常态，但各国政府对待语言多样化的态度却并不相同。华文教育作为各国多样化语言生态中的一棵树，从中获得的发展养分和空间也不同。

"一带一路"沿线国家都是多语言国家，而且很多经历过被侵略、被殖民或被加盟（苏联加盟共和国）的历史，所以，先后经历过殖民政府强制推行殖民语言以及国家独立后强制推行民族语言的历史，两种"推行"虽然出发点不同，但性质都一样，即推行单一的语言政策，通过语言单一实现民族同化，消除不同民族的差异,强求一个国家一种语言一种文化。但这种违背语言文化发展规律的做法,最终都归于失败,且严重阻碍了国家的经济和文化发展,甚至造成政治动荡,民族分裂。

20 世纪末,世界一体化的发展趋势使"一带一路"沿线各国普遍意识到文化多元、民族平等对国家统一、民族团结的重要价值和意义,逐渐从狭隘的文化民族主义发展为文化多元主义。基于这样的认识,沿线各国不但积极推动国内各民族语言文化的平等发展,而且为世界范围内语言的交流与传播创造了开放的社会文化环境。

21 世纪,日益开放、多元的世界体系让各国日益认识到语言的经济价值、战略价值,认识到本国的每一种语言都是重要的战略资源和文化外交资源。有鉴于此,各国对语言多元化越来越持包容、支持态度,并在向世界推广本国语言的同时,也为其他民族语言的传播提供支持。汉语与中华文化的传播在这些国家得以复苏和发展,固然与中国自身的语言多元化发展观和综合国力提升相关,更重要的,是这些国家改变了单一的语言政策,倡导多元语言共存发展的政策。

(三)"一带一路"沿线国家重视本国语言的国际传播

一国语言的国际传播也是一国国际形象、文化和价值观的国际传播。语言战略是一国经济文化战略的基本环节。世界各国都意识到语言是一种战略资源,因此,争相采取各种方式推广本民族的语言和文化,语言传播形成百舸争流的局面。20 世纪 30 年代,英国成立英国文化委员会,作为向海外推广英语的准官方机构,致力于改善英国的国际形象,维护英国的国家利益。1883 年,法国创建了法语联盟,迄今在全世界 138 个国家有 1 140 多个培训机构。德国通过建立歌德学院实现德语和德国文化的国际传播。阿联酋则通过建立翻译学院和阿语教育学院传承阿拉伯语,并在海外建立阿语推广机构,推动阿拉伯语的国际传播。

汉语与中华文化的国际传播应基于自身的现实需求和战略目标,扬弃世界各国语言文化国际传播的经验和教训,探索构建为世界所了解和理解的汉语言文化国际传播的"中国模式",形成可资世界语言文化国际传播借鉴的"中国经验",这是汉语与中华文化走向世界的体制保证和质量保证。

（四）英语成为世界各国民族语言保护与传承的最大挑战

历史证明，只有政治和经济发达地区的语言和文化才能对处于相对落后地位的语言和文化产生强大的辐射与影响，并且基于客观的市场需求，通过主观推动实现语言和文化的传播。在世界上占据强势地位的西方语言和文化，都有过快速传播的历史机遇期，由此导致的西方中心主义，不但表现在经济、技术和政治方面，也表现在语言、文化和价值观方面，而且至今仍在影响着世界的文化格局。

在全球化时代，英语成为事实上的国际通用语，对国家和个人来说，学习英语有助于赢得全球发展的机会，在经济、文化和国际交流方面受益。对很多曾是英国殖民地的国家而言，英语从殖民时期就代表着机会、财富和地位。英语在当今世界全球化与世界信息技术和交流方面的使用价值，也使各国政府无法忽视英语的地位，都或被动或主动地推动英语学习。当今世界，不懂英语，就无法获得世界上最先进的科学、信息，就意味着落伍。

世界经济一体化决定了英语的全球地位，"一带一路"沿线国家都受到了英语的冲击，回避和拒绝都不会成功。各国必须在英语和本民族语言之间找到一个平衡点，将本民族语言的学习和使用与英语学习和使用并重，形成相互补充、优势互补的语言生态，而不要人为地制造障碍，甚至限制。削弱英语影响力的唯一办法，就是加强国力建设，提高本国国际地位，以此推动本国语言的世界使用率，推倒本国国语与英语之间的"墙"，在借力英语及英语所代表的各种力量的基础上壮大自己，壮大本民族语言的力量。

（五）"一带一路"沿线国家华文教育与所在国的语言政策密切相关

当今世界，一种语言要想在其他国家传播需要具备很多前提，主要包括源语国的综合国力和人口、源语国和传播对象国语言政策的支持、语言自身的特点和价值、语言人口等。华文教育在"一带一路"沿线国家的起伏发展，与这些基本条件也息息相关。

历史上，"一带一路"沿线很多国家的语言政策都曾决定所在国汉语教学的兴衰。新加坡、泰国、菲律宾、马来西亚、印度尼西亚、越南、柬埔寨等国都是如此。华文教育在这些国家的发展历史表明,语言的国际传播受制于传播对象国的语言和文化政策,政策决定了语言传播的盛衰荣枯。而一国语言政策的出台,与该国的独立历史、对世界一体化的认知和接受程度密切相关。事实证明,语言政策越开放、包容的国家,政治上越不孤立,经济上越能快速发展,文化上越能兼容并包。在世界一体化的今天,狭隘的民族主义语言政策将会造成国家的孤立和闭塞,阻滞本民族和国家融入国际大家庭,也就难以汲取发展的能量。因此,华文教育在"一带一路"沿线国家的发展历史与语言政策的关系,既是一面历史之镜,可鉴一国世界化的发展历程;也是一面未来之镜,可以预测一国未来的发展趋向。我们则可据以设计一国汉语传播的路径和方法。

(六)"一带一路"沿线国家华侨华人构成不均衡,社会地位不稳定,华语使用程度不一

总体来看,"一带一路"沿线国家政治生态不一,经济水平差异大,地缘政治复杂多变,社会与文化机制不同,缺乏多边合作机制。东南半岛历史上数次发生政治动乱和排华热潮;苏联解体带来东欧剧变,独联体各国存在着复杂的国内政治斗争和多边关系;中印边界问题至今仍影响着中印关系;阿拉伯国家的内部冲突以及美国、日本对"一带一路"的怀疑与阻碍……总之,"一带一路"是踏着历史足迹的荆棘之路,虽有经验可供借鉴,但更多的是在"无"中走出"有"来,充满着巨大的风险。

作为铺路先锋,"一带一路"沿线国家的华文教育与中华文化国际传播面对各种复杂的风险,必须积极应对,先生存后发展,再快速发展。

"一带一路"沿线国家华文教育的历史、现状与未来,与该国华侨华人在所在国民族结构中的地位密切相关。因此,了解各国民族状况,是了解各国华文教育历史与现状,并为未来发展制订规划的关键。

"一带一路"沿线国家都不是单一民族国家,民族成分较为复杂,但语言资源丰富。华语作为其中的一种民族语言,使用程度在各国各不相同。

"一带一路"倡议的提出,使沿线国家的华文教育与汉语教学找到了集中爆发点,世界的汉语教学也出现了"一带一路"化趋势。尤其是位于"一带一路"核心区域的国家,其华文教育与汉语教学情况虽然各不相同,但基本发展规律是

一致的，即受制于国际局势和国内局势，与中国的政治、经贸和文化交流以及由此造成的各国语言政策的影响。另外，从历史角度看，虽然华文教育在各国的发展都历尽坎坷，但总体趋势是持续发展的。随着中国的发展，尤其是"一带一路"总设计给沿线国家带来的发展机遇，这些国家的华文教育和汉语教学必将获得越来越良性的发展环境，获得越来越广阔的发展空间，取得越来越突出的成就。

二、"一带一路"沿线国家中华文化国际传播的问题与对策

（一）"一带一路"沿线国家将中华文化国际传播纳入国家安全战略视角

语言和文化传播事关国家安全，"一带一路"沿线国家在这一问题上的认识高度一致。这是我们沿"一带一路"布局汉语与中华文化国际传播时必须要面对的问题。如何让各国的语言文化交流服务于"一带一路"建设，是推动"一带一路"沿线国家汉语与中华文化国际传播的首要研究课题，也是需要"一带一路"沿线国家共同努力面对和解决的问题。只有在和平、共存、共赢的原则下，消除汉语与中华文化国际传播给沿线国家带来的"不安全"感，把华文教育与中华文化国际传播工作建设成"一带一路"沿线国家语言和文化和谐共存的平台，以汉语的世界化助推世界的和谐一体化，推动国际理解和共赢，才能更好地解决这一问题。为此，我们在向世界传播汉语时要贯彻"己所不欲，勿施于人"、"和而不同"的理念。

（二）建造互联互通的语言基础

"互联互通"是"一带一路"建设的关键和主要内容，而语言互通则是其基础。没有语言互通，就没有不同国家、民族人与人之间的沟通与交流，也就谈不上民族、国家之间的沟通与交流。"一带一路"的互联互通，首先应该解决的就是语言互通的难题。语言的交流与合作，是"一带一路"的沟壑之桥、江河之桥。在这一点上，沿线国家的认识是一致的。

一个民族、一个国家的文化，主要通过语言进行传播，掌握了一种语言，就是掌握了了解一国文化的钥匙。"一带一路"是中国倡议的，理应由中国发挥主

导作用,其中就包括推动"一带一路"沿线国家的汉语与中华文化传播,让越来越多的人掌握汉语、了解和理解中华文化,这对推动沿线国家了解和理解"一带一路"倡议并积极参与"一带一路"的共建,是非常必要的,也是一项基础性的铺路工程。

那么,如何推动"一带一路"沿线国家的语言互通呢?

1. 成立"一带一路"通用语协同中心

"一带一路"沿线国家语言决策机构应通力合作,达成共识,成立"一带一路"通用语协同中心,以各国语言的国际影响力和使用人口为基准,本着各民族语言平等、和谐共存的基本原则,通过汉语在沿线国家的有序传播,逐步形成一个以汉语为主、各国语言公平使用的"一带一路"语言体系。这一体系将以语言运用者自我选择为主,以方便交流和日常使用为准则,不强势推广或指定使用某一种语言,保证"一带一路"通用语多元化。

通用语协同中心应加强对"一带一路"沿线国家的语言文字、语言政策、语言政治、语言经济、语言风俗等方面的研究,并将这些研究成果有计划、有步骤、多语种地进行出版、发行,加强"一带一路"沿线国家之间的相互理解,为其他领域的合作铺一条平坦之路。

通用语协同中心应充分运用现代语言技术,搭建语言与科技互通的平台,使语言互通更加便捷、直接,也使互通渠道实现层级化、立体化。

2. 根据"一带一路"沿线国家的语言需求,培养中国的多语种人才

人才是"一带一路"倡议发展的基石和支柱,事关"一带一路"事业成败,目前已引起中国和沿线国家的高度重视。2016年,中国教育部印发《推进共建"一带一路"教育行动》,推动中国高校与沿线国家高校之间实现学分互认、学位互授联授,在语言、交通运输、建筑、医学、文化遗产保护等领域联合培养学生,实现教育资源共享。《教育行动》设计了"丝绸之路"留学推进计划、"丝绸之路"合作办学推进计划、"丝绸之路"师资培训推进计划和"丝绸之路"人才联合培养推进计划,根据"一带一路"的建设需要开展人才培养培训合作。同时设立"丝绸之路"中国政府奖学金,资助中国学生到沿线国家学习,沿线各国学生来华学习

或研修,专项培养行业领军人才和优秀技能人才。2012年以来,中国共有35.19万人赴"一带一路"沿线国家留学。至2016年底,"一带一路"沿线国家在华国际学生已达20多万。

文化交流的基础是语言。中国现代史的发端,就是一批学贯中西的学者基于西方语言的影响而发起白话文运动,以语言改革动摇了中国传统社会的文化根基,进而推动中国的现代化发展。

目前,全世界仍在使用的语言有6 000多种,但进入中国大学本科专业目录的外语语种还不到70种。这些外语在国内的"实际待遇"并不平等,而是"贫富不均",资源配置不平衡,结构失衡。英语、德语、法语、日语等一些大语种普遍受重视——社会重视,学校重视,学生也重视。其他小语种的资源则相对匮乏,招生计划数、报名人数、毕业生对口就业率等都较低。

"一带一路"沿线国家民族语言达200余种,官方语言近60种,其中除阿拉伯语外,其他语言基本上都属于非通用语种,即英、法、俄、西、阿、德、日7个语种以外的语言。我国高校设立的外语语种主要是7种通用语,虽然目前已开设20种"一带一路"小语种,但就读的学生不足100人。

目前,非通用语种人才的匮乏不但直接影响了"一带一路"倡议的顺利实施与中国文化在沿线国家传播的速度和质量,而且造成了沿线国家需借助7种通用语、尤其是英语理解中国文化的现象——这直接增加了中国文化受到西方话语体系客观或主观误读的风险,使中国话语权和核心利益表达等更容易受到伤害。为此,必须加快根据"一带一路"中国价值观国际传播的布局,相应布局中国"一带一路"非通用语人才培养格局,同时加强对现有外语类学生和非语言类"一带一路"急需专业学生进行"一带一路"非通用语能力培养。

"一带一路"沿线国家的语言大都属于非通用语言。非通用语种人才培养周期长,相对成本高,就业范围窄。因此,必须由政府根据"一带一路"倡议对外语人才的实际需求,科学规划,统一配置资源,针对不同国家、不同领域、不同层次的人才需求,调整培养布局,改革培养模式,优化培养体系。既要依赖中国高校和相关培养机构,也要充分发挥社会语言培训机构和涉外企业的作用,定点培养"一带一路"建设急需人才。这些人才既包括高端研究型外语人才,也包括既精通沿线国家语言,又熟悉各国政治、经济、文化、制度的语言专业人才,还包括应用型的、能进行基本的语言和跨文化交际的非外语专业人才(即"语言＋专业复合型人才")。

(三)加快在"一带一路"沿线国家布点汉语教学与中华文化国际传播基地

"一带一路"首先是经贸合作之路、文化交流之路,其开放性和务实性为汉语与中华文化国际传播带来了新机遇,甚至连路径都规划好了。但"一带一路"沿线国家语言生态、语言政策、历史矛盾的复杂性,使得沿线国家的汉语传播情况并不乐观。实事求是地说,沿线国家汉语传播的准备不足,发展不够,规划不到位,距"一带一路"对语言铺路的要求,差距很大。

孔子学院是当前汉语与中华文化国际传播的重要阵地,为世界认识中华文化和当代中国开启了一个窗口,对促进不同文明间的交流互鉴发挥了重要作用。目前,"一带一路"沿线国家孔子学院主要集中在经济比较发达的国家,如俄罗斯、泰国、印度尼西亚、波兰、乌克兰、菲律宾等,而中国能源主要进口国家如沙特阿拉伯、伊朗等,孔子学院数量严重不足,有的国家连一家都没有。"一带一路"倡议是与各沿线国家平等相处,协同发展,均衡发展,孔子学院的布局也要与此一致。尤其要与"一带一路"的中国产业合作格局保持一致,重点放在孔子学院力量较弱的中亚和西亚区域,以及对维护中国国家安全极其重要的中西亚国家。截至目前,我国在中亚地区仅开设了9所孔子学院,且分布不均衡,如塔吉克斯坦和乌兹别克斯坦都只有1所孔子学院,根本无法满足该国汉语学习的需求。在"丝绸之路"经济带的建设中,汉语国际教育肩负重任,应该在中亚建立更多的孔子学院。另外,还要保持东南亚国家华文教育的既有优势,巩固现有孔子学院的汉语传播成果,加强理论研究,提供理论和方法指导。

目前,虽然大多数"一带一路"沿线国家对孔子学院持肯定评价,但也有一些国家人为设置障碍,尤其是印度,仍以"龙象之争"的政治偏见看待中印文化交流。虽然印度社会和民众认识到学习汉语能够获得更多机会,但整个印度迄今才建成两所孔子学院。受孔子学院启发,印度还对抗性地要在全球建立"甘地学院",以提升印度的文化软实力。另外还针对"一带一路"倡议提出了所谓的"季风计划"。印度这种"一带一路"观,在"一带一路"沿线国家都或多或少地存在着,只不过程度不同、或隐或现而已。布局孔子学院,必须正视这种不利因素并积极采取措施。只要依托"一带一路"的规划,根据需要进行汉语资源分配和布局,汉语就能沿着"一带一路"铺就的轨道,走进"一带一路"沿线国家的语言生活,走向世界。

(四)设立中国政府"一带一路"专项奖学金和"汉学人才计划"

目前,来华国际学生已经出现"'一带一路'现象",中国政府应基于"一带一路"建设规划,设立"一带一路"来华国际学生专项教育基金,并争取沿线国家的配套资金支持,以吸引更多"一带一路"沿线国家的国际学生来华学习。同时,针对这些专项基金国际学生未来服务"一带一路"建设的总目标,在课程设置、文化活动等方面进行专门设计,培养出懂汉语和了解中华文化的"一带一路"专门人才。这是"一带一路"建设可持续发展的关键。

(五)加强与沿线国家华侨华人和华文教育机构的合作,有效利用当地华文教育资源,深化汉语国际传播的本土化

"宁卖祖宗田,不忘祖宗言。"汉语是海外华侨华人身份认同的主要标志。语言认同是民族认同的基础,而民族认同则是联系海外华侨华人与祖国的脐带,起着供血功能。

华侨华人是中国推动"一带一路"沿线国家建设的生力军,华侨华人中外文化身份兼具的特殊性,决定了他们在中华文化传播的方法、技巧方面更具在地性。通过华侨华人缓解汉语与中华文化国际传播的张力和压力,软化这一过程中的人为障碍,催化以语言交流为基础的经贸合作与人文交流。为此,必须充分发掘"一带一路"沿线国家的华侨华人资源,培育可直接或间接服务于"一带一路"建设的华侨华人人才,并加强对新生代华人的亲情浸濡。

"一带一路"沿线国家语言和文化生态复杂,华文教育具有鲜明的地方特色。因此,我们在推动华文教育的过程中,一定要坚持"大华语"意识,协调好普通话与华语之间的关系,理解和包容华语教育的本土化和地方化特色,积极解决海外华语教学中遇到的语言和文化融入问题。

当前,"一带一路"建设的实施并非一帆风顺,它被一些国家别有用心地视

为"中国威胁论"的新例证。这些国家对中国的崛起充满恐惧,出于意识形态考虑,想方设法利用历史上因殖民而遗留的文化、外交关系以及经济、军事上的优势,与中国争夺在相关国家,尤其是东盟各国的话语权,阻碍汉语与中华文化的传播。如美国关于"一带一路"的主流报道主要围绕"一带一路"对美国会有什么危害;印度的主流意见是:"一带一路"倡议针对美国的亚太战略和南亚战略,不但会对美国造成威胁,而且会对印度的话语权造成威胁。有鉴于此,我们在发展沿线国家的华文教育的同时,可以借助华文教育弱化汉语在当地的"传播"态势,使其成为华人住在国更容易接受和理解的一种异态语言和文化,从而有助于消除"汉语威胁论"和"'一带一路'威胁论"。

(六) 实施"一带一路"沿线国家汉语国际教育专业人才专项培养计划

目前,汉语国际教育人才培养成为解决海外华文教育与汉语国际传播师资问题的主要途径。汉语国际教育专业人才培养应以提升国家软实力、促进汉语与中华文化的世界化为目的,以培养能够适应海内外汉语国际教育需求的卓越师资为直接导向,扎根生活土壤,立足当代社会,以全球化的眼光、国际化的思维、创新性的行动理念,培养高层次、复合型、理论知识与实际技能有效结合的汉语国际教育专门人才,并不断提高人才培养质量,为汉语国际教育事业输送优秀的教学科研骨干和组织领导者。因此,国内外高校和教育机构应根据"一带一路"的总体建设要求,提供针对性的课程和训练,尤其要加强沿线国家语言能力和语言应用技能方面的训练,形成以"一带一路"建设需求为目标导向的人才培养创新模式,如中外联合培养、校校合作、校企合作等。

汉语国际教育专业人才的培养对个人教学技能、理论素养、科研能力、知识运用能力和跨文化交际能力的要求都很高,而培养时间短、学生的专业背景差异大,因此,要培养出能适应"一带一路"语言铺路要求的专业人才,就必须科学设计、务实规划、细致挖潜,在学生已有的专业知识和实践技能基础上实现优势资源的整合、统一,相互激发,以提高培养的效率和效果。而其中最基础也最主要的工作,就是全方位科学设计专业课程教学、专业教材建设和跨文化技能系统培训,包括基于专业培养要求和特点,编写具有针对性的具有"一带一路"特色的专业教材,挖掘来源于教学实践并能直接指导教学实践的鲜活案例,打造最能拓展学生教学技能和跨文化交际能力的实践平台,即以教材建设为基础,以案例库建设为手段,以创新实践基地为平台,实现"教"、"学"、"练"无缝衔接、零时差同步。通过科学设计、循环规划,使学生的学习与实践实现知识集中化、效果最大化、效率最高化,从而形成"教"、"学"、"练"三位一体、相互融合、互为补充的自循环人才培养创新模式。只有这样,才能有效克服学生专业学习时间短、实践技能培训时间和领域受限的短板,使汉语国际教育专业人才的培养实现高效率,实现老师教与学生学的无缝衔接,从课堂与实践两方面拓展学生的专业技能训练空间,从而实现学生专业学习与实践技能培养的有机整合,形成专业知识与技能转化的自循环培养系统。

(七) 充分发挥"一带一路"跨境语言优势,推动海外华文教育与汉语国际传播

跨境语言是国与国之间感情与文化的纽带。中国作为多民族国家,跨境语言丰富。如何结合"一带一路"建设,发挥沿线国家跨境语言的基础优势,构建以跨境语言为基础,以普通话为标准,有利于汉语传播的语言、文化和社会生态环境,对推动"一带一路"建设和华文教育具有重要的价值。

从总体上看,中国与"一带一路"核心区国家的跨境语言并不活跃,社会影响力也有限。因此,要通过跨境语言融通中国与这些国家的经贸与文化合作,实现语言与文化互认,仍任重道远。

(八) 确立"一带一路"话语体系的对外传播原则和基本方式

目前,关于"一带一路"的阐释丰富多彩,对外传播的途径也多种多样。但因为没有统一的话语体系,很多阐释在语气、表达方式方面采取了国内惯用的方式,忽略了国际通用的表达方式。如"一带一路"崇尚和平,我们的阐释却采用了很多军事术语,如桥头堡、攻坚战、战略西进、夺取胜利等,这就让沿线国家产生警惕,甚至怀疑,为"一带一路"倡议的顺利实施增加了很多不必要的麻烦。因此,应在全面梳理已有的"一带一路"相关研究的基础上,对核心词汇进行详细分类,甚至可以采取分级制,明确规定相关词汇的使用范围,尤其是对外宣传时,要有统一的审核机制,统一口径。只有这样,才能尽量避免因语言表达而造

成的阐释混乱,这不但事关语言尊严,也从语言层面保证了"一带一路"倡议的严肃性,增加沿线国家对"一带一路"的信任度,有利于推动"一带一路"倡议的顺利实施和实现。

另外,为了保证"一带一路"核心词汇对外传播的一致性,应从国家层面规范"一带一路"所涉核心词汇在沿线国家的规范译文,以规范英译为基础,进而规范沿线各国官方语言和主要民族语言的译文。

三、借力华侨华人,创建多样化的中外文化沟通桥梁

(一) 重视培养"一带一路"华人翻译人才

翻译是中华文化国际传播的重要环节,是增强国家软实力、展示中国真实形象的必要手段,是中华文化世界化的重要桥梁。最重要的是,通过翻译,可以用不同语言文化背景下的人们都能接受的形式,将最优秀的中华文化传播出去。然而,我国目前缺乏翻译人才,尤其是中译外人才,中华文化作品的翻译质量难以保证,这已成为制约中华文化走出去的瓶颈之一。因此,如何在中华文化国际传播与翻译之间形成一种良性互动关系——借助翻译提高中华文化国际传播的速度和质量,通过中华文化国际传播提升翻译的质量,成为一项现实且必要的工作。

目前,中国翻译人才的培养主要依靠高校,但高校特殊的培养机制导致其所培养的翻译人才语言表达能力强,但适用性弱、实践能力不足,与"一带一路"对翻译人才的要求差距巨大。有鉴于此,我们要发挥华侨华人跨语言交流优势,重视培养和发挥海外华人翻译人才的作用,并且工作前置,"从娃娃抓起",润养未来的华人翻译精英,以可持续发展的眼光,搭建中华文化研究、交流和传播的语言与翻译平台。为此,政府应主导整合各种资源,从制度和经费方面提供全方位支持。

(二) 进一步发挥海外华人文学的情感沟通优势

从中华文化"走出去"的视角看海外华人文学,可以发现我们还没有足够重视海外华人文学所承载的不同民族的情感沟通功能。海外华人文学所描写的

华侨华人身处异邦的情感冲撞与痛苦承受和适应过程,都是活生生的中外文化交流的典型案例。因此,大力支持海外华人文学发展,使之自觉承担中外文化交汇、交流的责任,有利于进一步推动中华文化海外传播。

世界华人文学的发展状况与华人分布情况基本一致,华人集中则华人文学兴盛。很长一段时间内,东南亚是海外华人文学的重要影响地区,而欧美等国的华人文学则相对较弱。但近年来,随着新兴华人团体的出现及西方的国际影响力的确立,欧美等国渐渐成为海外华文文学的重镇。华人文学不但影响所在国对中国形象的塑造和接受,而且其中所表达的中华元素对异域文化也产生了辐射性影响。如20世纪70年代的汤婷婷、80年代的谭恩美等人的作品,都受到西方读者的广泛关注,成为美国了解中国人情感和生活的媒介。21世纪以来,伴随着中国崛起,走出国门的华人作家因为自身带有中国发展所激发的民族自豪与文化自信,他们的写作更多是在东方文明的坚守中融入西方文明的健康因素,东西方文化融合的气息浓厚,全球化视野开阔,传播手段丰富,电影、电视、网络都成为华文文学的传播手段,塑造华人新形象的同时,也在塑造着中国新形象。海外华人文学发展的新时期正随着中国国际地位的提升而展现在世界面前。

海外华人文学是中外文化交流的双向通道,不但可使中国文化更容易为外国读者所接受,而且为中国了解世界提供了生动鲜明新颖的人与物,加深了中国对外国文化的理解。因此,支持并推动海外华人文学发展,不仅可以进一步促进中华文化的海外传播,同时也可以为我们提供新的了解海外社会与文化的视角。也就是说,海外华人文学所讲的不只是华人华侨自己的故事,也是中国故事,更是世界故事。

(三) 以侨为媒,建设汉语科技创新平台

科学是文化的载体之一,科技创新思维首先是一种语言思维,因此,在某种程度上,一种语言的世界普及方式与程度,直接影响着一国科技创新成果的数量和质量及其对世界的影响,而科技创新成果又可对一国语言和文化的国际推广产生重大影响。随着"一带一路"倡议的具体实施,越来越多的中国科技成果走向沿线国家,使"一带一路"成为中国科技创新走向世界的"科技之路"。有鉴

于此，我们有必要研究如何通过中华文化的国际传播，使"一带一路"沿线国家有越来越多的科学家用汉语思考，用汉语表达创新思维，用汉语交流创新成果。这对培育以汉语为基础的"一带一路"科技创新平台，推动我国的科技创新教育，促使我国向创新型国家转变具有重大的战略价值。

目前，海外华人也切实感受到中国以科技实力为基础的综合国力的提升与自身发展的密切关系，并且与他们要发出中国声音的诉求不谋而合。文化创新与科技创新同气连枝，搭建汉语交流平台，可为科技创新工作提供诸多便利。在搭建汉语科技创新平台的过程中，华人华侨扮演着不可或缺的角色。我们应坚持多元文化共建原则，发挥"一带一路"沿线国家华侨华人在科技领域的跨语言和跨文化优势，培育以汉语为基础的"一带一路"科技创新平台。异质文化之间的相互对话和沟通，是化解经济、科技全球一体化和保持文化多元化的矛盾的必由之路。

借力华侨华人，搭建以汉语为基础的科技创新平台，并秉承多元文化相融共生原则，使其服务于跨文化人文交流、科技创新，这将成为一条卓有成效的中外文化交流的"新丝路"。

（四）加强与沿线各国华人媒体的合作与交流，营造有利于中华文化传播的舆论大环境

媒体（报纸、广播、电视、网络等）是中华文化国际传播的一条重要途径，也在一定程度上影响着传播的效果和质量。因此，了解"一带一路"沿线国家舆情与媒体现状，对确立中华文化国际传播与沿线国家媒体的合作模式，从而更好地实现"一带一路"的目标，具有重要影响。

随着时代和技术的发展，海外华文媒体已经从早期的报纸、杂志等纸质媒体拓展开来，传播形式和传播平台变得更为丰富多彩，时效性也大大增强。而随着英文作为国际通用语言的普及，新生代华裔受教育水平和融入主流社会能力的提高，华人华侨渐渐习惯于在中文和英文或中文和所在国语言之间自如切换，利用各类社交网络和自媒体平台发声。他们交流的对象也不局限于华人族裔，其与所在国其他族裔群体的交流沟通日趋频繁。

有鉴于此，我们在新语境下运用媒体讲中国故事，首先应该按照创办和使用者主体而非使用语种来划分媒体属性。不只要发挥海外华文媒体的作用,还应该进一步拓展到所有海外华人媒体,即以华侨华人为创办主体但传播语言不限于中文的各类媒体,这更有利于整合华人传播力量,摆脱语种限制,积极推动中国本土媒体与海外华人媒体的资源整合与相互合作,互通有无,从而拓宽中华文化国际传播渠道,因地制宜,实现"本土化"发展,取得更好、更精准的传播效果。

(五) 加强孔子学院与当地华文学校的资源整合与共享机制建设

作为中外文化交流的综合平台,孔子学院目前应重点布局"一带一路"沿线国家,并结合所在国的政治、经济、国民教育体系、文化现状和未来需求,充分发掘"一带一路"沿线国家汉语与中华文化国际传播的各种资源,研究科学配置相关资源的最优模式,致力于建设孔子学院的资源整合与共享机制模式,同时加强运行机制的内涵研究,从而使孔子学院成为服务国家"一带一路"倡议和传播中华文化的永久平台。

孔子学院的发展是基于中国政府的主动推广,其推广的对象是外国人而非海外华人,从而导致孔子学院发展越快、华文教育发展空间越窄。再加上孔子学院等汉语国际传播机构和华文教育机构之间缺乏沟通的渠道与经常性的合作,造成了两种目的相同的机构相互矛盾的社会印象,给汉语和中华文化的传播带来了负面影响。

孔子学院与华文教育的目的本质上是相同的。孔子学院要实施中华文化国际传播战略,满足世界学习汉语和了解中华文化的需求。海外华人社会则是推动实现这一战略的主力军和生力军,中华文化走出去的每一步,尤其是筚路蓝缕的初级阶段,往往是海外华人提供场地、资金、宣传、介绍,他们是实实在在的文化载体和传播载体,是汉语和中华文化融入所在国的主要助力。因此,我们一方面要通过孔子学院和海外文化机构主动推动汉语与中华文化国际化,另一方面也要更加关心、支持海外华侨华人和华文教育,并借助华侨华人与住在国政府、社会的密切关系,营造汉语在当地传播、生存、壮大的良性生态。

(六) 深入细致培养华文教育专业师资

教育的关键是教师。华文教育最初对师资的语言能力、教学能力和文化传播能力并无严格要求和统一规范。但随着越来越多的国家将华文教育纳入本国国民教育体系或作为第二语言教学，华文教育有了法律保证，成为汉语学习者升学、就业的途径，这就要求华文教育的师资必须专业化，必须满足一系列的知识和技能要求。

目前，由于海外汉语学习者生源充足，海外汉语教学师资队伍急剧扩增，但合格师资仍然匮乏，拥有《对外汉语教师资格证书》的教师只占从事海外汉语教学工作教师的 1/5，师生比达 1∶1 000，远远满足不了形势的需要，这已成为制约"一带一路"沿线国家华文教育发展的瓶颈。

有鉴于此，中国应加强与沿线各国政府的合作，在科学发挥现有海外华文教师能量的基础上，加快培养更多本土化汉语教师，并提供职业培训推动在岗教师专业化，在教学理论、教学技能、跨文化交际能力等方面全面适应新的教育对象和培养要求。

四、结论

能否真正做到"以侨为桥"，是汉语与中华文化国际传播成功与否的关键，这是华侨华人海外血泪历史的结晶，也是世界各国语言文化传播的成功经验。当今华侨华人遍布世界，他们都是身边的外国人了解中国的载体和窗口，而中国的发展所带来的世界地位的提高，更激发了海外华侨华人对母语文化的认同，他们主动推广汉语和中华文化的动机更加强烈。事实已经证明，正是通过广大华侨华人，中国才真正实现了与世界各国、各地的无缝对接。

目前，数千万的海外华侨华人在知识结构上越来越成为所在国的重要智力资源，他们了解住在国的语言、文化、政治、民风、社会、法律和族群关系，知道如何融合中国文化与住在国文化。这种独特的身份优势，决定了他们将为"一带一路"的顺利实施提供丰富的人力资源、雄厚的资金支持和宽泛实用的人脉网络。因此，华侨华人既是"一带一路"倡议的实际设计者，也是具体实施者，是"一带一路"的桥梁和隧道。

"一带一路"视野下中资企业及华侨华人利益保护研究

——以中亚国家为例

李立凡　陈佳骏*

....

摘要："一带一路"倡议推进四年来,中资企业及其员工、华侨华人深耕"一带一路"沿线国家的步伐逐渐加快,直接投资迅速增长。由于"一带一路"沿线国家大多为社会经济深度转型的发展中国家,政治社会不稳定,动荡时有发生,这就带来了中资企业及华侨华人利益保护的新的时代课题。中资企业及华侨华人的利益构成包括生命安全利益、经济利益、生活利益和法律权益。威胁中资企业及华侨华人利益的风险因素包括政治风险、安全风险、市场和商业风险、环境风险以及文化冲突和价值误读。中亚国家是"丝绸之路经济带"的核心区,且其国家属性在"一带一路"沿线国家中具有一定的代表性。本文以中亚国家为例,探讨中资企业及华侨华人在当地遭遇的困境,并从国家战略规划、企业能力建设、个人责任与安全意识三个维度提出相应对策。

关键词：一带一路　海外利益保护　中亚　中资企业　华侨华人

----

* 作者简介：李立凡,上海社会科学院上海合作组织研究中心秘书长,副研究员;陈佳骏,上海市美国问题研究所研究人员。

2013 年秋天,国家主席习近平在哈萨克斯坦和印度尼西亚分别提出共建丝绸之路经济带和 21 世纪海上丝绸之路,即"一带一路"倡议。四年来,全球已有100 多个国家和国际组织积极支持和参与"一带一路"建设,[①]联合国大会、联合国安理会等也将"一带一路"建设内容纳入重要决议。"一带一路"建设逐渐从理念转化为行动,从愿景转变为现实,建设成果丰硕。

作为"一带一路"倡议的陆路部分——"丝绸之路经济带"的核心区,中亚已经成为"一带一路"的关键节点。2017 年,中国先后迎来与乌兹别克斯坦、哈萨克斯坦、塔吉克斯坦、吉尔吉斯斯坦以及土库曼斯坦等五个中亚友好邻邦建交25 周年的纪念日。过去 25 年里,中国同中亚五国相互尊重,共同发展,努力实现互利互赢。展望未来,"一带一路"倡议将成为中国与中亚五国合作的新纽带,进一步助力双方关系的发展。

在此背景下,华侨华人和中资企业在中亚的存在,特别是中国籍员工随企业"走出去",到中亚国家工作、生活,这些情况所带来的利益保护问题成为重要的研究课题。

一、中资企业及华侨华人利益的构成

中资企业海外员工及华侨华人利益是中国海外利益的重要组成部分,是关系国计民生的重大战略性问题。中国应在施行拓展海外利益战略的背景下重视海外员工及华侨华人利益的保护,从而在民本的基础上充分把握海外利益开拓的战略机遇期。具体来看,中资企业海外员工及华侨华人利益体系主要包括生命安全利益、经济利益、生活利益和法律权益等四个部分。

(一) 生命安全利益

大部分"一带一路"沿线国家动荡频发,保障生命安全成为当地中资企业中国籍员工和华侨华人的核心利益,只有感到安全,他们才能安心地在所在国生

---

① 《习近平在"一带一路"国际合作高峰论坛开幕式上的演讲》,新华网 2017 年 5 月 14 日,http://news.xinhuanet.com/politics/2017-05/14/c_1120969677.htm.

产生活。目前,中资企业海外员工及华侨华人遇袭事件超过 60% 发生在非洲地区,中亚、东南亚和南美等地区也时有发生。遇袭事件主要可分为两大类,一类是中国企业的海外项目员工遭当地武装分子袭击或绑架,其中多数是石油、工程建设、开矿类大型公司的海外工作人员;另一类是华侨华人在从事经贸活动时被抢劫甚至杀害。随着中资企业在动荡国家的援建工程和合作项目数量增加以及华侨华人活动增多,种种突发事件将给中资企业海外员工和华侨华人的生命安全带来极大的挑战。

(二) 经济利益

当前有关如何维护中资企业海外整体经济利益的研究已经有了一定的进展,但关于如何界定和维护海外员工个人经济利益的研究尚存不足。海外员工个人经济利益包括良好的职业获得感、清晰的职业发展规划、合理的晋升激励体系等。如果中资企业不能很好地保障外派员工的个人经济利益,那么企业自身也会遭受损失。例如,近年来中国海外工程有限责任公司面临外派员工不断流失的困境;还有因工作期望落差大导致外派员工恶意闹事、破坏施工现场的材料设备、阻挠其他工作人员正常施工作业、殴打项目管理人员,与维持秩序的当地警察发生摩擦等恶性事件。这些案例都为其他"走出去"的中资企业敲响了警钟。

(三) 生活利益

由于中资企业,特别是石油、工程建设、开矿类大型公司在海外的项目工期长、环境艰苦,外派员工不得不长期面临语言不通、饮食不适、居住条件拮据、长期与亲属分居等生活上的困难。如果企业不能在合适的条件下保障外派员工的生活利益,这将给员工生理和心理带来极大的考验,最终影响企业海外项目的开展。

(四) 法律权益

虽然我国已经制定了一系列保护中资企业海外员工生命和财产安全的法律法规,但仍缺乏专门的法律法规用以防范和管理涉外公共安全风险,也没有专门保护海外员工生命和财产权利的国家法律。例如，部分外派员工的劳动关系在国内，因而不适用于住在国法律法规，这会导致员工外派期间的福利待遇、医疗工伤补偿标准等关系员工切身利益的相关问题陷入法律的模糊。因此，仅靠劳动合同而非法律保护容易使海外员工遭遇安全风险后陷入不利和被动地位，个人权益得不到充分保障。

二、威胁中资企业及华侨华人利益的风险因素

"一带一路"沿线国家多为处于社会和经济结构转型时期的发展中国家，它们在安全和发展方面普遍存在不确定性矛盾，其中地处中东、中亚以及南亚这一"战略不稳定弧"的国家尤其如此，[①]这些政治和经济风险需要我们加倍重视。此外，住在国的自然风险、文化价值冲突等因素也会对海外员工及华侨华人的生命财产安全造成威胁。在此背景下的中资企业"走出去"，需要我们综合评估其所面临的风险。

（一）政治风险

政治风险包括两个方面。一是住在国自身政治风险，包括政权更迭、政策发生重大变更、政治斗争频仍甚或发生武装冲突等引发的风险。例如斯里兰卡政权更迭导致科伦坡港城计划延宕，不仅影响了外派管理人员和工程人员的正常工作利益，也对中资企业的工程利益产生巨大损害。二是迫于第三方压力的政治风险。"一带一路"沿线国家基于自身的地缘政治属性，往往受域外大国的政治角力影响。中资企业的介入势必会被在该地区有重大影响力的域外大国视为威胁，它们可能会千方百计挑动矛盾，给中资企业和当地华侨华人带来不利影响。

（二）安全风险

安全风险主要包括住在国发生的恐怖袭击、海盗威胁、社会动荡、治安恶

---

① 周文重：《"一带一路"面临两大战略风险需重视防范》，中国新闻网 2015 年 3 月 11 日，http://www.chinanews.com/gn/2015/03-11/7121001.shtml。

化等。近年来,外交部的领事保护和协助案例急剧增加,2013 年只有 4 万多起,到 2015 年就已达到 8.6 万起,①2016 年甚至突破了 10 万起。② 从 2015 年的情况看,领事保护和协助的案例有 55％发生在亚洲,23％发生在欧洲,美洲、非洲和大洋洲分别占 10％、8％和 4％。从案件类型上看,出入境受阻、社会治安、经济和劳务纠纷案件继续分列前三位。③ 可见,中资企业和华侨华人的人身财产安全和各类合法权益均面临日益严峻的局面。

(三) 市场和商业风险

住在国的政治风险和安全风险会引发连锁反应,既会破坏市场和商业运行环境,也会对中资企业及华侨华人商业利益造成损害。市场和商业风险一方面包括利率、汇率等变动对商业价值造成的潜在损失,另一方面包括当地交易对象未履行契约造成的经济损失——这在市场经济尚不健全的"一带一路"沿线国家较为常见。

(四) 环境风险

环境风险包括两方面:自然灾害风险和医疗卫生风险。自然灾害包括地震、台风、海啸等;医疗卫生风险主要指住在国的传染病风险。环境风险虽是偶发性因素,但其一旦发生将对中资企业海外员工和华侨华人的生命财产安全造成巨大威胁。例如,2014 年西非埃博拉疫情的爆发使在利比里亚的武钢(中利联)遭受巨大损失,中方员工情绪波动大,加上当地的治安动荡、就医困难和供给紧张等实际困难,使得企业员工情绪不稳,心理压力大,工作人员大量流失。④

---

① 《2015 年中国境外领事保护与协助案件总体情况》,中国领事服务网 2016 年 5 月 5 日,http://cs. mfa. gov. cn/gyls/lsgz/ztzl/ajztqk2014/t1360879. shtml。
② 陈奕平:《〈战狼 2〉背后的真问题:海外遇到事,谁来保护你》,澎湃新闻 2017 年 8 月 30 日,http://www. thepaper. cn/newsDetail_forward_1779302。
③ 《2015 年中国境外领事保护与协助案件总体情况》,中国领事服务网 2016 年 5 月 5 日,http://cs. mfa. gov. cn/gyls/lsgz/ztzl/ajztqk2014/t1360879. shtml。
④ 《埃博拉疫情对疫区国家经济影响》,中国驻利比里亚共和国大使馆经济商务参赞处网站 2014 年 9 月 23 日,http://lr. mofcom. gov. cn/article/ztdy/201409/20140900739738. shtml。

（五）文化冲突和价值误读引发的连带风险

当前国际媒体舆论宣传依旧由西方国家主导，而某些西方媒体妖魔化中国海外行为的图谋始终未曾改变。中资企业和华侨华人所在国的本国居民因长期受"中国威胁论"的观念影响，对中资企业在当地的活动多有抵触，甚至对企业内的中国籍员工及当地华侨华人产生连带敌视情绪。在这种情况下，某偶发事件一旦被媒体广泛渲染，就很有可能引发当地居民与中国籍员工或华侨华人群体的对峙。鉴于中国籍员工和华侨华人在数量上处于绝对弱势，这种情况一旦发生将严重威胁他们的生命安全。

三、中资企业和华侨华人利益的维护——以中亚国家为例

中资企业和华侨华人利益的维护需结合相应时代背景以及当地特殊情况综合施策。以中亚国家为例，作为"丝绸之路经济带"的核心区，其与中国在人文交流和经济交往方面不断深入。人文交流方面，目前我国已在中亚五国设立了 13 所孔子学院。其中，哈萨克斯坦 5 所；吉尔吉斯斯坦 4 所；乌兹别克斯坦 2 所；塔吉克斯坦 2 所。[1] 经济交往方面，自中亚五国独立以来，中国与中亚五国的贸易从无到有，规模从小到大，方式也愈加多样化。中国和中亚的双边贸易额从 1992 年的 4.6 亿美元上升到 2013 年的 502 亿美元，年均增长率达到 25%。[2] 近两年因石油价格下降，汇率下跌，双边贸易额有所下降。2016 年，除土库曼斯坦，我国与中亚其余 4 国的双边贸易总额为 149.31 亿美元。最具代表性的国家是哈萨克斯坦，成为了中国在"一带一路"沿线最大的投资目的地国。两国于 2016 年签署《丝绸之路经济带建设和"光明之路"新经济政策对接合作规划》，发展战略对接进入深度融合、相互促进的新阶段。[3] 据不完全统计，双方企业和金融机构签约项目 24 个，签约金额 80 多亿美元。截至目前，中国

---

[1]　国家汉办网，http://www.hanban.edu.cn/confuciousinstitutes/node_10961.htm。

[2]　冯宗宪：《中国和中亚产业内贸易发展水平分析及政策建议》，中国经济网 2017 年 1 月 11 日，http://intl.ce.cn/specials/zxgjzh/201701/11/t20170111_19538771.shtml。

[3]　《弘扬丝路精神　谱写合作新篇》，《人民日报》2017 年 6 月 11 日。

累计对哈投资近 430 亿美元，①占据了中国在中亚五国直接投资的绝大部分。

（一）中资企业与华侨华人在中亚遭遇的现实困境

作为地缘政治角力的重要地区，中亚国家面临外部势力的渗透干涉和内部转型的矛盾并发，这给中资企业和华侨华人的利益维护带来了现实挑战。

第一，安全风险突出威胁中资企业和华侨华人生命财产安全。自苏联解体以来，中亚国家的民族矛盾冲突显现，宗教极端主义、民族分裂主义和国际恐怖主义"三股势力"迅速蔓延滋长。特别是乌兹别克斯坦、吉尔吉斯斯坦和塔吉克斯坦三国交界处的费尔干纳盆地，已成为助长"三股势力"的温床，这给地区政治社会稳定和周边安全形势带来极大的破坏性影响，并直接威胁中资企业当地派驻员工及华侨华人的安全。2016 年 8 月 30 日，吉尔吉斯斯坦发生针对中国使馆的恐怖袭击，这给中资企业海外员工及华侨华人敲响了安全警钟。此外，中亚国家的治安风险也在民族矛盾的掩护下日益严峻。2012 年 10 月，乌兹别克斯坦首都塔什干连续发生 3 起中资企业员工遭遇持刀歹徒袭击事件，随身财物被抢劫，所幸未发生人员伤亡。

第二，政治风险暗流阻滞中资企业和华侨华人经济利益增长。中亚五国尚处于经济社会转轨时期，进程缓慢，积聚了大量社会矛盾，并时有极端冲突事件发生。不稳定的社会和政治局势影响了中资企业和华侨华人在当地的建设与经营活动，阻滞了其经济利益的增长。如中资企业在吉尔吉斯斯坦南部奥什州阿莱区投资的肯孜尔-布拉克煤矿，当地居民要求政府将该煤矿收归国有，并采取封路措施，导致中国向吉尔吉斯斯坦运输零售批发货物的车辆受堵，造成货车业主的损失。

第三，文化价值冲突制约中资企业和华侨华人形象提升。中资企业和华侨华人形象是国家形象的一部分，提升形象需要客观友善的舆论环境。然而，中亚是诸多国际势力角力的重要地区，外来大国、国际政府间组织、国际非政府组织都在中亚的舞台上异常活跃。在中亚的国际非政府组织通过多种形式，如媒

---

① 《钟山部长在哈萨克斯坦接受中国媒体采访》，新华网 2017 年 6 月 11 日，http://news.xinhuanet.com/fortune/2017-06/11/c_129630010.htm。

体报道、企业社会责任研究等，对中资企业和华侨华人的正常行为进行歪曲甚至污蔑，在当地造成十分恶劣的影响，以致于当地居民与中资企业和华侨华人产生对立，甚至引发冲突事件。如 2012 年 10 月发生的紫金矿业[①]中国工人与吉尔吉斯斯坦当地居民大规模斗殴事件。事情的起因是中国公司的一台挖掘机作业时撞死了当地居民的一匹马，也撞倒了马上骑手，但后者没有受伤。事件发生后引起当地居民的愤怒，随后他们与中国工人发生争吵并引发殴斗。

当然，除住在国的安全风险、政治风险和文化价值冲突外，中资企业和华侨华人也存在因自身原因造成的生产经营的损失，如缺乏与当地政府和居民的有效沟通，缺乏对当地政治生活的参与和影响等。

（二）加强保护中资企业及华侨华人利益的对策建议

中资企业和华侨华人利益的维护需要从国家、企业和个人三个层面上下联动，综合应对。如果只有国家战略层面的制度设计而没有企业和个人结合当地实际的具体实施，那么制度设计也只是徒劳的；而如果没有国家层面的顶层设计，那么企业和个人在面对威胁时也将无所适从。

1. 国家战略规划

首先，推动国际合作。一是充分利用上海合作组织等多边平台以及双边协议平台，开展多、双边合作。2017 年 6 月，在哈萨克斯坦阿斯塔纳召开的上海合作组织成员国元首理事会第十七次会议上，成员国签署了《上海合作组织反极端主义公约》[②]。《公约》的落实将有效遏制极端主义的蔓延势头，从而在一定程度上降低中资企业和华侨华人在上合组织成员国生产生活面临的安全风险。二是深化国际执法安全合作、共同打击犯罪。以共同、综合、合作、可持续的全球安全观为指导，鼓励非政府组织、跨国公司、民间社会组织积极参与，形成安全治理合力。充分运用联合国、国际刑警组织、上海合作组织、新亚欧大陆桥安

---

① 中资企业紫金矿业在吉尔吉斯斯坦参资的"塔迪布拉克左岸金矿"是中国国企参与吉国资源开发的重大项目。

② 《习近平出席上海合作组织成员国元首理事会第十七次会议并发表重要讲话》，《人民日报》2017 年 6 月 10 日。

全走廊国际执法合作论坛等多边平台建章立制,争取制度领导权或多方合作领导权。三是拉紧人文纽带。人文交流是降低沿线国家居民与中资企业和华侨华人认知差距的重要措施。以上海合作组织大学和孔子学院为"鸟之双翼",从多边层面和双边层面加强全方位的人文和文化交流。同时,充分运用上合组织和金砖国家媒体合作平台,拓宽中国话语权和舆论深度,加强中资企业和华侨华人形象建设。

其次,提升领事保护能力。2015 年 7 月 1 日正式实施的《中华人民共和国国家安全法》规定:"国家依法采取必要措施,保护海外中国公民、组织和机构的安全和正当权益,保护国家的海外利益不受威胁和侵害。"然而,当前中国的领事保护能力尚不能满足法律要求。据统计,我国现有驻外领事官员约 600 多人,分布在 200 多个国家,平均每位官员要服务 19 万海外中国公民(不包括华侨华人)。这个数字是俄罗斯的 13 倍,日本的 15 倍,美国的近 30 倍,人手捉襟见肘可见一斑。[1]提升海外领事保护能力刻不容缓。为此,在有限的人力、物力和财力基础上,驻外使领馆与有关国家和地区建立警务合作关系,设立联络热线,并在可能的情况下派驻相应的警务联络官实属必要。这不仅有利于提升驻外使领馆的领事保护效率,也能使驻在国的领事保护更加"接地气"。

再次,运作民间安保公司。凤凰国际智库的一份报告指出,绝大多数中国企业的安全管理意识和能力非常薄弱,民营企业尤为严重,其在安全问题上总是寄希望于国家,并未落实国家规定的安保投入。[2]事实上,在领事保护能力有限的情况下,借助海外安保市场是一个较好的选择。不过,当前中国海外安保能力尚处于成长之际,应着力采取合作经营的模式,吸收国外安保公司的管理和运作经验,如中国首家海外合资保安公司——南非"华威雷德"保安服务公司已经成立。此外,国内安保公司应积极加入国际安保规范联盟,并提升与国外先进机构,如英国国际海上安保专家协会、荷兰六翼天使安保集团等的交流与合作。

---

① 陈奕平:《〈战狼 2〉背后的真问题:海外遇到事,谁来保护你》,澎湃新闻 2017 年 8 月 30 日,http://www.thepaper.cn/newsDetail_forward_1779302。
② 《2016 年中国企业海外安保公司排行榜》,凤凰国际智库研究报告,http://pit.ifeng.com/event/special/haiwaianquanguanlibaogao/chapter3.shtml。

最后，完善法律机制。2014年10月召开的十八届四中全会提出："加强涉外法律工作，运用法律手段维护我国主权、安全、发展利益，维护我国公民、法人在海外及外国公民、法人在我国的正当权益。"目前存在国内法律境外不适用的情况，因此应加强国内外的政策法律的结合，推出相应的法律条文，如"海外安保法"。此外，规定民间安保公司在海外的行为权限，包括如何使用、在何种条件下持有和使用武器等。

2. 企业能力建设

企业的海外经营必须把海外员工的人身安全问题摆在突出位置，必须坚持"以人为本，员工的生命安全高于一切"以及"安全第一，预防为主"的方针。这是企业的责任，也是企业创造效益的前提。

第一，深入了解对象国的市场、文化和法律环境。在签署国际合同时，特别要注意内容是否符合当地的风俗民情和意识形态。保障中方利益的同时，为当地的经济建设作出应有的贡献，并尽量获得当地政府的保证。"利益再投资"和"利益当地化"是推动当地经济建设和构建"一带一路"利益共同体的核心手段。

第二，引导企业员工遵守住在国法律和尊重当地风俗。中资企业在运营的过程中，要注意理顺同当地政府和居民的关系，不能只顾政府而忽视居民利益，因为获得民心是企业融入社会、增进当地福祉、创造经济效益的前提。企业尽到应尽的社会责任，有助于减少群体冲突发生的概率，一方面提升企业及员工形象，另一方面使企业逐步走上健康的经营道路。

第三，强化公共外交。鼓励中资企业投资所在国的同时，增加对当地非政府组织的援助。如吉尔吉斯斯坦活跃度较高的非政府组织正面临资金困难，此时施以援手并加强影响，利用这些非政府组织加强"院外（游说）"活动，可以维护企业在当地人心目中的形象，消除当地人对企业及华侨华人的偏见。此外，推动中资企业参与所在国的医院、诊所、学校和公共体育设施的建设，建成后放心让当地人经营，以增加企业在海外的亲和力，建设企业品牌。

第四，扩大企业"走出去"的能力建设。"走出去"的企业可以考虑增强海外培训部门的力量，除了对海外中国工人进行培训，还可以适当邀请所在国的海外留学生和企业派驻人员为当地员工进行培训，注重中资企业文化的逐步推进，落实"全球本土化(Glocalization)"发展，尽量吸收当地员工，保持本地员工在中资企业中的高比例。[①]

3. 个人责任与安全意识

海外员工需明确自身在国外所代表的形象与责任。华侨华人应更加主动地融入社区，避免因族群群居而回避与当地人打交道的现象。首先要主动遵守所在国的法律法规，了解当地的风俗习惯和宗教信仰，这既有利于更好地融入当地的生活，也可以避免不必要的纠纷。其次要保证华人社群团结，以同一个声音与地方政府交流，维护华侨华人利益。再次要改善在国内的生产经营陋习，透明合法地做到真正为当地人民服务，同时在力所能及的情况下积极投身公益慈善活动，为当地困难群众提供基本生活服务，从而塑造和蔼友善负责任的形象。

---

① 哈萨克斯坦政府规定，凡引进一名中国工人必须聘用 9 名当地工人；每办理 3 名中国管理人员工作签证必须聘用 7 名当地管理人员。以国际石油勘探开发有限公司哈萨克斯坦公司为例，截至 2017 年 10 月，公司各子公司均以当地化用工为主，中方员工仅 65 人，用工当地化比例平均远超 90%，为当地社会提供了 2 666 个就业岗位，累计支出培训费用 898 万美元；累计培训哈萨克斯坦员工 18 710 人次。见：《打造"一带一路"产能合作"新名片"》，《光明日报》2017 年 10 月 24 日，第 15 版。

中华文化①海外传播与华人精英②作用

——以美国和马来西亚华人社会为例

吴前进*

....

摘要：中华文化在海外传播最有影响或者说最成功的地方，一个是在北美的美国，一个是在东南亚的马来西亚，二者尤具典型意义。前者是中西文化的结合汇通之所，人文荟萃，不胜枚举；后者是中华文化与马来文化和印度文化的混合交错之地，精英集聚，极有声色。两地的华侨华人，特别是其中的精英人物，通过不同方式为中华文化的传承传播作出了多重努力和积极贡献，许多成功的作品和著名的人物，都由于汇通了彼此的文化而获得了世界或地区的影响。本项研究希望通过探析两地华人精英在传承传播中华文化及融汇多种文化方面的努力，说明随着中国的和平发展及国际地位的上升，中华文化的传承传播更具时代价值和生命意义，而海外华侨华人如何把中华文化的地方知识扩展并上升到人类共同文明的有价值内容之中，值得我们

＊ 作者简介：吴前进，上海社会科学院国际问题研究所研究员。

① 本文所说的"中华文化"，指的是以儒家文化为核心的多元文化在长期历史发展过程中融合、形成并发展起来的、具有稳定形态的中国传统文化，它包括思想观念、价值取向、生活方式、礼仪制度、风俗习惯等多层面内容。

② 华人精英，指的是在文化建构和文化传承传播方面具有关键性引领作用的人物。中华文化的海外传播包括了两个层面的内容，即精英文化与民俗文化。一般认为，所谓精英文化，主要指思想观念、礼仪风范的传承与传播，其载体以文化人的思想言论和艺术作品为主，具有精神引领作用；所谓民俗文化，主要指风俗习惯、生活方式的传承与传播，其载体以民众的日常活动和节庆仪式为主，具有世俗表现作用。本项研究重在海外华人的精英文化层面，探讨他们在传播中华文化方面的坐言起行及其效果和特点。

回顾、总结并在新的形势下发扬光大。

关键词：中华文化　海外传播　华人精英

"传播"的本义为"共享"。我们在传播的时候，是努力想同谁确立"共同"的东西，即我们努力想"共享"信息、思想或态度。

——威尔伯·施拉姆（Wibur Schramm）

文化是民族的血脉，人民的精神家园，是民族凝聚力和创造力的重要源泉，同时也是综合国力的重要标志，是经济社会发展的重要支撑。中华文化（或中国文化）的传承与传播，历来是炎黄子孙千秋万代的事业，每一个中国人都引以为傲。在中国国际地位不断提高的今天，在中国经济、文化、政治不断发展、革新的今天，如何让中华文化承担起历史使命，承上启下，汇通中外，有益人群，乃中华文化在新时代的追求和方向。中华文化在海外传播最有影响或者说最成功的地方，一个是在北美的美国，一个是在东南亚的马来西亚，二者尤具典型意义。前者是中西文化的结合汇通之所，人文荟萃，不胜枚举；后者是中华文化与马来文化和印度文化的混合交错之地，精英集聚，极有声色。两地的华侨华人，特别是其中的精英人物，通过不同方式为中华文化的传承传播作出了多重努力和积极贡献，许多成功的作品和著名的人物，都由于汇通了彼此的文化而获得了世界或地区的影响。本项研究希望通过探析两地华人精英在传承传播中华文化及融汇多种文化方面的努力，说明随着中国的和平发展及国际地位的上升，中华文化的传承传播更具时代价值和生命意义，而海外华侨华人如何把中华文化的地方知识扩展并上升到人类共同文明的有价值内容之中，值得我们回顾、总结并在新的形势下发扬光大。

一、中华文化的全球化：美国华侨华人精英的作用

所谓中华文化的全球化，指中国本土文化通过华人移民的日常经验和生活

思考而传播到世界各地的过程。它通过思想文化和艺术实践,把中华文化的核心价值与当地文化的核心价值结合起来,表达华人移民族群的多元认同与内在关怀。这种中华文化的全球化,是弱势文化向强势文化的逆向传播,其所能起到的作用是促进不同文化之间的包容理解,促进多元文化的再生繁荣。它与文化帝国主义①完全不同。

美国是中国人较早选择移民的主要目的地之一。自 1848 年沿海地区中国人被大批招募到美国从事金矿采掘和建筑中央太平洋铁路之后,移民美国的历程虽然一度由于排华法案而停滞,但之后仍然在各种因素促动下,得以持续和发展。二战结束后,美国修订移民政策,20 世纪五六十年代台湾移民的赴美以及 20 世纪 80 年代后大陆移民的赴美,都令美国成为中国移民特别是精英移民的荟萃所在。如今,经过 160 多年的移民历程,美国的华人社会结构不仅是一个以新华侨华人为主的社会,而且也是一个包括了多种来源地、不同教育背景和各个阶层的华人集聚地。本文从中华文化传播的当代视角呈现美国华侨华人如何把人类历史上最能代表中西文化突出优势的两大主流文化进行嫁接、汇通与融合的努力与探索,说明文化传播与族裔群体的关系互动有赖于移民精英之于祖籍国历史记忆的调用、反省与归真,以及移民精英之于住在国主流文化的选择、吸纳与融入。进而言之,中华文化的当代传播和走向世界,乃华人移民精英群体念兹在兹、身体力行的结果。

(一) 华人精英传播中华文化的自觉

移民族群的社会影响力取决于移民人口在住在国所占比例及本身受教育程度。美国华人之所以相对于其他国家和地区华人在总体上更具有社会影响力,正是因为他们在上述两方面都占有一定的比较优势。首先,在移民人口数量方面,华人属美国亚裔中最大族群,是所有少数族裔中仅次于墨西哥人的第二大族群,其在美国人口中增长速度最快。2015 年 5 月 2 日,美国人口普查局数据显示,全美华人约 452 万,其中自认"中国人"的 434.7 万,只认自己"台湾

---

① 文化帝国主义是将文化全球化理解为西方文化向世界各地扩张,把自身喜好和价值观输往世界各地,从而实现国际政治经济领域里的文化霸权。

人"的 17.3 万。在 452 万美国华人中,出生在美国之外的有 273 万,即 60％为华人新移民。而在 273 万华人新移民中,162 万人已入籍美国。[①] 其次,在受教育程度方面,美国华人群体受教育程度明显高于美国民众总体受教育程度。移民美国的华人,在生活习惯上容易被同化,但重视教育的传统理念不但没有改变,反而有进一步加强趋势。许多华人家庭采用中西合璧的教育方式,鼓励孩子成为行业精英,打入主流社会。[②] 人口比例的相对提升和受教育程度的普遍提高,令美国华人在传承和传播中华文化方面独树一帜。用他们自己的话说,是对于故土有着一种"中国执念"或"中国情结",有着身为漂泊者的牵挂。[③] 在美国,有此类"中国执念"或"中国情结"者为数不少。有学者自述,"在美国教书十几年,虽然只是一两年回国一次,与国内纽带有些疏离,但对中国情况远远无法采取一种纯粹求知和客观研究的心态,无法像美国学者和在美国长大的学生那样,以一种超脱态度对待中国事物。在这种情况下,构造、呈现什么中国形象,就是每天都要寻思的问题。也就是说,需要认真地把中国的政治文化历史,以自己研究理解的那样,以自己在中国生活形成记忆中的那样,在课堂上传达。然而,恰如其分地解释中国的历史和发展,一直是个难题。"[④]今日的中国,某种程度上幻化为西方的投影或西方文化的"对象化"。当中国必须面对"西方"这个强大的他者,所谓的西方梦就产生了。"到美国去,到美国去!"的呼声响彻了整个 20 世纪下半叶,这背后潜藏着中国人自我的身份焦虑和认同危机。[⑤] 美国华人学者和其他文化精英,通过异域的生活实践和工作经历,反思中华文化以及中华文化与西方文化、全球化的关系,[⑥]进而在此过程中找寻和发现中华文化的历史价值、当代意义,以及身为华人在传承传播中华文化中的自觉承担。

---

① 美国侨报网,http://news.uschinapress.com/2015/0502/1021462.shtml,2015 年 6 月 10 日登入。
② 龚欣怡:《美华人受教育程度高于全国平均水平》,《人民日报海外版》2015 年 5 月 8 日。
③ 王亚丽:《边缘书写与文化认同——论北美华文文学的跨文化写作》,中国社会科学出版社 2013 年版,第 88 页。
④ 王斑:《全球化、地缘政治与美国大学里的中国形象》,王斑、钟雪萍:《美国大学课堂里的中国:旅美学者自述》,南京大学出版社 2006 年版,第 50 页。
⑤ 王亚丽:《边缘书写与文化认同——论北美华文文学的跨文化写作》,中国社会科学出版社 2013 年版,第 39 页。
⑥ 同上,第 37 页。

（二）华人精英传播中华文化的作为

中华文化的海外传播，除了传统华人社团、华文报刊和华文学校的历史功能之外，在美国，它具有更新的内容与表现形式。这些新内容和表现形式集中体现为华人文学、音乐、影视和艺术等多方面的成果。虽然这些表现形式属于既有的文化样式，不能称其为"新"，但在异域的土壤里，它们独树一帜地展示了中华文化的持久魅力而获得住在国多元文化社会的接纳和认可，充分实现了与西方文化的嫁接，并在全球舞台上赢得美誉度和影响力，故可称之为中华文化在异域的新突破。其表现样式主要包括以下几种。

1. 中华文化传播与美国华人文学

美国华人文学①，指美国华人用华文（汉语）或英文为书写载体所创作的、反映内心情感和再现一定时期、特定地域社会生活的艺术，它包括戏剧、诗歌、小说、散文等，是糅合了中西文化的重要表现形式。自中国人踏上美国国土开始，美国华人文学的创作就没有停止过。但真正给美国华人文学带来突破性影响的当推 20 世纪六七十年代的台湾留学生文学。这一批因政权变迁漂落到台湾的大陆人士及其第二代，他们在美国备感前途迷惘、痛苦和忧伤，这是一群郁积着复杂中国情结的海外"浪子"和"赤子"，他们之中涌现过许多重要作家，②一般认为，台湾留学生文学属于美国华人文学自觉创作的开端。之后，美国华人本土作家在当地文坛声名鹊起，构成美国华人文学创作的第二波高峰。这些本土出生的华人作家透过对中华文化的念想、改编和再创作，把西方人对中华文化的认知以及华裔美国人对中华文化的判断，糅合进各自作品的"中国想象"内。他们的"中华文化观"成为当地社会不同族群人们认识和了解中华文化的重要来源。20 世纪 80 年代后，中国大陆新移民赴美，美国华人文学创作迎来新一轮

---

① Chinese American Literature，可有多种翻译，但笔者在此选择"美国华人文学"名之：一则为"华人"一词的丰富性，可以涵盖所有在异域出生的移民后代或新到异域的移民第一代；二则为华人文学，可以包括所有以华语或英语等各类语言载体创作的，具有华人族群文化特征的文学作品，以避免"华文文学"仅仅指涉华文创作的文学作品。事实上，美国华人文学的双语创作特点十分明显，它已经不仅仅是母语文学的海外版。

② 朱骅：《是进亦忧，退亦忧，然则何时而乐耶？——谈多元文化时代美国华人文学对"文化中国"的怀想》，《世界华文文学论坛》2007 年第 2 期，第 4 页。

高峰。事实上,无论是留学生文学、本土华人文学,还是华人新移民文学——美国华人文学对中国形象的塑造和描述,其实质都是华人作家在自我与他者、本土与异域等多重二元关系的对立与交融中对中国所作的文学想象和欲望投射。① 中华文化透过华人作家的笔触而得以在异域呈现不同的风貌,但她是万变而不离其宗的。中华文化为海外华文文学的创作提供了重要的文化资源和想象支撑,她不仅维系着离散华人的文化认同和身份意识,而且也在东西方关系中追寻中华民族的传统血脉和文化烙印,从而把她传递给世界各国不同文化的人们。②

2. 中华文化传播与跨国华语电影

"跨国华语电影"(translational Chinese cinema)概念,在电影界已有共识。它蕴含这样一种现象:"语言与国家之间的非等同性和不相称性,表明当今世界各地华人之间在国家和文化联系方面既存在着一脉相承之处,也存在着裂痕与分歧"的现实与困境。③ 对此,鲁晓鹏表示,"国族想象"绝对是海外华语电影研究中一个非常中心的议题,也是一个切实问题。生活在海外的华人多少有点"精神分裂症"。电影有时就探讨这些身份问题。在全球化时代,跨境流通越来越频繁,华语电影研究的是学术问题,但反映的却是现实问题。④ 在华人导演中,李安是一位标杆性人物。两种不同文明的冲击造就了李安与众不同的视野,并获得卓越的艺术成就。从《饮食男女》、《冰风暴》、《卧虎藏龙》、《断背山》、《色戒》到《少年派的奇幻漂流》,李安拍摄了各种不同风格的电影题材,无论是伦理、武侠、喜剧甚至科幻,他都能在东西方文化里游刃有余。李安的电影已经成为中国和美国之间的跨文化桥梁。2001 年,《卧虎藏龙》在美国大获成功,成为美国电影史上入围奖项最多的外语片。《卧虎藏龙》恰恰通过中西方艺术形式的综合表达,呈现了一种独特的中国意象。李安的电影艺术,不仅跨越国界,而且重新包装并运用了中华文化认同——那是一个海外华人具有深切情感共

---

① 张晶、蒋金运:《美国华人文学跨文化视野下的中国想象》,《深圳大学学报(人文社会科学版)》2010 年第 2 期,第 6 页。
② 刘桂茹:《海外华文文学的母体文化传承》,《福建论坛(人文社会科学版)》2014 年第 10 期,第 131 页。
③ 李亮野:《"跨国华语电影"研究的新视野——鲁晓鹏访谈录》,《电影艺术》2008 年第 5 期,第 34 页。
④ 同上,第 35 页。

鸣和充满乡愁的符号。同时，它也获得了西方世界对于中华传统文化现代表达形式的好奇、认同和赞赏。① 全球化不只代表地理界线限地域观念的消除，而且代表对立面的融合与超越——包括民族主义、认同、叙事与民族性。

3. 中华文化传播与中国书画艺术

中国书画艺术作为一种视觉艺术形态，是不用翻译的语言，是中华文化走向世界最具代表性的艺术样式之一。许多具有国际影响的中国艺术家，都是因为成功结合了中西方文化的思想内容和表现形式而获得广泛赞誉，如丁绍光、陈逸飞等。陈逸飞油画作品的最大特点在于画面上弥漫着宁静和柔美，在美国照相写实主义中渗透着东方神韵，无论是江南水乡还是古典仕女，无不体现他的一种追求："运用西方的技巧，赋予作品中国的精神。"② 跨文化的融会贯通，正是陈逸飞享誉国际的原因所在。人们承认，人的跨国流动所形成的思想和文化的交流以及由此产生的精神共鸣和相互激活，才是艺术家丰富灵感的创作来源。个人或国家，"恰恰是在跨国语境之中形成了自己的民族性，而不是通过反抗跨国语境来型塑之"。③ 同样，在书法艺术领域中，中国书法也将成为一项跨国界、去区域化、超越政治边界的文化实践。20 世纪晚期的书法融会传统及当代，并具有某种自觉式的批判性反思。这种反思，令绘画与书法这两种迥异的表现模式在中西传统中并行不悖。在这个文化跨国的时代里，人、影像、资讯流通迅速，单一的文化中心消失，制作及展示当代书法的重镇不止一处，它遍及北京、台北、东京、纽约、巴黎等全球性的大都市。④ 中华文化艺术的跨域流转，不仅是一种地理跨域，更是一种心理跨域，从母体向外离散，并在世界各地形成新的文化中心和文化品种。全球化时代，中华文化的再出发，正是凭借具有多种文化优势和文化悟性的华人知识分子和艺术家的再思考和再创作。

---

① 柯玮妮：《看懂李安》，黄煜文译，山东人民出版社 2012 年版，第 184 页。
② 魏红珊：《陈逸飞绘画：后殖民批评解读》，《文艺理论与批评》2001 年第 5 期，第 126 页。
③ 裴开瑞：《跨国华语电影中的民族性：反抗与主体性》，尤杰译，《世界电影》2005 年第 1 期，第 8 页。
④ 古德柏：《全球化时代的中国书法》，少儿艺教网 2006 年 9 月 6 日。

4. 中华文化传播与音乐建筑艺术

20世纪50年代之前,中国音乐在美国的影响范围一般不超出唐人街华人社团,音乐的表现形式主要为粤剧和广东音乐。80年代中期,一群年轻的中国大陆作曲家来到美国,在美国的音乐圈子中掀起了对中国新音乐的强烈兴趣。这些作曲家包括陈怡、盛宗亮、谭盾、周龙等,他们被20世纪西方作曲家的音乐以及对于中国文化更深层、更全面的理解所鼓舞,在为各种形式所创作的音乐中——包括传统的西方管弦乐队或歌剧的交响性和戏剧性作品、各种新的组合形式的室内乐、非传统乐器的实验性作品、中国器乐音乐以及中西乐器混合的乐队作品——探索了新的织体、音色、形式和技巧,并把它们综合存在于不同的层次。① 这些音乐家中,最负盛名的当属谭盾。谭盾的音乐,被视作跨越古典与现代、东方与西方、多媒体与表演艺术的众多界限。他已赢得多项世界最具影响的音乐大奖。谭盾的多媒体代表作品《地图》,由马友友和波士顿交响乐团作世界首演,作品手稿已被纽约卡内基音乐厅世界作曲大师手稿廊永久收藏并展出,他是第一位获此殊荣的东方音乐家。谭盾音乐的最大特点在于把中国传统音乐融汇到西方现代音乐之中,而楚文化对其音乐创作影响至深。音乐是流动的建筑,建筑是凝固的音乐。在美国,建筑大师贝聿铭的作品特别具有表现力和多元文化融汇的象征意义。这位自诩"西方建筑师"的华裔美国建筑大师,用他的建筑理念和建筑作品印证了文化融合的成功范例。

华人移民美国的过程,就是中国文化与西方文化靠近、碰撞、交流的过程。20世纪80年代后,美国华人精英正是在不断的中西方文化交汇的实践中,返本开新,融会贯通,从而把两种文化最富表现力的艺术形式贡献给世界各国人民。华人移民在自身的经历体验中,把文学、影视与书画艺术等中华文化内在价值演绎和展现给世界各地的人们。人们在欣赏和认同这些艺术创作的同时,也在感受和领悟中华文化的核心价值和思想光辉。美国华人文化传播的历程和成果证明中华文化走向世界的价值所在:吐故纳新,兼容并蓄。

---

① 郑苏:《中国音乐在美国与加拿大》,王小夕译,《中央音乐学院学报》1999年第1期,第65页。

二、中华文化的在地化：马来西亚华人精英的作用

所谓中华文化的在地化(或本土化)，是相对于中华文化全球化的另一种趋势和潮流，指华人移民文化适应以及符合当地社会要求的过程。在这种跨文化交流中，华人移民既重视保持中华文化传统，维持族群身份认同，又注重和住在国各个群体进行日常交往，主动与在地主流文化相融合，而不是有意抗拒、逃避或者企图支配他者。它属于一种移民个人和群体的跨文化适应，即在与异文化交往和变迁中如何自我定位，如何改变个人经历和承受压力从而获得最终的认同和接纳。实际上，文化适应的过程对发生相互接触的两个不同文化或文明都会产生影响，只不过主流文化受影响程度较小而已。

马来西亚①是一个拥有 3 000 万人口(2014 年数据，其中华人人口占 25%)的多种族、多文化、多语言和多宗教的国家。建国以来，马来西亚国家建设所走过的道路，特别是政府团结多种族社会的成功经验，以及占本地总人口约四分之一的第二大族群华人给予政府的广泛支持与多方合作——此种相辅相成的过程，均令政府、学界、民众和媒体认真审视和评估国家政策之于华人族群的意义以及华人族群之于国家建设和社会发展的作用。本文关心和论述的重点是后者，即马来西亚华人社会的发展经验——虽然它是独特而难以模仿的，但终究显示了华人族群致力于把地方传统②(华人的民族文化)弘扬和贯穿到住在国历史和现实中的文化自觉和身体力行。进而言之，马来西亚华人社会的发展，不仅是住在国政府施行多元包容的民族政策的结果，而且有赖于本地华人社群为了维护民族文化的根本而不断奋斗和争取的努力。此中，华人领袖和华人精英人物的思想和实践，对于华人社会方方面面的推动，无疑具有特别重要的

---

① 1957 年 8 月 31 日，英国同意"马来亚联合邦"在英联邦内独立。1963 年 7 月 9 日，英国、马来亚、新加坡、砂拉越和沙巴在伦敦签署关于成立马来西亚的协定。1965 年 8 月，新加坡退出马来西亚成立了新加坡共和国，同年 9 月 16 日马来西亚宣告成立。

② 王赓武教授在谈及马华社会的地方传统时指出："二次大战以后的马来亚，马来民族建立'马来联邦'新兴国家后，他们的传统就被当作是国家传统的机制。马华社会的反应是，不再坚持'华侨'概念，也不再认同中国的国家传统，而是以华人的民族文化，来争取平等待遇，标志认同马华的地方传统。"他认为，马华社会有很强的地方传统，如新山、槟城、霹雳、吉兰丹或东马等地，各自拥有不同的地方传统，他称之为"小传统"(Little Tradition)。这些传统有些是从中国传统中发展出来的，有些则是由地方文化发展而来。

意义。

（一）华人社团：中华文化传播的基本途径

马来西亚地处儒家、兴都教、伊斯兰教及基督教交汇之所，不同种族、不同宗教及不同文化在同一个国家内和平相处、互相交流，使马来西亚的经济发展、物质建设和对外贸易以及文化交流均占有优势。而华人文化能够在马来西亚拥有一定地位，则有赖于华人社会的"三宝"——华人社团、华文教育、华文报刊。其中，华人社团又是"三宝"之首。[①] 回顾马来西亚建国历史，可以发现1957年马来亚（马来西亚）独立后，政府对华文教育和华人文化的打压一直未见松懈。在这种情形下，华人民间组织毫不妥协，坚持华人的文化教育必须符合马来西亚多元社会的现实情况，以确保华人的文化传统永续。正因此，马来西亚华人社团的最大功绩，一在争取和维护华文教育权利，二在倡导和推广华人思想文化，以争取和实现华人文化的平等权益。也因此，华人社团已成为马来西亚华人社会民族文化的重要基础性社会组织。有学者认为，马来西亚华人社团虽然数以千计，源流复杂，有同乡会、商会、校友会、宗亲会之别，然而一般却被视为一个整体，而非许多个体。这是因为华人社团固然名目繁多，且对华人社会的事务、立场、观点时有不同，但方向、目标大体一致。只要是有关华人社会的课题，华人社团都可以被动员起来。华人民间组织皆意识到华文教育的重要性，若要谈华人文化的保存与发扬，先决条件是华文教育必须坚持下去，舍此，则中华文化与华人身份认同，根本无法开展和持续。

（二）华文教育：中华文化传播的根本所在

语言传播事关文化存亡。华文教育在马来西亚已有190余年历史。[②] 华人初到马来半岛时多开设私塾以教育下一代，当时的私塾多半以《三字经》、《千字文》或《四书五经》等为教材，办学初期英殖民政府对其采取放任态度。但到1920年，殖民政府见华人势力日渐庞大，遂颁布《1920年学校注册法令》对其进

---

① 莫顺宗：《马来西亚华人与中华文化》，《侨协杂志》2011年第127期。
② 马来西亚的华文教育，若从1819年在槟城建立的第一间私塾五福书院算起，已有190余年历史。

行阻挠和打压。二战时期,日本侵占马来半岛,迫使民间教育陷入停顿状态,直至战后方见复苏。在此期间,殖民政府先后颁布《1952 年教育法令》、《1956 年教育(修正)法令》、《1957 年教育法令》和为数众多的报告书。马来西亚独立以后,联邦政府采纳 1955 年的《拉萨报告书》和 1960 年的《拉曼达立报告书》,颁布了《1961 年教育法令》,大大削弱了华文教育发展,引起华人社会极大反弹。在马来西亚华文教育史上,因此涌现出许多不畏牺牲、为华文教育拼命抗争的华人知识分子,如林连玉、沈慕羽、陆庭谕、林水檺等。

　　"语文乃民族的灵魂",中华文化与华人族群的关联通过华文教育得以体现。在马来西亚,华人保持民族文化记忆之道在于两个方面的努力:一是在体制内通过政党政治方式,争取华文教育的平等地位;二是在体制外通过民间社团方式,寻求华文教育的自救之道。二战结束后,冷战的国际背景以及东南亚各民族国家建设的迫切要求,导致华人面临强制同化、华文教育受排斥和限制的艰难处境。但与其他一些东南亚国家不同的是,马来的华人没有因此消沉。相反,为了保存和延续族群文化的香火,他们以合作的态度、合法的步骤、合理的论说,向具有一定民主精神的马来执政当局表达作为公民、政党和社团的各种建设性主张。尽管在此过程中,对于如何维护华文教育权益,华教人士、马华公会在方法手段和目标达成上各有观点和侧重,但作为华人族群的一分子,任何人都无法否认有必要保持民族文化的根本!这是他们作为华人族群与中国文化联系的根本渠道和最好方式。

　　目前,马来西亚已经成为两岸三地以外华文教育体系最为完善的国家。马来西亚的华文学校在提升国民素质、促进经济与社会发展方面起着重要作用。华文独中培育了近 10 万名具有 3 种语文基础的高中毕业生,其中半数继续接受大专教育。这批接受华文教育的人才,不论在政治、经济还是文化领域,都作出了重要贡献。① 华文教育的另一个重要贡献则是直接催生了马来西亚华文作家队伍的形成与华文报业的繁荣,此乃马来西亚华人较之世界其他各地华人所独有的文化优势。无可否认,在马来西亚华文教育发展过程中,政府人士基于

---

① 《办好华校协助实现我国 2020 宏愿:有关当前我国华教的迫切问题和我们的要求与建议——董教总呈给政府的教育备忘录》,马来西亚华人公会网站 1995 年 7 月 21 日。

民主政治的雅量在一定程度上为华文教育的维持留下了空间。因此，一个无可避免的话题是，马来西亚政府主导的国家文化整合政策和华人追求的华文教育平等权是否经过磨合达到了一种相对平衡的状态？华人文化教育权利的维护，是影响到马来西亚民族国家建设目标的达成，还是有助于共同目标的形成？马来西亚建国历史显示，中华性和本土性通过文化教育政策不断争执，至今未有平息，但这种文化争执归根结底仍在于族群政治的纠结，它绵延缠绕，延续着马来西亚社会多元文化的曲折发展。

（三）华文报刊：中华文化传播的重要平台

华文报刊与中华文化的关联特别明显。初期的马来西亚华人对祖国有割舍不断的感情，渴望加强与祖国的联系，故早期华文报刊内容多以中国新闻为主。随着政府开放让侨民入籍以及第二代马来西亚华人的诞生，华文报刊慢慢转变编辑方针，逐步加强华人社群与政府及其他民族之间的讯息交流，扮演着桥梁角色。如今，马来西亚华文报刊的重点在报道国际新闻、本国时事、地方情形、观点评论、华社动态，尤其是社团活动、华教动态、华社文化活动等消息。[①]它们真正体现海外华文媒体的当地特色，反映华人社会心声，维护华人社会权益。

马来西亚华文报刊历史悠久。1815 年，世界第一份华文报《察世俗每月统记传》在马六甲创刊，在此后的 200 年内，华文报刊作为传承传播中华文化的重要平台和华人社会思想舆论的主要喉舌，以及与住在国社会交流沟通的重要工具之一，在马来西亚华人社会乃至整个马来西亚社会得到迅速发展。中国改革开放以来，马来西亚华文报刊更是在国际意识形态对立冲突缓和的大背景下，在中国和平发展大势下，拥有了更多受众基础和话语主题。如今，马来西亚 750 万华人中，87％的华人掌握华文，77％的华人是华文媒体的受众。每天阅读华文报刊的华人约在 230 万到 260 万之间，华文媒体所涵盖的华人家庭达到 60％。[②] 2012 年 4 月，马来西亚发行审计机构发布数据显示，截至 2011 年末，马

---

① 林金树：《马来西亚华人的多元文化经验》，http://www.nandazhan.com/jijinhui/nf17p033.htm。
② 彭伟步：《海外华文报纸的本土化与传播全球化》，中山大学出版社 2015 年版，第 125 页。

来西亚发行各类华文报纸 19 种，华文期刊 63 种，是海外拥有华文日报最多的国家。① 各报每天出数版至五六十版不等，发行量为数万份至数十万份。其中《南洋商报》是马来西亚历史最为悠久的华文大报之一，1972 年 10 月 15 日率先采用简化字。② 发行量最大的《星洲日报》③目前是马来西亚第一大华文报纸，有一百多万的读者。

需要指出的是，在传承传播华人文化方面，华文报刊的一个突出贡献是对马华文学的推动。多年来，华文日报的文艺副刊在培养新一代马华文学作家以及延续资深作家的创作力上，始终扮演着促进者的角色。由于销路广，影响大，《星洲日报》的《文艺春秋》和《南洋商报》的《南洋文艺》成为马华文学发展的两大支柱，特别是《星洲日报》主办的"花踪文学奖"，属马来西亚最高荣誉文学奖之一，深得华人社会和华人文坛的关注和认同。

马来西亚华人社会是一个多层次、多侧面的社会，不具有某种"集体人格"的一致性。华人身份意识的流变，既有迁移中的认同、困惑与挣扎，又有面临外部环境不公正时的抗争和坚持，以及与西化相协调和与全球化浪潮相同步的趋势。可以说，正是华人身份意识的灵根自植和立体多元，才催生出东南亚地区具有中国意象的多姿多彩的文化景象。近年来，"中国热"（普通话班、中餐、华文报纸、华语广播和电视、中国音乐在该地区越来越受欢迎）在东南亚社会和华人社会中持续升温，令马来西亚的华人文化更加生机勃勃，有助于中、马两国在文化、教育和旅游等方面的民间交往和交流。随着 2011 年《中华人民共和国政府和马来西亚政府关于相互承认高等教育学历和学位的协定》签署，一些马来西亚华裔青年已经从过去选择留学中国台湾，转而留学中国大陆。在北京大学和厦门大学④，马来西亚华裔学生都在逐渐增多，当他们毕业回到马来西亚后，

---

① 陈俊林：《马来西亚华文媒体对中华文化传承的贡献》，《东南亚纵横》2012 年第 5 期，第 55－60 页。

② 《南洋商报》，陈嘉庚于 1923 年在新加坡创办，1962 年开始在吉隆坡出版马来亚版。1965 年该报马来亚版成为马来西亚《南洋商报》。它是马来西亚历史最久、发行量较大的华文日报。陈俊林：《马来西亚华文媒体对中华文化传承的贡献》，《东南亚纵横》2012 年第 5 期，第 55 页。

③ 《星洲日报》原系新加坡大药商胡文虎于 1929 年在新加坡创刊，1965 年该报开始出版马来西亚《星洲日报》。它曾于 1987 年一度被迫停刊，后在热心华族文化的张晓卿的全力支持下，于 1988 年 4 月 8 日复刊，复刊后的《星洲日报》努力革新版面，增加信息量。该报现已成为马来西亚华文报纸中发行量最大的报刊。《马来西亚：世界华文报纸最多的国家》，http://blog.sina.com.cn/s/blog_4ef893540102vz7c.html。

④ 厦门大学在东南亚拥有良好的声誉和庞大的校友群，是马来西亚学界较为熟悉的中国知名高校。如今，厦大在校的马来西亚留学生已有 200 多人，是该校人数最多的留学生群体之一。

中华文化的海外传播又会体现出新的活力和新的景观。另外,马来西亚的一些华人企业家,特别愿意为中华文化的传承传播给予资助和支持,这方面的事例大大小小不胜枚举。2012 年 10 月 28 日,马来西亚富贵集团投资打造的东南亚第一座"中华人文碑林园"揭幕庆典在吉隆坡举行,集团负责人邝汉光表示,马来西亚华人一直以来都以传承中华经典、发展中华文化为己任。书法蕴含了丰富的文化内涵和动人的艺术魅力,希望借助碑林园,在马来西亚再现中国古代先贤的人文结晶和艺术创新,深化马来西亚人民对中华文化的理解。马来西亚中华人文碑林园的落成,体现了华人社会对于中华文化的热爱与执着。① 华人企业家对中华文化事业的热心与推动,更是功不可没。2014 年厦门大学 93 周年校庆时,祖籍福州的马来西亚首富郭鹤年捐款两亿元,指定用于厦门大学马来西亚分校主楼图书馆大楼的建设;马来西亚 IOI 集团执行主席、丹斯里拿督李深静捐款 3 000 万元,指定用于马来西亚分校主楼群一号楼建设。② 研究显示,由于华人社会全面而持续的努力和系统而完好的华文教育,马来西亚已经取代新加坡成为东南亚传播中华文化的中心。③

马来西亚建国以来,马来西亚华社领袖、知识分子、企业家通过各种方式,在和马来族与印度族的共处与发展中,在多元文化的交汇中,不断致力于维护国家利益、民族团结与社会经济的发展。如果说马来西亚建国后第一代华人精英为本土华人文化发展呕心沥血、不惜牺牲的话,那么当今一代华人精英则在先贤的文化精神感召下,持续不断地为中华文化的传承传播,奋发有为。这一批马来西亚华人文化的中流砥柱,多属 20 世纪五六十年代人,他们以及新近崛起的 70 年代人,钟情于中华文化,热爱足下的土地,认同所居住的国家,愿意为住在国的愿景而努力奋斗。这种思想实践,贯穿于当今马来西亚的华人知识精英群体中,他们努力把中华文化、本土文化熔于一炉,从而催生出马华文化——渊源于中华文化,并在新的土壤下发展出符合当地特色的华族文化。它是马来西亚华人族群至今最为自豪的文化象征。作为海外华人社会中的一个独特群体,马来西亚华人所选择的道路,不仅代表着一种中华文化和当地文化结合的

---

① 中国文物信息网 2012 年 11 月 2 日。
② 《厦门大学昨日迎 93 周年校庆 获赠 3.2 亿元捐款》,厦门网 2014 年 4 月 7 日。
③ 彭伟步:《〈星洲日报〉研究》,复旦大学出版社 2008 年版。

方向,更代表着全球化时代,华人群体在不断的跨国实践之后所采取的一种致力于本土化的努力:和谐与共,务实开拓。

三、美国、马来西亚华人社会文化传播的特点比较

文化传播的主体或媒介主要指人的迁移和流动,移民运动乃文化传播的重要途径。由于地理的相隔、文化和宗教意识形态的相异,通过移民群体而实现的文化传播主要表现为跨文化传播,即处于不同文化背景的社会成员之间的人际交往与信息传播活动。它涉及各种文化要素在全球社会中迁移、扩散、变动的过程,及其对不同群体、文化、国家乃至人类共同体的影响。这种跨文化传播往往关联两个层次内容:其一,日常生活层面的跨文化传播,主要指来自不同文化背景的社会成员在日常交往互动中的融合、矛盾、冲突与解决方式等,本项研究没有对此着墨;其二,人类文化交往层面的跨文化传播,主要指基于文化系统的差异,不同文化之间进行交往与互动的过程与影响,以及由跨越文化传播过程所引发的文化变迁、发展与融合,此乃本项研究的重点。也就是说,美国华人或马来西亚华人精英所经历的跨文化传播,涉及的是特定文化之间的传播路径与方式方法,其目的在于通过文化异同与文化理解,消除不同地域背景内人们由于文化屏障造成的传播差异以及由此导致的误解或冲突,从而更宽容地看待文化分野与文化创造及文化融合的进程。

文化传播有多种方式,从方向上可分为两种类型:一种为纵向传播,表现为同一文化体系内知识、观念、价值规范等的传承,属于本民族的文化传递;另一种为横向传播,表现为不同文化体系间的接触、采借,与文化输出或文化输入、文化借用类同。本项研究有关美国和马来西亚华人社会的文化传播研究,涉及上述两个方面的主要特征。就马来西亚华人社会而言,纵向文化传播的意义大过横向传播的意义,这是二战结束以来当代东南亚民族国家建立后华人社会文化传播的主要特点,马来西亚也不例外,即华族的文化传承与文化权益维护构成本地区文化传播的主要任务,这是一个以多代移民为主的本土华人社会。就美国华人社会而言,文化传播的当代特征主要体现为横向传播的意义大过纵向传播,本地华人精英善于融汇中西文化的多种元素,并积极参与对主流

社会的各种思想实践,从而在一定程度上为中华文化的海外传播赢得知名度和美誉度,这是一个包括了多种来源地和多重身份背景的以华人新移民为主的社会。

美国华人社会和马来西亚华人社会在致力于中华文化传播方面有许多共性,但也有各自的个性。从共性来说,文化传播的意义在于有目的地输出,在于赢得受众理解、尊重和欣赏,在于输出主体华人精英融合多种文明的集体意识和积极作为,在于移民住在国政府和人民对于多元文化的包容。从个性来说,由于两国华人社会结构不同,种族民族政策存在差异,以及西方化和在地化的不同压力,中华文化海外传播的方式和效果截然有别:在美国,中华文化海外传播,除了族群身份维系之外,更是不断面向主流社会,争取中华文化在国际社会,特别是西方世界的话语影响;在马来西亚,中华文化海外传播,除了族群身份维系和文化权益保持之外,更是不断融入本土,实现多元文明的交汇,创造华人世界为之自豪的独特的马华文化。

比较美国和马来西亚华人社会在传承传播中华文化方面的特点,可以看到其与中华文化紧密联系的普遍特征:在全球化视野和本土化要求中凸显中华文化的内在价值。这一批华人精英,不仅包括住在国的文学艺术创作者,也包括人文和社会科学学者,在北美、在东南亚,都有人们熟知的大师和名家,他们把中华文化和本土文化尽情交融,荟萃于自身的艺术实践和学术思考,从而为中华文化与世界各国文化的汇通作出了突出贡献,同时也为住在国多元文化的繁荣和更新作出了不懈努力。这其中有杜维明教授对于儒家文化的推展和思考,有王赓武教授对于中国历史和华人研究的权威阐释,有建筑大师贝聿铭在全球各地的凝固艺术,有陈逸飞的绘画、李安的电影、谭盾的音乐,等等,所有这些成就,都显示了中华文化走向世界的多种途径和多元表达,以及全球文明之于中华文化的接纳和认可。虽然它的表现方式不完全是中国的,但它的精髓所在和脉络提示又时时处处表明,中华文化的烙印在这些学者和艺术家的心中无法抹去,他们在全球化的舞台上自觉地把各种文化熔于一炉,从而在成就自身的同时,更彰显了中华文化的固有魅力和独特价值。他们是中华文化的自觉维护者和积极阐释者,他们从不故步自封、画地为牢,而是随时以新的姿态接受各类不同文明的冲击和挑战,从而成为具有革新精神和进取精神的中华文化的海外杰出代表。

在传承传播中华文化的形式方面,美国华人社会和马来西亚华人社会也有其个性和共性。就华人社会的三大支柱——华人社团、华文教育、华文报刊而言,在相当长的一段时间内,它们都是海外传承传播中华文化的主要载体,是凝聚海外华人社会的基本纽带,是体现海外华人社会存在的主体结构。然而,在当今美国华人社会,这三大支柱不再具有文化传承传播的显要功能。换言之,美国主流文化非常强大,移民美国的各类人士,他们的文化选择重点首先是融入美国,与主流社会打成一片,而不是刻意保持民族文化的根脉。正因此,有关中华文化传承传播的基础性工作,对于美国的华人社会和非华人社会而言,虽然在民间层面能够起到一定的凝聚和团结的作用,但范围非常有限,不具有广泛的主导地位和重要影响。事实上,真正具有主导地位和重要影响的是融入美国的华人精英群体,他们具有把中华文化核心价值推向美国主流社会的话语能力,因为他们中西汇通的努力和贡献,美国人民乃至西方世界才得以认识和了解中华文化,进而尊重并欣赏中华文化。这是美国华人社会不同于东南亚国家,特别是马来西亚华人社会的地方,因为马来西亚华人社会的精英力量和民间力量均十分强大而有影响力,故本地的华人社团、华文教育、华文报刊能够延续历史的脉络,继续成为马来西亚华人社会传承传播中华文化的重要载体,并促使政府重视华人文化作为多元文化之一的平等权益。本项研究在分析两地华人社会在传承传播中华文化方面的突出成就时,一方面强调美国华人精英在文学、影视、绘画等艺术方面的国际性影响以及他们为中华文化海外传播所赢得的声誉,这是中华文化走向世界的积极成果;另一方面强调马来西亚华人精英依托华人社团、华文教育、华文报刊三大支柱积极发挥中华文化的在地影响,致力于中华文化与在地文化的融合,从而形成中华文化本土化的积极成果。

当然,中华文化的海外传播在取得重要成果和影响的同时,也遭遇了一系列压迫、矛盾甚至冲突。海外华人移民的百年历史,也是中华文化走出去遭遇重重困难的奋斗史和曲折史。海外华人不断迁徙本身,就是在加深和加强与世界不同种族、民族和文化交流和切磋的经验,从而更清楚地知道,"我们是多种文化和冲力的产物,我们的力量在于把我们熟悉的东西与外国的东西结合起来;寻求一种排外的内向文明注定是要失败的"。① 移民文化作为一种融合生长的"边际文化",有着自己特殊的"杂交"面目。在那里,文化变迁和融合正在进行,通过它们,我们可以更好地研究文明和进步的历程。②

---

① 联合国前秘书长科菲·安南2001年2月5日在新泽西州南奥兰治县西顿·霍尔大学外交和国际关系学院的讲话。http://www.un.org/chinese/dialogue/messagesg.htm。
② 帕克:《种族和文化》,纽约出版社1950年版,第356页。转引自王亚丽:《边缘书写与文化认同——论北美华文文学的跨文化写作》,中国社会科学出版社2013年版,第10页。

上海侨情与城市发展

侨资企业推动上海科技创新中心建设的作用研究

李　勇*

....

摘要：侨资企业是上海建设全球科技创新中心的积极参与者。本文首先确定了上海建设科技创新中心的基本内涵、基础条件与任务，明确了相关的战略框架；其次，剖析了上海侨资企业的创新模式与特征，阐释了侨资企业推动上海科技创新的三种机制；再次，辨别了侨资企业推动上海科技创新的制约性因素；最后提出了促进侨资企业推动上海科技创新的对策，包括优化鼓励新华侨华人创业创新的政策、创建优良的制度环境、完善市场机制建设、加强创新文化建设。

关键词：侨资企业　科技创新　机制

一、引言

建设具有全球影响力的科技创新中心，是国家制定的上海转型发展、迈向全球城市的顶层战略设计。在后金融危机时期，国际国内经济环境发生了重大的变化。在国际层面，以新能源、智能化等新技术推动的"第三次产业革命"方兴未艾，发达国家争夺科技与产业制高点的竞争日益加剧；在国内层面，随着我

---

* 作者简介：李勇，上海社会科学院信息研究所副研究员。

国经济发展步入"新常态",上海的资源约束不断收紧,人口结构日趋老龄化,经济发展的动力日益依赖于创新。建设全球科技创新中心、增强对外科技辐射能力,向创新驱动转型并带动长三角乃至全国经济的发展,是上海面临的迫切而又艰巨的战略任务。

企业是科技创新的核心主体,上海是我国侨资企业集中的城市之一。在改革开放初期,侨资企业是上海构建对外开放经济体系的早期推动者。在新时期,侨资企业的结构已发生了明显的变化,正在成为上海创新发展的积极参与者。在上海建设科技创新中心的战略框架中,侨资企业能够起到哪些作用?应当从哪些领域和政策层面入手,引导这些企业发挥更为显著的作用?现有的关于侨资企业与我国、上海经济发展关系的文献,尚未阐明侨资企业推动上海科技创新中心建设的作用机制,也未能提出增强其作用的对策。如何发挥侨资企业的作用以加快上海和我国的科技创新,已成为亟待解决的重要现实问题。

本文以科技创新理论、国际人才回流理论及实证调查为基础,以产业创新为重点环节,首先剖析上海科技创新中心建设战略的内涵、基本条件与瓶颈,判断上海在推进科技创新中心建设方面的任务,其次探讨侨资企业在科技创新中心建设中的作用机制,再次辨析影响侨资企业发挥作用的内外部因素,最后提出相关对策建议以增强侨资企业对上海科技创新中心建设的推动作用,以期为侨务部门、科技管理等相关部门进一步优化上海的海外人才政策、科技政策提供工作参考。

侨资企业是经国家批准,由华侨、外籍华人或者港澳同胞在我国投资兴办且其出资占投资总额25％以上的企业。在我国的制度环境下,侨资企业通常属于外资企业,国家对侨资企业的融资方式、产业准入、法律适用等方面与对内资企业的管理方法不同。然而实践中,高新技术、知识密集型侨资企业的所有权结构常常发生变化,而且新时期我国政府在发挥华侨华人作用方面的基本导向已经发生了转变,其重点在于"使用智慧"而不是"使用资本"。契合这一重大转变,本文所说的"侨资企业"泛指新华侨华人在大陆创办并直接参与经营的企业,在这些企业中新华侨华人的出资比例可能低于25％,或者由于企业所有权结构在经营过程中发生变化而出现其股份低于25％但仍直接参与企业经营管理的情形,本文都将其视为侨资企业。通过试用这一较为宽泛的界定,来体现我国在知识经济环境下鼓励新华侨华人创业而推动科技创新、加快经济社会发展的新思路。

二、上海建设全球科技创新中心的战略框架

2014 年 5 月,习近平总书记指出,科技创新已成为提高综合国力的关键支撑,上海应努力建设成为具有全球影响力的科技创新中心。

(一) 上海建设科技创新中心的基本内涵

全球科技创新中心是世界领先的新知识、新技术、新产品和新商业模式的来源地,其基本特征在于:科技创新资源高度聚集、科技创新支撑体系完备、科技创新活动密集而且产出巨大、科技成果具有全球影响力。硅谷、纽约、伦敦、东京等发达国家的城市和新竹、班加罗尔等新兴经济体的城市已成为全球科技创新中心。[1]

全球科技创新中心具有四个主要功能[2]:

一是创新资源集聚功能。聚集、组合国内外各类创新要素,包括大学与研究机构、人才、资金、创新型企业等资源。创新中心是国际化、开放性的,创新资源不仅来自城市内部。

二是科技知识创造与辐射功能。通过培养人才来创造新的科学知识和技术,将开发的各项知识与技术向其他地区扩散、转移,结成多样化的国际科技创新交流网络。

三是产业创新功能。新知识的创造和技术的产业化推动产业创新,在驱动传统产业升级的同时催生新产业,带动产业变革,带动全球产业发展。

四是创新文化引领功能。科技进步和产业创新带来新的生活方式,塑造新的文化,尤其是鼓励创新的文化,对世界其他区域产生示范作用。

2015 年 5 月,上海公布了《关于加快建设具有全球影响力的科技创新中心

---

[1] 张仁开、刘效红:《上海建设国际创新中心战略研究》,《科学发展》2012 年第 11 期,第 79 - 89 页。

[2] 汤汇浩、高平:《上海加快建设全球科技创新中心的若干思考》,《科学发展》2014 年第 10 期,第 68 - 73 页。

的意见》(以下简称《意见》),明确了上海建设科技创新中心的基本目标和路径。《意见》提出了基本目标,要求顺应全球科技革命的趋势,把上海建设成为创新人才、科技要素和高新技术企业集聚度高,创新成果多,科技创新基础设施和服务体系完善的开放型科技创新中心,成为全球创新网络的重要枢纽和国际性重大科学技术与高新科技产业的重要策源地之一。2020年前要形成科技创新中心基本框架体系,到2030年要形成科技创新中心城市的核心功能。《意见》提出,上海将实施需求导向的产业创新驱动战略,企业是科技创新的主体,政府以体制机制创新服务于企业的科技创新。

(二)上海建设科技创新中心的基础条件

上海在建设科技创新中心方面具备一些有利条件,如在经济发展水平、人力资源、制度支撑与文化环境方面领先于国内其他城市。根据2015年《全国科技进步统计监测报告》,2015年上海综合科技进步水平指数为84.57,继续位列全国首位。但是从长期来看,上海的这些优势与国内的北京、深圳以及世界其他城市相比并不突出,上海建设科技创新中心面临着一系列挑战①。

一是在经济支撑方面,上海的科技创新投入力度低于北京和深圳,创新投入力度不高。

二是科技创新资源集聚程度低,高水平研究机构较少,不仅缺少富于创新精神的企业家,也缺乏具有全球影响力、引领科技创新的研究型人才。

三是科技创新体系不合理,未能形成有效的产学研合作机制,专业化中介机构发展缓慢,科技成果转化难,科技创新开放程度低。

四是企业的创新动力不足,上海的科技创新资源集中在国有企业、大学与研究机构之中,未能形成类似北京中关村的高新技术企业衍生环境,也缺少类似深圳的以市场需求为主要驱动力的创新型企业,高新技术企业的创新动力有限、竞争力不强。

五是支撑创新的制度条件不完善,市场机制的作用仍然受到政府的不适当干预,制度成本与交易成本较高,科技创新的盈利空间受到限制。

---

① 李侠、周正:《关于上海科创中心的基础条件诊断与对策》,《科学与管理》2015年第3期,第25-31页。

（三）上海建设科技创新中心的基本任务

创新的本质是以新颖的方式运用知识，获取经济收益。经济合作与发展组织（OECD）基于创新实践的发展，在 2005 年修订的《奥斯陆手册》（Oslo Manual）中指出，发展中国家的创新与发达国家不同。发展中国家的创新以渐进性改进为主，原始性创新相对较少，其创新应当包括三个层次[①]：对发展中国家的企业而言是新的、对发展中国家的市场而言是新的、对世界而言是新的。新竹、东京、班加罗尔等科技创新中心的知识获取渠道包括技术引进、自主开发、与国外合作开发等多种方式，体现了后发经济体在建设科技创新中心过程中知识获取途径的多样性。

创新不等同于知识创造，实践中一些以科技发明、技术的先进性来表征创新的评价标准存在模糊性和片面性，不符合创新作为经济性行动的本质。欧洲多国政府曾投入巨资支持新技术的研发，然而大量的技术成果无法转化为经济发展的动力。因此，上海的科技创新中心建设，需求拉动的创新和供给导向的创新都必不可少。

上海的科技创新应当聚焦两个相互补充、不可或缺的层面[②]。一是新技术开发推动的科技创新，通过科学发现、技术学习和创造，开展模仿创新、集成性创新和原始性创新，引领上海、我国以及全球的科技发展与产业创新，产业应当包括高新技术产业和传统产业，不仅包括科技前沿，还覆盖中低技术产业等领域。二是科技创新的有效扩散，在"大众创业、万众创新"的新环境下加快科技成果的转化与传播，提供交通、环保、医疗保健、产业升级等重要领域所需的技术与解决方案。

三、侨资企业推动上海科技创新的机制

（一）上海侨资企业发展概况

侨资企业作为上海改革开放的重要推动者，带来了资金、先进的管理经验

[①]　OECD, Eurostat. Oslo Manual: guidelines for collecting and interpreting innovation data(3rd Edition) [R]. OECD 2005, Paris.

[②]　杜德斌：《上海建设全球科技创新中心的战略路径》，《科学发展》2015 年第 1 期，第 93－97 页。

和技术设备,在外资企业中长期占有较高的比例。金融危机之后上海进一步鼓励发展知识、技术密集型产业,出台了一系列优惠政策和措施,为新华侨华人和留学归国人员创造良好的创业环境,上海已成为新华侨华人和留学归国人员创业的首选城市。

统计数据显示,截至2014年末,上海的注册侨资企业为28 000余家,在上海创业的新华侨华人已达12万人,创办企业数量超过4 800家、注册资金超过7亿美元,而且规模仍在持续增长。对张江等科技园区、浦东新区以及上海市层面的多项调查研究,基本明确了上海新华侨华人的创业模式与行业分布,这些企业集中于高新技术产业领域①。这些创业者普遍在国外接受了高等教育,其创业活动集中于知识密集型产业环节,包括新一代信息技术、软件、新生物工程/新医药、贸易/批发/零售业、高端装备制造业、节能环保业、新材料与新能源、文化创意产业、汽车制造、现代物流等领域。这些企业大多数处于初创期或者成长初期,规模通常属于中小型企业,主要分布在张江、漕河泾、闵行、嘉定、杨浦等区域的创业园,企业大多数拥有自主的知识产权。

在这一趋势下,上海侨资企业的结构发生了转变,投资领域逐渐由加工制造、房地产开发等传统产业向知识密集型产业延伸,投资方式也从以往的投入资金设备为主转向投入技术为主。侨资企业在上海战略性新兴产业中的布局具有领先性,一些侨资企业在产业链分工中处于关键环节,具有相当大的行业影响力。

(二) 侨资企业推动上海科技创新的研究基础

1. 企业创新的内涵

在全球化背景下,企业开展创新的方式日益多样,主要包括四种类型。第一,产品/服务创新,即产业中出现在使用价值方面有重大改进的新产品或新服务;第二,生产工艺创新,即使用新的或者经过重大改进的新生产方法,包括采用新的设备、新的特殊技术和生产程序;第三,组织创新,即采用新的组织架构、

---

① 张治河、赵刚、谢忠泉:《创新的前沿与测度框架——〈奥斯陆手册〉(第三版)述评》,《中国软科学》2007年第3期,第153-156页。

运营方式或管理方式,或者与其他企业之间建立新的相互关联方式,例如组建产业联盟、网络化合作体系等;第四,市场创新,即以新的营销方法来满足已有用户的需求,或者创建新的市场、对现有市场进行新的定位等。①

在上述四种创新类型中,产品/服务创新与生产工艺创新属于技术性创新,组织创新和市场创新属于非技术性创新,它们都有利于提高企业或者产业的竞争力。企业的创新通常是各类创新的综合。

2. 侨资企业与上海科技创新的关系

对于侨资企业与上海科技创新的关系问题,主要存在两种观点。

一种观点认为,侨资企业对上海科技创新起着显著的正面作用。调查发现,新华侨华人能够带来先进的产业技术知识,创办的企业研发投入比例高,拥有较多的专利、新产品等成果。因此,政府应当加大支持力度,吸引更多新华侨华人回国创业。这一观点的主要依据是侨资企业突出的技术开发能力,然而根据科技创新理论,可以发现这是企业技术领先性的体现,但是技术成果并不一定能够成功地产业化,技术领先性不能简单地等同于创新。实践中也存在侨资企业无法将先进的技术转化为有效的市场需求、经营困难甚至失败的情形,其论证过程在逻辑上存在不足。

另一种观点认为,侨资企业对上海科技创新的影响具有复杂性。相关研究注意到侨资企业的外资企业属性,从外国直接投资(FDI)对我国产业创新影响的已有研究中寻找理论依据,但是关于FDI与我国产业创新之间关系的研究尚未形成一致性的结论。② 由于侨资企业在战略目标、商业模式、与国内各类机构的互动交流方式、创新绩效的形成过程等方面,都与以往的外资企业,尤其是跨国公司存在诸多不同之处,而且侨资企业的发展也具有多样性。总之,侨资企业对上海科技创新的影响是复杂的,还需要开展更为细化的研究,解析侨资企业的创业与创新模式,进而探索侨资企业推动上海科技创新的机制。

---

① 马启元等:《海归企业自主创新情况考察》,《科技导报》2012年第20期,第11页。
② Xiaohui Liu et al. Returnee entrepreneurs, knowledge spillovers and innovation in high-tech firms in emerging economies[J]. Journal of International Business Studies, 2010, 41: 1183 – 1197.

（三）上海侨资企业创新模式与特征解析

1. 上海侨资企业创业与创新历程——典型性案例分析

根据产业领域与市场定位差异，上海侨资企业的创业领域主要分为四类：面向国内市场的制造业、面向国内市场的服务业、面向国际市场的制造业、面向国际市场的服务业。分别在这四个创业领域中选择一家典型性的创新型企业，如图1所示。

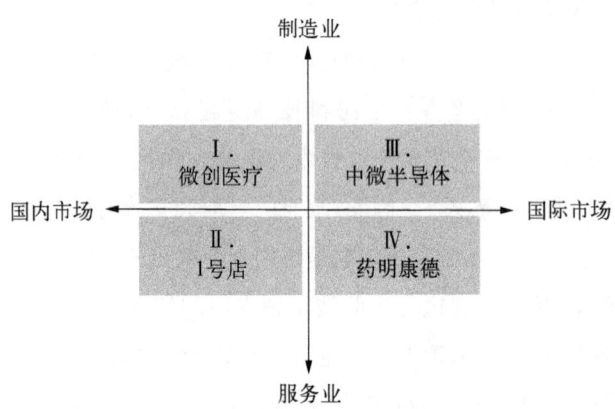

图1　侨资企业的产业分布与市场定位

本文案例分析中的新一代侨资企业选择标准为：企业的法定代表人是海外人才或者企业的高管团队主要由海外人才组成；成立已超过5年以上、属于高新技术产业。下面对所选企业的创业创新历程与特征进行简要分析。

（1）微创医疗——面向国内市场的先进制造企业

国内对微创医疗器械的需求巨大，但国内微创产业发展滞后，因而在相当长一段时期内，国外产品垄断市场、价格昂贵。1998年，常兆华博士从美国回国创办微创医疗器械有限公司，最初的资金来自创始人的自有资金，在发展过程中逐步成为国内外多家机构投资的合资企业。企业从国外吸纳了多位专业人士，已成为上海市高新技术企业。微创自1998年起多次获国家和上海市科技基金的资助，与上海高校合作培养专业人才、共同攻关国家重点科技项目，申请了1 800余项微创伤介入医疗器械技术相关的国内外专利，已获得多项奖励，包括上海市科技进步二等奖、国家科学技术进步二等奖、科技部自主创新产品证书等。

微创成立之初,获得了上海市政府与相关机构在资金和管理等方面的支持。2001年,企业开始快速成长,但是经营管理不善,高层管理团队多次变更。其后,微创开始采取开放性的发展策略,相继引进了张江科投、深圳创新、上海实业、日本大冢四家战略性投资,启用了专业化的管理团队,形成了新的企业所有权结构和管理方式,创始人常兆华专职担任董事长和首席科学长,此后企业的经营进入了稳定期。

在企业战略方面,微创根据市场需求,以高强度的研发投入持续开发新产品,并且通过并购国内企业快速丰富产品线。在上海市政府的支持下,新产品迅速进入国内市场。2010年在香港主板上市,2014年收购美国强生旗下的公司,扩大产品线,进一步拓展国际市场①。微创是国内第一家拥有自主品牌和知识产权、独立开发和生产微创医疗器械产品的公司,产品价格低于国外同类产品,建立了低成本优势。其在国内市场的占有率已超过国外竞争者,并且进入世界主流的微创医疗器械市场。

微创的创新活动具有多样性,包括工艺创新、产品创新、组织创新和市场创新,由此提高了企业的竞争力,推动了国内微创介入医疗卫生器械行业标准的建立,带动了国内新材料、电子、精密机械、缓释医药等相关产业的发展。

(2)1号店——面向国内市场的知识密集型服务企业

1号店创始人于刚和刘峻岭都曾是美国戴尔公司的高级管理者。进入21世纪之后,中国的电子商务市场快速成长,于刚和刘峻岭发现国内没有电商经营快速消费品而市场需求很大,于是在2008年以自有资金在上海创立1号店——首家综合型的B2C(business to consumer)网上超市。

1号店采用与大型网络社区合作、线上营销与线下推广相结合的新型营销方式,设立了研发中心,自行研发管理软件系统,基于高效的供应链管理、订单管理、物流管理,形成了良好的用户体验,建立了低成本、高质量服务的竞争优势。2010年,1号店在第三方物流之外自建物流,提高了物流的效率,并且逐渐优化商业模式,在销售收入之外增加了广告收入、增值服务收入、合作店面的平

---

① 京鑫:《微创医疗跨国收购资金落实》,《中国医药报》2013年12月24日。

台租金收入等。1号店通过商业模式创新、市场创新、服务创新、组织创新的融合来快速建立市场竞争力,开创了我国电商业的新业态。

然而,1号店长期受制于资金短缺问题。创始人最初没有融到足够的资金,在尚未盈利之前资金耗尽,必须引入新的投资者。2010年中国平安集团投资1号店,2011年中国平安集团将50%的股权转让给美国沃尔玛公司,创始人逐渐失去了对1号店的控制权。沃尔玛的经营方向与创始人的初始目标不一致,1号店的规模化扩张出现停滞[①]。2016年6月,京东与沃尔玛达成战略合作,沃尔玛成为京东的战略投资者,京东拥有1号店的所有资产。

(3)中微半导体——面向国际市场的先进制造企业

我国的集成电路制造设备原先主要依赖进口,而发达国家通过《瓦森纳协定》(The Wassenar Arrangement)对先进设备的出口实施禁运,导致我国难以获得先进的设备,集成电路产业的技术发展长期受阻。自2000年以来,我国通过多种措施鼓励新华侨华人在这一产业创业。

2004年,尹志尧博士从美国带领海归团队在上海创建了中外合资的中微半导体设备有限公司,从事集成电路制造设备的研发、生产与销售。2007年,中微研发了纳米等离子体刻蚀设备,这是第一批在中国本土设计、制造和生产的高端集成电路设备,获得上海市2009年度科技进步一等奖。此后,中微还获得上海市科技进步奖、最佳产品奖等多个国内外奖项。2013年,中微被认定为上海市集成电路高端装备制造企业,设备已进入国内集成电路生产线并逐步进入国际市场,成为世界上生产同类设备的三强之一。

中微的融资过程体现了高新技术领域侨资企业的融资难题。企业初创时,在国内融资未果,转而寻求国际投资,国外投资机构熟悉集成电路设备产业,能科学地评价投资对象及投资风险。2004年中微获得多家硅谷风险投资机构的资金。获得国外投资对中微吸引国内资本产生了积极的作用,中微的产品初步进入亚洲市场时,国内的资本投入已占比70%以上。这种国内外交替、相互补充的融资渠道形成了持续性的资金来源,支持了企业的持续发展。

中微重视对知识产权的保护,2012年被评为"上海市知识产权优势企业"。

① 颜菊阳:《1号店生变,沃尔玛何时走进未来零售》,《中国商报》2015年5月6日。

中微通过产品研发前期的专利审查、海归雇员入职承诺等制度,事先预防专利纠纷。凭借这一工作基础,中微在拓展国际市场遭遇国外企业发起的知识产权方面的诉讼时,多次击败竞争者,同时也注重和解,为双方找到合作共赢机会,这为国内企业依靠知识产权"走出去"提供了参照。

在内部管理方面,中微超过三分之一的员工是具备国外学习或工作经历的人才,倡导"以人为本",具有扁平化与开放性管理特征;公司的层级较少,严格控制各层级之间的收入差距,将国外的优秀高科技企业文化、管理方式引入企业中;公司注重平衡与投资者、政府、员工等各类利益相关方的收益,使公司形成了相对稳定的内部发展机制和良好的外部关系①。

中微以持续的产品创新、工艺创新和组织创新,形成了不同于美国、日本等发达国家同类产品的差异化特征,其产品比同类设备生产效率高、成本低,提高了国内的集成电路设备制造能力,改变了全球集成电路生产设备供应市场的竞争格局,为国内集成电路制造企业设备采购的本土化提供了新的选择。

(4)药明康德——面向国际市场的知识密集型服务企业

上海药明康德有限公司从事研发外包服务(contract research outsourcing,CRO)。发达国家药企自行研发一个新药平均耗资 12—20 亿美元、用时约 12—15 年。将部分医药研发项目外包可以缩短开发周期,有利于加快新药从研发到上市的进程,发达国家有着巨大的外包需求。1999 年李革博士回国考察发现,中国在开展化学药品研发方面具有人力资源、技术和成本方面的优势,能够承接研发外包业务。

2000 年,李革与三位合作伙伴在上海共同创立了药明康德新药开发有限公司,承接国际制药企业的新药研发外包业务。2003 年,药明康德建立了工艺研发和标准化生产基地,开始为国际用户提供工艺研发和规模生产服务;2004 年开始提供药品中间体和原料药的生产服务;2005 年,药明康德化学药品研发外包服务规模成为全球第一,并逐步向药物分子设计、生物分析服务、处方研究和制剂服务等上下游业务拓展;2007 年,药明康德在美国纽约交易所上市;2008 年,药明康德收购一家美国公司,在美国建立了生物制剂和医疗器械产品服务

---

① 田倩平:《中微半导体:"雁式"崛起》,《新领军》2011 年第 7 期,第 65－67 页。

平台,公司的业务范围扩大,专业技术能力增强,开始提供新的服务——医疗器械领域的增值服务。目前,药明康德拥有从化学实验、工艺流程设计、产品生产到测试等新药研发流程所有服务项目,在中美两国拥有多家研发中心以及开发、生产和销售中心,已成为全球化经营的企业[①]。

通过承接研发外包服务,药明康德了解到产业发展趋势与领先用户的需求,以团队化的组织创新方式,形成了快速开发生物技术药物和科研试剂的能力,从承接临床前研发的小部分业务,拓展到向全球制药、生物技术以及医疗器械企业提供一站式的实验室研发、研究生产、生物制剂测试及生产服务。

药明康德的示范效应吸引新华侨华人回国创建研发外包企业,基于国外社会联系承接外包业务,带动我国新药研发服务产业的发展。

2. 上海侨资企业创新模式与特征

(1)上海侨资企业创新模式

通过实地调查和案例分析,我们发现取得显著创新成果的侨资企业的创新模式主要包含以下几个关键要素。

其一,准确识别创业机会是成功创新的前提。一些侨资企业创始人能够准确地识别创业机会,通过创新提高企业竞争力。创业机会识别直接影响着此后企业创新的绩效。上海侨资企业的优势创业领域不在房地产等传统产业或者垄断性产业之中,而在高新科技领域以及咨询、教育等知识密集型产业领域,尤其是在国内外技术与产业发展水平差距较大、国家急需并鼓励发展的产业中,侨资企业的创业空间大,创新成功的机会更高。

其二,建立国内外双重社会联系对获取创新资源、把握创业机会至关重要。这能够使侨资企业充分获取创新资源,降低创业风险,把握创业机会,将国外的先进技术用于满足国内市场的需求,或者发掘国内的优势资源从而在国际市场上建立竞争力。调查发现,新华侨华人普遍有选择地参加过国内外的社团、校友会、同学会、专业协会、创业园区等组织机构,这对于寻找合作伙伴、交流信息有着积极的意义,也是侨资企业的优势所在。

---

① 邵律、高治平:《药明康德开放式一体化研究服务平台》,《上海经济》2014 年第 12 期,第 44 - 45 页。

其三,充分面向市场需求开展多样化的创新行动是成功的关键。技术的先进性或者高额研发投入带来的新技术都不足以构建企业的竞争力,面向市场需求开展产品或服务创新、组织创新、市场创新、工艺创新等多样化的创新行动,才是企业建立竞争力的关键。

因此,新一代侨资企业的创业创新行为存在密切的内在联系,首先是准确识别创业机会,然后是基于国内外资源的互补性开展多样化创新行动,从而形成企业竞争力、取得创业的成功。侨资企业创新成果的扩散有助于加快上海的科技创新。

(2) 上海侨资企业的创新特征

侨资企业在创新领域、技术特性、经营管理模式等方面,都具有一定的独特性。

在一些国家迫切需要、国企和民营企业能力不足的领域,侨资企业有着大量的创业机会与创新空间。

与内资企业相比,侨资企业具有一定程度的技术领先性,且其与海外的科研机构、大学、企业等组织的联系更多,因而其创新是综合运用国内外两个渠道创新资源的成果,其创新行为是多样化的。

与跨国公司在华设立的企业等外资企业相比,侨资企业在创办目的、人员结构、资金来源、组织文化等方面存在差异。跨国公司在华设立的企业通常服从于其母公司的中国战略,而侨资企业有着较强的技术创新与扩散动力,开展技术研发、经营的行为更具有自主性。

(四) 侨资企业推动上海科技创新的三种机制

侨资企业可以通过以下三种机制推动上海的科技创新。

1. 海内外双重联系机制

侨资企业基于其国内外的双重联系,可以增进上海的对外经济交流与合作,促进国内外两类资源的互补。[①] 国外产业发展的前沿信息、技术成果能够通

---

① Huiyao Wang, David Zweig, Xiaohua Lin. Returnee Entrepreneurs: impact on China's globalization process[J]. Journal of Contemporary China, 2011, 20(70): 413–431.

过侨资企业向国内扩散,在"引进来"方面具有积极的作用;同时,一些侨资企业积极开发自主知识产权,通过创新建立竞争力,立足国内市场之后在海外建立研发机构,迈向国际市场,或者直接开发面向国外的产品与技术服务,在"走出去"方面发挥不可替代的作用。

2. 直接推动机制

侨资企业能够通过三个方面的作用,直接推动上海的科技创新。

一是增加科技创新资源,推动技术开发与扩散。侨资企业在政府支持下,通过承担国家的科研项目、产学研合作、人才培养,以及参加国内相关产业技术标准的建设、产业共性技术的开发与产业化,直接加快上海的新知识创造和产业技术研发。上海通过财政资金如中小企业创新基金以及高新技术成果转化、高新技术产业化、特色产业化与技术改造等项目支持侨资企业参与技术开发。多家侨资企业在政府不同渠道的资助下取得了较为领先的技术成果,例如微创医疗、中微半导体等企业参与国内的重大科技开发项目和产业技术标准化项目,取得了重要的技术成果,获得国家、上海的多种科技成果奖。

二是加快产业创新。上海提供政策优惠支持新华侨华人创业。侨资企业能够带来新技术、新产品、新的生产工艺流程、新的商业模式和组织管理方法,综合利用国内外两种资源推动新产业成长,更为有效地满足国内市场的需求、拓展国际市场,推动上海的产业创新,提升产业竞争力。

三是促进上海创新文化的塑造。新华侨华人在国外教育背景和文化体系的影响下,其思维方式、经营管理理念与方法不同于内资企业和跨国公司。新一代侨资企业家的出现对于强化侨资企业家的创新意愿、培育上海的创新文化具有积极的意义。

3. 间接推动机制

侨资企业主要通过四种机制影响内资企业的创新行为,间接影响上海的科技创新。

(1)竞争机制

侨资企业的发展有利于提高产业竞争的强度,从而促使内资企业增加创新投入、更新生产设备和升级生产技术以应对竞争，对科技创新产生正向的推动作用。

（2）示范机制

侨资企业具有一定的示范作用。一些内资企业以侨资企业为学习标杆，增加创新投入，学习模仿其技术、产品、生产流程和管理方法，提高自身的创新能力和生产效率。

（3）人力资源流动机制

侨资企业雇佣、培养国内人员，与内资企业之间存在人员流动，侨资企业的员工可能将更为先进的知识带入内资企业，从而提高内资企业的创新能力。

（4）产业链关联机制

侨资企业与内资企业用户发生商业联系时，用户可能获得较高质量的投入品以改进自身的工艺水平和产品质量，获得先进的技术知识；侨资企业能够推动内资供应商提高原材料、零部件等投入品的质量及服务水平。

四、侨资企业推动上海科技创新的制约性因素

侨资企业推动上海科技创新受到多种因素的影响，其中存在一些制约侨资企业发展创新的不利因素。

（一）侨资企业所处环境中的制约性因素

1. 创新资源供给不足

基础性的公共信息主要掌握在政府手中，体制性障碍导致公共信息的部门利益化与分散化，难以满足企业的需求。一些产业的市场准入门槛高、市场资源被分割，在传统的垄断性产业中侨资企业推广新技术可能遇到体制性阻力[①]。

上海侨资企业普遍面临着融资难、融资成本高的问题。企业资金主要来自个人自有资金和亲友借款，风险投资、国内企业入股、银行贷款的比例很小。侨资企业在国内融资的渠道主要有两个。一是政府设立的创投机构，但是这种投

---

① 崔小青：《创业政策对海归高技术创业绩效的影响》，华东师范大学硕士论文，2014年。

资面向的是战略性产业中的领先性企业,对于大多数侨资企业而言门槛高、流程复杂;二是社会投资,但是市场化的投资机构缺乏判断新技术应用前景与价值的能力,难以客观地判断侨资企业的发展潜力。

2. 公共服务供给不足

侨资企业在资金、人才和服务上都得到了一定的支持和扶助,但总的说来,对新华侨华人个人和侨资企业两个层面的公共服务仍然不足。创业园等孵化器的功能不足、创业后续服务不完善,难以对处于不同发展阶段的侨资企业提供具有针对性的支持和服务;知识产权保护不力,国内部分企业不正当使用、侵犯侨资企业知识产权的现象时有发生,但是处罚力度不够、法律维权成本高;政府的政策体系复杂却没有统一的发布平台及专门的政策落实流程引导,导致侨资企业对创业创新政策的了解程度不足,存在相关政策不配套、申报周期长、政策执行不到位的现象。

3. 创新评价标准的科学性不足

服务业是上海经济增长的重要领域,但是政府对服务业创新的理解不够,对服务业创新的评价不合理,专利数量、新产品销售额或市场占有率等指标不适用于测度服务创新,不利于激励侨资服务企业创新。

4. 社会文化环境中的创新氛围较弱

相较于国内其他的一些城市,如北京、杭州、深圳等地,上海的整体创业创新氛围较弱,尚未形成追求卓越、鼓励创新的文化环境,员工的职业意识也有待提高。侨资企业在上海的科技创新受到文化环境的限制,部分侨资企业的创始人及其团队难以适应国内相对复杂的人际关系。

(二)侨资企业所属产业领域与产业发展阶段尚不具备独立的创新能力

特定产业所处的发展阶段影响着侨资企业对该产业创新的推动作用。根据研究者对东亚经济体的研究,在韩国和日本信息技术产业发展初期,侨资企业不是产业创新的关键性主体和核心动力;产业发展基础确立之后,侨资企业作为辅助性的力量加快产业创新[①]。有关印度信息产业、北京中关村信息产业发展历程的研究也指出，侨资企业在信息产业发展初期作用有限。但是在我国医药研发外包产业中，侨资企业作为先行者对产业发展起到了关键性的推动作用。因此，我们可以说，侨资企业的作用随着产业领域、产业发展阶段的不同而发生变化。

在当代大系统科技创新环境下，发展中国家的侨资企业通常不具备独立催生新产业的能力，不可高估侨资企业对产业创新的推动作用。因此，我们不能简单地认为，在上海的科技创新中心建设中，政府应进一步加强对新华侨华人创业的优惠、向侨资企业提供更多扶持，以免政策倾斜引发机会不平等或者吸引一些并不适合创业的新华侨华人回国创业，造成资源的低效配置。要根据上海各类产业所处的不同发展阶段以及该产业在创新模式方面的特殊性，来理解侨资企业在产业创新过程中所起的作用。

（三）侨资企业创新受到企业战略与运营模式的制约

在战略导向方面，侨资企业不应过度追求技术先进而忽略产业发展的支撑条件与市场需求。一些企业因为对市场和市场需求存在误解，导致产品定位超前于市场、成本过高、功能不适合等问题，造成创业失败。适度先进的技术能够与现有的支撑条件相匹配，快速实现其市场价值，有利于形成技术开发与市场转化的良性循环。

在运营模式方面，一些侨资企业的创始人以往主要从事技术相关工作，缺乏市场运作、经营管理的能力，因而可能引发内部管理低效、与外部伙伴难以合作等问题。招募专业化管理者或者组成优势互补的团队来弥补这一短板，有利于集成国内外资源，加快产生创新成果。

五、促进侨资企业推动上海科技创新的对策

（一）优化鼓励新侨创业创新的政策

由侨资企业的创新模式可以发现，吸引新华侨华人和归国留学人员创业和鼓励企业创新这两项工作具有内在的关联，不可分割。因此，政府应当引导新

[①] Martin Kenney, Dan Breznitz, Michael Murphree. Coming back home after the sun rises: returnee entrepreneurs and growth of high tech industries[J]. Research Policy, 2013, 42: 391-407.

侨理性地识别创业机会,并提供良好的服务以鼓励侨资企业创新。部分侨资企业创业不成、创新乏力,一个重要原因就是创业领域选择与对市场需求的把握失当,导致先进的技术难以落地。

企业家精神包括机会识别能力、风险承担意识、组织能力等方面,科学家、工程师、企业高管并不必然具备企业家精神。实地调查发现,不是学历越高、国外职业背景越突出,就越可能创业成功并取得突出的创新成果,新侨虽然普遍具有良好的专业技能,但是其中仅有少数人适合创业。

因此,政府应注意避免政绩诱致的取向。侨务部门提供的是公共服务,不应当将吸引侨资的数量或者侨资企业的规模作为衡量其工作成绩的主要标准,而应回归公共服务的本质,以公共服务的质量作为主要评价标准。

(二) 创建优良的制度环境

政府提供的优惠政策并不能长期支持侨资企业的发展,侨资企业开展创新最需要的是稳定公平的制度环境。上海面临着政府管理从审批管理转向服务、人才观从政府评价到市场评价、价值观从重资产到重创新的转变,其中的核心任务是创建服务型政府。自由贸易区的建设已经为此提供了重要的契机,侨资企业普遍对自由贸易区的发展及其所带动的制度变革有较高的期望,期望借此带动上海经济发展制度的优化和公共服务的完善。

政府应注重提高孵化工作的质量。由于缺乏科学的项目评估机制,政府对入驻孵化器的侨资科技企业实行普惠式的资助,造成有限的资源分散、使用效率不高。今后,一方面应聚焦少数科技创新潜力较大的项目以提高侨资企业的创业存活率与创新价值,防止创业政绩化和创业欺诈行为的出现;另一方面可以推广上海自贸区的做法,尝试在更大的范围内开展"海外预孵化",针对有意向在上海创业的华侨华人,提供关于政策、知识产权、投资、创新导向等相关问题的服务,将鼓励侨资企业创新工作提前。

(三) 完善市场机制建设

开放、统一、公平、公正的市场机制是创业创新环境中最为重要的因素。与北京相比,上海在科技创新中心建设中的一个重要优势是长三角地区的市场环境较为成熟。上海应着力建设市场机制主导的科技创新中心,改善商务环境,到 2020 年要显著提高市场在配置创新资源方面的决定性作用。应加快建立市场化的科技项目评价体系,支持投资机构决策,加快新技术的产业化与扩散。目前,由于缺乏科学的产业化评价机制,在支持侨资企业创新方面存在以政府评价为主或者在企业初步取得成功之后才予以支持的现象,导致一些具有创新潜力的侨资企业成长缓慢或者转向国外市场。

(四)加强创新文化建设

侨资企业是上海缩短与发达国家技术差距、在科技创新方面形成国际影响力的新动力。为了鼓励侨资企业创新发展,需要以先进文化建立新时期的价值观和知识体系,将上海建设成为我国乃至全球的文化高地,以具有吸引力的文化来感召新华侨华人、集聚国内外人才,倡导以人为本,鼓励创业,强化法治精神和公平竞争,加快制度创新,增强侨资企业的创新动力与创新能力。

六、研究展望

本文在上海加快建设全球科技创新中心的战略框架下,初步探讨侨资企业在上海科技创新中的作用,辨析影响侨资企业创新的多种因素,进而提出相关对策,以期提高侨资企业对上海科技创新的推动作用。上海侨资企业的产业分布十分广泛,还包括一些传统产业、生产性服务业,因此,本文结论的适用性有限,仍有多方面的研究工作有待深入,特别是这些企业推动上海科技创新的具体效应,有待于在具体的产业情境中开展分析。

上海科技型创新型侨资企业发展研究

沈桂龙　张晓娣　莫兰琼　余海燕*

摘要：改革开放以来，侨资企业在我国经济发展中始终占据重要地位。上海在建设具有全球影响力的科技创新中心的过程中，应充分发挥侨资侨商在上海经济转型升级和科技创新中的重要作用，将侨资企业发展与国家战略、上海发展规划相衔接。本文深入研究改革开放以来全国侨资企业发展的新动态和新格局，并进一步分析上海科技型创新型侨资企业的发展现状与趋势，从高端装备制造、生物医药、节能环保、信息、金融和文化创意产业出发，具体分析上海侨资企业及其发展特征和上海科技型创新型侨资企业的现代特征，总结现阶段上海侨资企业发展过程中遇到的典型问题与挑战，剖析深层次原因，并针对性地提出相关政策建议，为侨资企业进一步助力上海经济发展提供参考。

关键词：侨资企业　创新　结构调整　转型升级

---

* 作者简介：沈桂龙，上海社会科学院世界中国学研究所所长，研究员；张晓娣，上海社会科学院经济研究所副研究员；莫兰琼，上海社会科学院经济研究所助理研究员；余海燕，上海社会科学院经济研究所博士生。

一、中国经济转型下侨资企业的新动态与新格局

（一）侨资主导外商对华投资，引领 FDI 逆势上扬

改革开放之初，侨商投资在我国 FDI（Foreign Direct Investment，外商直接投资）中以 70%—80% 的比例占据主要份额，随后呈下降趋势，这种下降一直持续到 2005 年；2006 年，侨商投资在我国 FDI 中的比重开始反弹，迅速上升，2011 年达到 66.6%（见图 2）。与此形成鲜明对比的是欧美日韩外商近年来在我国投资比例逐渐下降。1994—2013 年间侨资与外资在我国 FDI 占比变动的大分流见图 1。

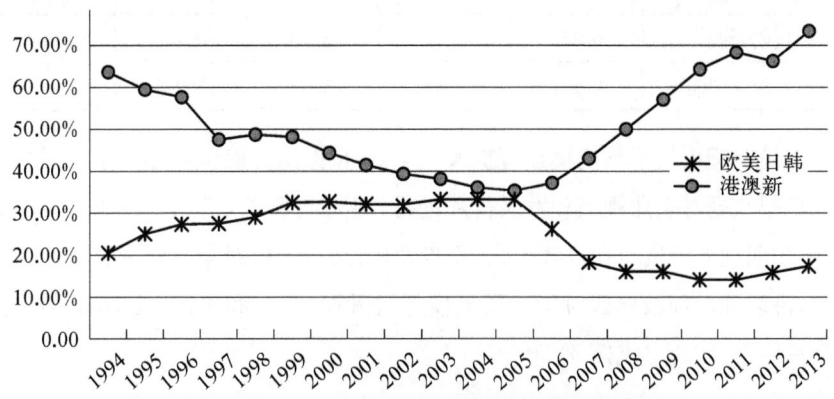

图 1　港澳新侨资与欧美日韩外商在中国 FDI 占比变动①

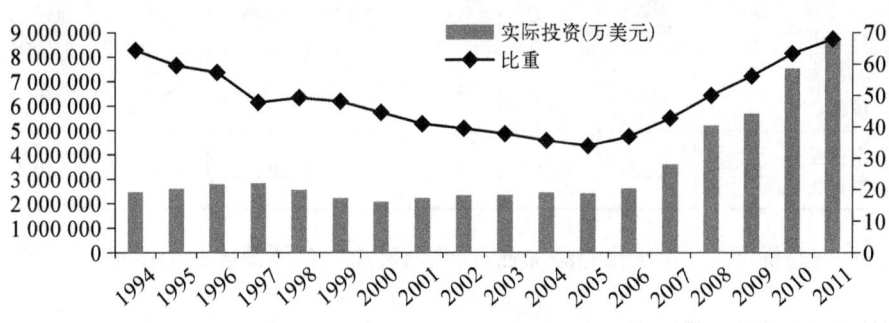

图 2　侨商投资额及其在中国 FDI 总额中的比重（1994—2011）②

---

① 资料来源于清华大学华商研究中心，原始数据来自国家统计局。
② 资料来源于清华大学华商研究中心，原始数据来自国家统计局。

(二) 侨资企业融入中国经济脉动，转型中突显后发优势

一是优质侨资企业综合能力稳定增长。根据 2000—2010 年国务院侨务办公室 3 届明星侨资企业申报数据进行计量分析（见表 1），优质侨资企业的经济创造能力从 0.115 上升至 0.155，科技创新能力从 0.135 上升到 0.171，环境资源保护能力从 0.213 上升到 0.261。

表 1　优质侨资企业的综合能力提升情况①

项目＼年份	2000—2002	2003—2005	增速（%）	2006—2008	增速（%）
经济创造能力	0.115	0.123	6.96	0.155	26.02
科技创新能力	0.135	0.142	5.19	0.171	20.42
环境资源保护能力	0.213	0.225	5.63	0.261	16.00

二是侨资项目平均规模显著扩大。首先，根据国务院侨务办公室明星侨资企业申报数据对企业规模和发展指数进行计算（见表 2），指数呈逐年稳定上升趋势，表明优质侨资企业规模扩大，稳步发展。其次，就对华投资项目平均水平而言，港澳和新加坡地区对华投资规模超过韩国、日本和美国，且 2006 年之后二者差距逐渐拉大（见图 3）。②

表 2　我国优质侨资企业规模指数与发展指数③

指数＼年份	2001	2002	2003	2004	2005	2006	2007	2008
企业规模指数	10.87	12.36	13.27	15.14	15.92	17.04	18.16	18.74
企业发展指数	36.98	38.27	40.00	43.51	38.30	39.62	47.01	39.10

三是侨资企业本土化趋势加强，面临新转型。改革开放三十多年，过去侨

---

① 张洵君：《中国经济转型下的侨资企业经营——国际竞争下走向新格局》，《现代经济信息》2014 年第9 期。
② 龙登高、张洵君：《海外华商在中国：2014 中国侨资企业发展报告》，中华工商联合出版社 2014 年版。
③ 张洵君：《中国经济转型下的侨资企业经营——国际竞争下走向新格局》，《现代经济信息》2014 年第9 期。

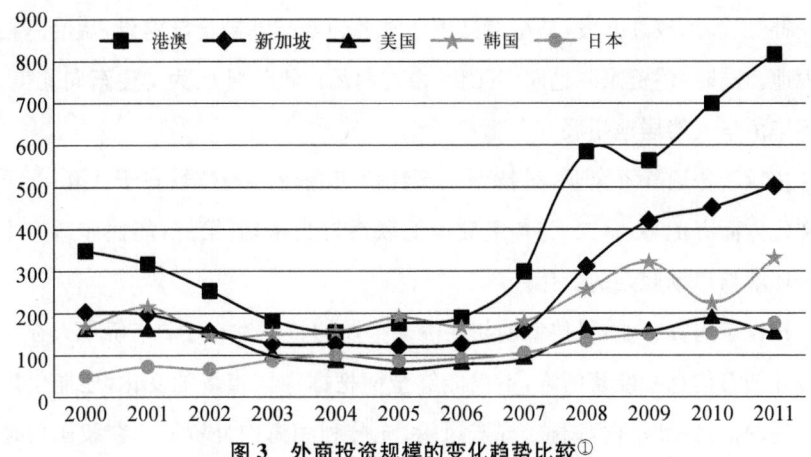

图3 外商投资规模的变化趋势比较①

资企业产品面向欧美市场,现在转向国内市场;过去高层管理人员来自海外空降,现在更多来自中国本土职业经理市场;过去资本来自海外侨商,现在主要从国内金融市场融资;过去技术基本依靠引进,现在主要依靠本土研发或在跨国流动中实现创新。种种转向表现了侨资企业在本土化方面的努力与成就,但也因此使得侨资企业的特殊性受到忽视,特别是2008年侨、外资企业国民待遇化之后。总体看来,侨资企业的产业链与产业集聚越来越具有国际竞争力,逐步进入研发、制造、销售同步发展与自我不断升级完善的成熟阶段,产业集聚也由劳动密集向资本、技术密集转变。②

二、上海科技型创新型侨资企业发展现状总体评价

(一) 科技型创新型侨资企业的界定

侨资企业是指在中国境内注册登记,独立经营或者同国内企业合作生产、合作经营的华侨或港澳同胞资本的公司、企业和其他经济组织。改革开放初期,海外华侨华人企业家率先到我国的东部和南部地区投资设厂,成为外商投资企业的先行者,为我国吸引外资发挥了积极的示范作用。他们从最初的"三

---

① 资料来源于清华大学华商研究中心,原始数据来自国家统计局。
② 龙登高:《侨情与侨资的深刻变化和重大发展》,http://blog.sina.com.cn/s/blog_7ac6838b0101azdv.html。

来一补"发展到成片开发,从小商品生产发展到参与基础设施建设,从沿海拓展到内地。同时,侨资来源趋向多元化,由之前的以港澳地区为主逐渐向北美、欧洲等华侨华人聚居地拓展。

相较于普通外资企业,科技型创新性侨资企业的特殊性在于:第一,语言与文化方面有优势;第二,与各级政府的联系较为密切;第三,能快速适应中国投资环境与市场规则的变化。

相较于内资企业,科技型创新性侨资企业的特殊性在于:华侨华人在中国和海外拥有信息和经营网络,不仅能够全面把握中国市场的变化,还能借助国际市场的信息及时进行调整,规避风险,充分利用海内外资源。在我国房地产市场快速发展的过去十年,侨资企业就充分把握住了发展机遇,紧紧抓住了房地产市场发展的黄金期。现今,侨资企业普遍寻找新能源、生物产业、先进医疗、智能装备等符合全球产业战略导向的新兴行业作为突破口,以获得风投等市场化资金和政府政策性补贴。

相较于普通侨资企业,科技型创新性侨资企业的特殊性在于:第一,投资主体以华侨华人新生代和回国留学生为主。绝大多数企业负责人具有海外工程类、技术类、基础科学类博士教育背景,企业核心竞争力主要依托创业者或负责人的专业技术能力。第二,新科技革命背景下,具有较高学历的归国留学人才,顺应我国新一轮创新热潮,致力于技术进步和科技创新。第三,科技型创新型侨资企业在战略性新兴产业中的布局具有领先性,属于抓住关键产业以及价值链中的关键环节。

但是总体看来,侨商侨资与其他类型企业,尤其是与其他外资企业在中国市场的发展差异与重大转变,迄今未被揭示,亦未引起有关部门的重视。小规模、低层次、比重与地位下降,凡此种种对于侨资企业的成见与政策制定的依据,已经不符合近年来侨资企业突出发展所形成的新格局与新趋势。过去的成见必须改变,政策取向必须随着新的形势适时调整,侨资企业应该受到高度重视。同时,侨资企业在 2008 年受到金融危机的强烈冲击,企业格局进一步变化,凡此都应该有前瞻性的把握与因应对策。①

---

① 龙大为、谭天星:《中国大陆侨资与外资发展比较研究——基于 2005—2008 数据分析》,《云南师范大学学报(哲学社会科学版)》2011 年第 4 期,第 84 - 90 页。

（二）上海经济结构调整要求侨资企业加快转型

从国家范围来看，目前制造业仍然是侨资企业的主导产业，但电子产业的侨资企业数量不断增加，房地产投资的规模也在扩大，服务业更是在侨资增量中日益突出。

探索自身发展模式转型的上海，正经历着产业结构和经济增长方式不断转变的过程。在上海外资企业中，侨资企业历来是特别重要的组成部分，数据显示，华侨华人和港澳同胞在沪投资企业数量占上海外资企业总数的50％之多。所以，侨资企业能否成功转型升级，关乎上海经济发展道路、产业发展模式能否成功转型升级。

其一，上海侨资企业中仍有很大一部分是传统产业模式的劳动密集型产业。上海市侨商会通过调研发现，上海各个行业均有侨资的身影，侨资企业涉足的领域既有航运、物流、商贸等现代服务业，也有电子信息、机械制造等现代制造业，还有轻纺、食品、玩具等传统制造业。从总体分布情况来看，从事传统劳动密集产业（如食品加工、服装纺织、建筑、房地产等）的侨资企业，仍占有较大比重。

其二，上海企业运营成本持续上升给侨资企业带来了开拓新利润空间的新挑战。与21世纪初相比，上海主要办公楼租金平均水平上涨超过50％，部分区域甚至超过100％；上海企业综合用地成本水平较临近区域、城市均有不同程度偏高。此外，人力成本不断攀升：2003年全市在岗职工平均工资水平约为2 700元，2013年上升到8 200元，年度同比增长率超过10％的年份在10年间达到8年。

其三，出口型侨资企业受到严重冲击。大部分上海侨资企业都不同程度地依赖出口贸易，具有明显的外向型企业特征，出口额占销售额很大比重。研究发现，由于受到金融危机的冲击，上海侨资企业订单量下降明显，有近两成的企业下降幅度超过20％，另有六成企业订单量有20％及以下不同幅度的减量。与此形成鲜明对比的是，电子商务、信息金融、互联网及物流相关的新技术侨资企业异军突起，进一步表明上海侨资企业加快自身转型升级的必要性和紧迫性。

（三）海归与科技侨商推动侨资与创业进入新高潮

与福建、广东等地的传统移民类侨商资源不同，上海的侨商资源优势集中在众多留学归国创业人员和有海外背景的创新人才。目前，专业人才与留学生回国进入一个新高潮，上海和北京等一线城市成为新型创新人才创业的首选。在我国大众创新、万众创业的号召下，他们顺应新的发展要求，致力于在各行各业取得前瞻性创新成果。

（四）战略性新兴产业中侨资企业作用突出

上海市政府现阶段大力培育的六大战略性新兴产业，几乎在各细分领域都有侨资企业的身影，尤其是在太阳能、生物医药、节能环保、精细化工、先进显示与照明等领域。上海市侨办多年来一直致力于协助引进在新兴产业方面掌握核心技术的海外领军人才，引导侨商侨企加大科技研发投入，充分发挥其在推动产业升级、结构调整、自主创新等方面的作用。

（五）上海资本市场发育给予科技型侨企更多融资渠道

随着上海国际金融中心建设步伐加快，资本市场进一步发展和完善，加之侨商以自身优势对接国际资本市场，既推动了侨资传统企业的技术升级，又促进了新型科技型侨资企业的资本形成。

近年来迅速崛起的场外资本市场为中小型科技创新企业的融资提供了新的渠道，而侨资企业为中小板和创业板贡献了众多优质上市公司资源。如上海入选国务院侨务办公室"重点华侨华人创业团队"中的深迪半导体（上海）有限公司、中晟光电设备（上海）股份有限公司、上海辰光医疗科技股份有限公司、上海东方延华节能技术服务股份有限公司等，自"新三板"上市至今，获得了资本市场的高度青睐，这些都是在上海经济转型、产业升级中有代表性的新型侨资科技企业。

此外，在美国纳斯达克、港交所等资本市场上，侨商也具有自身的优势。

三、上海科技型创新型侨资企业的分行业分析

（一）高端装备制造业中的侨资企业及其特征

目前，上海将装备制造业四大领域——高端能源装备、先进交通装备、智能制造装备、重大成套装备作为重点突破对象，全力以赴打造中国装备制造业新高地。在此背景下，该行业的侨资企业发展呈现如下特征。

第一，侨资企业主要将新能源、生物产业、先进医疗、智能装备等新兴行业作为突破口，这些行业不仅市场化资金活跃，而且符合政府产业战略导向，易于获得政策性补贴。

第二，企业核心竞争力主要依托创业者或负责人的专业技术能力，70％以上的企业负责人具有海外工程类、技术类、基础科学类博士教育背景。

第三，上海政府始终把战略性新兴产业中的侨资企业作为重点扶持对象，支持海外人才回国创业，引进国外先进科技与核心技术。

（二）生物医药业中的侨资企业及其特征

目前，上海生物医药产业发展已经具备一定的基础条件，正面临下一个跨越式发展的新阶段，挑战与机遇并存。无论是国外市场，还是国内市场，都在抢抓医药产业发展新的浪潮。侨资企业在上海生物医药产业发展过程中，起到了集聚资源、突出重点、发挥优势、走高端和国际化发展之路的助推作用（见表3）。

表3　国侨办重点华人华侨创业创新团队中的上海生物医药行业[①]

公　司　名　称	团　　队	创办时间
明博医药技术开发（上海）有限公司	马明团队	2007 年
马明毕业于日本国立东京医齿科大学，现为上海预防医学会微生态专业委员会委员、国务院特聘专家，首批"千人计划"专家、"浦江人才计划"专家，首届华侨华人"杰出创业奖"获得者。公司致力于乳酸菌及其相关产品研究、应用和销售。		

---

① 张洵君、龙登高：《侨商科技产业与战略性新兴产业的发展》，国务院侨办，2016 年。

公 司 名 称	团　队	创办时间
汇智赢华医疗科技 研发(上海)有限公司	胡铁锋团队	2008 年

胡铁锋 1987 年赴美国耶鲁大学攻读硕士研究生,毕业后分别在耶鲁大学医学院、新泽西洲肿瘤中心从事医学研究。1996 年进入医疗科技企业,先后在美国硅谷的佳腾(Guidant)公司和强生(Cordis)公司领导新产品研发与商品化的技术和管理工作。公司是国内首创也是目前为止唯一的符合国际 GLP 标准和 AAALAC 运作标准的医疗器械专业临床前研发实验平台。

上海生物医药产业中的侨资企业具有如下发展特点。

一是留学归国人员创立的企业是医药医疗产业技术创新的主体。据粗略估计,上海从事生物工程、医药制造、医疗服务等行业的华侨华人专业人才约占总数的 22%,其中大多是具有海外著名高校博士学历的顶尖技术人才,涉及的研究领域包括肿瘤诊断康复、心血管疾病治疗、基因技术、艾滋病诊疗、血液病、微组织及微创医疗等。

二是侨资生物医药企业的创办出现明显的随时间递增趋势。1993—2001 年间创办的企业占所有侨资生物医药企业总量的 2% 左右,2002—2005 年占比 4%,2007 年突然增长到 14%,2008 年占比为 26%,之后一直处于较高比例。这与上海政府对生物医药行业的扶持奖励以及海外侨资为规避金融风险而转向高附加值实体产业均有密切关联。

三是拥有细分领域的高资质领军型明星企业。如药物洗脱支架制造领域的微创医疗科学(上海)有限公司、生物技术及医疗器械研发服务领域的药明康德新药开发有限公司、生物制药领域的上海通用药业股份有限公司等。这些企业的绝大多数高管成员拥有海外名校学术背景和资深行业经验,通过与跨国公司的分工合作,已经融入全球价值链的核心环节。

(三) 节能环保业中的侨资企业及其特征

随着上海愈加重视生态文明并以最终建成全球文明城市为目标,排水和固废处理设施建设、土壤修复及危废处置等领域逐渐吸引侨资关注,投资开始流向能源、资源、环保、工业园等重大领域,节能环保领域涌现一批留学归国人员创办的新华商企业。上海节能环保类侨资企业的特征可以概括为以下几个方面。

第一,企业创业者多具备国外相关专业博士学位以及工作经验,积累了高超的专业技术和丰富的管理经验;创业者本人也是企业核心技术人员,依靠自身的主要专利发明与设计形成企业主要竞争实力及软性资产。

第二,配合国家及上海重点环境或能源政策,精准引进国外的先进生产和管理技术,直接应用于城市的民生用水、污水废物处理、城网改造等项目。

第三,依托绿色环保产业园走集群化发展道路。节能环保项目在研发和执行方面的投入都相对较大、回收周期长,有时会超过单个侨商企业的资金承受能力。今年,上海开创性实施了针对绿色产业园区创建的节能减排投融资新模式——由经信委牵头与上海银行等 10 家银行签订《上海市"节能减排收益权"质押 500 亿绿色融资合作备忘录》,在"十三五"期间以"节能减排收益权"模式提供 500 亿元人民币融资额度,吸引不少侨资企业积极参与产业园区光伏发电工程、LED 绿色照明工程、立体绿化工程、绿色建筑示范工程等项目的建设。

(四) 信息产业中的侨资企业及其特征

信息产业的发展需要先进有效的创新激励机制、人才培养机制、技术研发机制,需要特别重视基础研究、技术研发和创新,需要发达的金融资本市场为产业发展提供强大的资金支持。因此,新侨资企业以其独特的专业技术优势、国内外互补资源,有能力发挥行业的引领作用。

2009—2013 年国侨办评选的三批次"华侨华人重点创业团队"中,共有 20 个团队涉足信息产业,占总数的 15.4%。其中,第一批 7 个(7/30)、第二批 6 个(6/50)、第三批 7 个(7/50),其中不乏上海优秀企业(见表 4)。

表4　华侨华人重点创业团队中的上海信息企业

公 司 名 称	团　　队	行　　业	创办时间
爱斯泰克(上海)高频通讯技术有限公司	黄风义团队	半导体	2001 年
卓胜微电子(上海)有限公司	许志翰团队	光通讯设备	2006 年

公　司　名　称	团　队	行　业	创办时间
深迪半导体(上海)有限公司	邹波团队	芯片	2008 年
上海捷锐通电子科技有限公司	杨磊团队	无线通信设备	2003 年

随着"互联网＋"的迅速发展,上海信息类侨资企业发展显现出新的趋势和特征。

一是互联网信息技术产业已成为吸引留学人员归国创业的巨大磁石。截至 2013 年底,上海全市 4 300 余家留学生创业企业中,约 60％集中在信息传输、计算机服务和软件业,涌现出以展讯通信、微创医疗器械、赞南科技、展唐通讯、翰新电子、圣太科技等为代表的优秀海外留学人员创业企业。

二是与其他产业的融合不断深入,形成"智能产业",如智能交通、智能物流、智能安防、智能电网、智能建筑、智能家居等,推动传统服务业在信息化的基础上实现智能化。尤其是电子商务领域,吸引了大量的 VC(Venture Capital,风险投资)资本(见表 5)。

表 5　电子商务行业中的上海侨资/海归创业企业

侨资企业	投资方	融资方式	行　业	首次融资金额
梦芭莎	金沙江领投	风险投资	服装 B2C	2 000 万美元
麦考林	N/A	首次公开募股	服装 B2C	1.17 亿美元

(五) 金融业中的侨资企业及其特征

1. 侨资银行总部纷纷抢滩上海

随着中国金融服务业的进一步扩大开放与自由化,侨资银行进入快速发展时期。其中,大部分侨资银行将总部选在上海(见表 6)。

表6 侨资银行情况[1]

侨资银行名称	侨资来源	中国总部	中国大陆规模	资产/注册资本	最早进入中国内地的时间与地点
东亚银行(中国)有限公司	香港	上海	25家分行,92家支行,35个城市118个网点	893亿美元	1920年上海
华侨银行(中国)有限公司	新加坡	上海	16家分支机构,800名员工	35亿人民币	1925年厦门
大华银行(中国)有限公司	新加坡	上海	9家分行,3家支行	39亿人民币	1984年北京
永亨银行(中国)有限公司	香港	深圳	5家分行,包括上海分行	1 973亿人民币	1937年广州
首都银行(中国)有限公司	菲律宾	南京	5家分行,包括上海分行与浦东支行	13亿人民币	1992年上海
曼谷银行(中国)有限公司	泰国	上海	5家分行		1986年北京
正信银行有限公司	泰国	上海			1992年上海
华一银行	台湾	上海	上海浦东发展银行持股30%	11亿人民币	N/A

2. 保险业成为侨资金融新业态的首选

近几年,侨资企业母公司开始大规模参与中国保险业。典型案例便是泰国正大集团收购中国平安保险(集团)股份有限公司15.57%的股权,从而成为平安保险的第一大股东。

正大集团成为中国平安保险的第一大股东,意味着侨资背景企业进入中国大型金融控股集团,具有保险、银行、证券、信托、基金、期货、资产管理、融资租赁等一系列金融牌照,成为参与中国金融业的典型侨资企业。

3. 资产管理与投资基金成为侨资投入的新领地

侨资基金管理公司的优势在于:一方面,可加快与港澳台乃至亚太其他市场的资本对接,实现投资产品跨境、跨市场发展;另一方面,可通过创新产品设

---

[1] 龙登高、张建青:《中国侨资企业发展年度报告2010—2013》,国务院侨办,2014年。

计,真正实现从基金公司到现代资产管理机构的转型。

4. 侨资企业在互联网金融领域崭露头角

在第三方支付行业中,快钱(99bill)、易宝支付(Yeepay)、财付通、百付宝、网易宝、壹钱包等都属于侨资企业范畴。其中,快钱支付清算信息有限公司不仅是上海侨资企业,而且是央行发布的首批支付牌照获得企业。在P2P行业中,上海陆家嘴国际金融资产交易市场股份有限公司(陆金所)是中国最大的网络投融资平台之一,也是上海唯一一家通过国务院交易场所清理整顿的金融资产交易信息服务平台。点融网曾经获得国内互联网金融领域内最大的单笔融资,也是国外大型商业银行首次直接战略投资国内的互联网金融企业,并在香港和新加坡设分支,成为首个进行海外扩张的P2P企业。

5. 海归与华侨领导国际私募的中国业务

国际私募投资基金为了更准确地了解市场和提供服务,一般都会将管理团队本土化;同时,由于完全从中国本土起家的成熟人才稀少,因此,中国风险投资机构高级管理人才大多是"海归派"。红杉资本、本恩资本、软银资本、赛伯乐创投等众多知名风险投资机构的明星级高级管理人才,包括李开复、汪潮涌、徐小平、胡祖六、邓锋等,都是海归、华侨华人或具有丰富海外背景的人员,活跃于国内金融业,并成为行业领袖。

(六)文化创意产业中的侨资企业及其特征

文化创意产业是中国文化软实力建设的重要组成部分,侨资企业不仅对文创产业进行商业性产业开发,还利用文创产业的特殊性,积极投身于公益性的文化传承、文化传播和文化输出事业。

1. 港资率先进入上海影视文化产业

其一,电影制作是港资的首选。与内地协同出品"合拍片"已经成为香港电影产业主流发展趋势,占每年香港电影总产出的70%以上。其二,综合性娱乐经纪公司成为港资影视产业发展的方向。其三,港资积极展开对院线的控制与争夺。港资不仅在影视剧制作、艺人经纪等方面拓展大陆市场,更积极参与对院线的建设控制。

2. 侨资积极拓展 CG 产业新领域

中国 CG(Computer Graphics)行业近几年发展迅速,备受瞩目,目前已经形成一个以技术为基础的视觉艺术创意产业。该产业成为侨资企业投资的新领域。

四、当代上海科技型创新型侨资企业的特征分析

(一)留学人员创业是侨资创业创新的主要载体

同前期大多数留学人员归国后从事科研、教学工作相比,最近几年回归上海、北京等一线城市的留学生呈现出一个新特点——执衷创业。海外留学归国人员创办的企业绝大多数属于高新技术产业,从规模上讲又是典型的中小企业,其特点包括:核心人员带着技术、成果和资金回国创业,掌握国外先进技术乃至最新发明;及时迅速地将国外新技术、新信息引进来,有利于产品和生产线的更新换代;与国外市场联系广泛,不仅拥有外国客户,还可以在国外资本市场获得融资;在企业管理方面引入西方方法与理念,为企业注入生机和活力,提高竞争能力。

1. 留学人员创业园模式快速成长

据《中国留学人员创业年鉴》统计,截至 2014 年底,我国共建立留学生创业园 182 家,其中上海 11 家、北京 28 家、江苏 36 家、浙江 26 家,数量位居前列,远远超过其他省市。

2004 年 12 月,国家人事部和上海市人民政府共同建设的"中国上海留学人员创业园"成立。目前,上海已拥有张江、嘉定、漕河泾、虹桥临空、松江、宝山、莘闵、徐汇科技创业孵化基地和杨浦知识创新区等 10 余家留学生创业园,其中张江和嘉定创业园被人事部、教育部、科技部评为国家级留学人员示范园区。现阶段,在上海工作、创业和服务的留学人员约占全国的 1/3,其中 90% 以上获

得硕士及以上学位;上海两院院士中超过一半是海外留学人才,26名担任国家973项目首席科学家的教授全部曾留学海外;留学人员申办的企业共有3 000余家,总投资额近5亿美元。除了创业园区,上海自1997年起专门设立引进海外高层次人才专项资金,至今已经有6期、共488名高层次留学人员获得资助,资助总额达1 582万元。[①]

上海的留学生创业园区已经形成了特有的服务模式,归纳起来包括四个方面。

一是从单一孵化功能转向构建接力式创新创业服务链。向在孵企业提供包括入驻、创业、毕业三个阶段的系统化服务,形成了由16大模块组成的双创服务体系;建成技术交易中心、孵化管理中心、战略服务中心、风险投资中心、创新文化中心等"五个中心",搭建立体化平台,拓展双创服务功能。

二是从服务直接供给者转向服务集成供给者。树立合作多赢的理念,建立开放型平台,沟通全方位联系渠道,构建科学筛选机制,集聚社会化、专业化资源,为科技成果转化和科技企业成长提供集成型、针对性的服务。

三是从应对式管理转向规范化管理。大多数创业中心重视服务和管理的科学化水平,将孵化培育过程纳入国际质量管理体系。例如漕河泾创业园建立了《漕河泾开发区"双创"指标体系》,保证管理的标准化和精细化,使整个服务和管理过程及质量处于可控状态。

四是从核心资源集聚转向服务品牌扩散。在立足孵化基地的基础上,走出创业中心,在三个层面上推进双创服务品牌扩散。第一个层面是面向整个开发区的科技企业;第二个层面是辐射全市科技企业,并向外省市扩散;第三个层面是加大国际合作力度,引入现代化的服务手段,孵化和服务国内外科技型企业。

2. 归国创业领军人物和企业不断涌现

留学归国人员属于典型的"三高群体"——高学历、高智力、高能力,他们具有国内创业者无法比拟的信息优势和技术优势,把握好市场机会后,很快就能

---

① 季明:《人事部与上海政府共建中国上海留学人员创业园》,《中国人事报》2005年1月7日。

成为行业的引领者。

一是归国创业领军人物。2012年,中国技术创业协会留学人员创业园联盟、中国高新技术开发区协会创业中心专委会、中国留学人员科技交流会办公室联合评选的"中国留学人员创业园十大创业领军人物"中,来自上海漕河泾留学人员创业园的曹刚入选,其创办企业为展唐通讯科技(上海)有限公司。

二是重点华侨华人创业团队。国务院侨务办公室于2009年开始在全国范围内实施一项高规格、高水平、高档次的侨务工作专题品牌活动——"重点华侨华人创业团队"。这一活动已连续开展了3届,共遴选出130个重点华侨华人创业团队进行支持。综合3批次行业分布,医药行业所占比例为39%,电子行业18%,环保生物行业11%,材料行业10%,通信与互联网行业15%,机械汽车行业7%。

三是百家最具潜力归国创业企业。2012年,中国技术创业协会留学人员创业园联盟、中国高新技术开发区协会创业中心专委会、中国留学人员科技交流会办公室联合启动了"中国留学人员创业园百家最具潜力创业企业"评选活动。从结果来看,北京留学生创业成就在全国遥遥领先,总共18家企业入选;其次是广东,共有8家企业入选;上海仅有2家企业入选,均来自漕河泾留学人员创业园,分别是宝莲华新能源技术(上海)有限公司和上海创库信息科技有限公司。

(二) 创新已成为驱动侨资企业发展的主要动力

1. 全球华人创新网络促进归国创业

以硅谷为缩影,华人技术移民在海外的成长和全球化,推动着全球华人创新网络的产生和发展。1990—2008年间,美国硅谷新建的高科技企业中20%是由华人创办的。另外,从20世纪60年代起,华人科技工作者以各种方式成立了许多协会,形成了大大小小的科技交流与创新的网络,甚至有些协会就是以促进中美两国间的科技交流与合作为主旨的。这些协会已经成为全球华人创新网络的一种载体。[1]

---

[1] 康荣平:《全球华人创新网络的发展及作用》,《侨务工作研究》2004年第3期。

2. 侨资商业模式创新

（1）股权基金促进商业模式创新

现阶段，上海出现不少海外华人创业家发起或联合组建的风险投资机构，利用其"人才＋资本"的优势，支持本地企业创业发展。

"海归精英＋创投"的优势根植于上海——中国最具经济活力、发展最为迅猛、最具独特优势的区域。该模式符合政府"大众创业、万众创新"的发展战略，得到政府的大力支持。华人创投机构将海外创业成功经验与国际著名风险创业资本引入上海，为上海本地的创业者带来优秀的海归创投专家、投资管理团队以及丰富的国际私募股权投资基金管理经验。

（2）"互联网＋"驱动的颠覆式创新模式

随着"互联网＋"的不断普及，一切存在于传统观念中的经营模式和商业理念都遭到了根本性的挑战，甚至是颠覆式的革命。越来越多的海归创业者加入"互联网＋"行业队伍，创造了一个又一个创业神话，创新运营模式，颠覆传统规则，整合产业价值链，建立资源互补战略联盟。

五、上海科技型创新型侨资企业发展的问题与瓶颈分析

（一）侨资企业性质划分不清，管理具有局限性

从上海市级到各区县，政府管理与统计部门对侨资企业服务和管理的针对性不强，未形成侨资企业资格认定、跟踪管理、后续服务机制。

侨商属于特殊群体，其来源和结构在进入新世纪以后发生了明显的变化。老一辈侨商投资除了经济利益驱动外，更多是基于地缘、血缘等人文因素；华裔新生代和海外留学人员的教育背景、成长经历与老一辈华侨不同，乡土观念较轻，投资兴业更加务实，哪里适合他们发展就到哪里投资。因此，侨资企业与纯外资企业的资本属性不同，将侨资简单等同于外资，不仅无法鼓励侨资"回归"，培育新生代侨商侨乡情感，也不利于融合海内外力量。[①]

---

① 李鸿阶、林心淦、张元钊：《进一步改善福建侨资企业发展环境的建议》，《福建论坛（人文社会科学版）》2015 年第 11 期，第 162－165 页。

（二）企业资金短缺和融资渠道不畅通

即便是在国家及上海政府的相关扶持以及风投公司的资金帮助下，资金问题仍是制约侨资创新企业的最大瓶颈。

一是融资难。华侨华人创新创业领军人才大多是携带自己已经获得的专利和技术含量较高的项目归国创业，无形资产比重大，科技附加值高。相较之下，企业规模普遍较小，固定资产比例不高，缺乏质押品，面临和国内众多中小企业一样的融资资格问题，难以获得信贷资金。

二是资金成本高。如银行延长转贷放款时间，贷款附加要求企业存款额度，甚至不兑现转贷承诺，增加了侨资企业资金成本。银行结汇管理复杂，增加了侨资企业的汇率损失。侨资中小企业对大企业、强势企业的回款周期长，又要求以现金支付货款，直接增加了资金成本。[①]

（三）要素资源竞争加剧

资源要素趋紧已经是近几年我国经济发展不可避免的问题，同样也是侨资企业发展的制约因素之一。首先是土地问题。房地产市场的高速发展与我国土地资源有限成为不可调和的矛盾。目前，政府普遍实行严格的土地政策，在一定程度上制约了企业的扩大生产。其次是劳动力问题，一方面是"用工难"，员工流动性大；另一方面是用工成本高，加重企业运营成本。再次是人才问题，科技型企业创新周期长，创新成果难以保障，从而难以留住高端人才。

（四）专利保护不力

华侨华人领军人才创办的企业大多是高科技企业，与一般性传统企业相比，具有高知识性、高创新性、高成长性、高投入性、高风险性、高收益性等特点，受创业环境、政策扶持力度、市场培育等不确定性因素影响较大，给创业者带来的压力也比较大。

---

① 李鸿阶、林心淦、张元钊：《进一步改善福建侨资企业发展环境的建议》，《福建论坛（人文社会科学版）》2015 年第 11 期，第 162－165 页。

此外,侨资企业承受的知识产权保护压力也很大。科技企业的核心竞争力之一就是它的研发成果和核心技术,但却因专利保护不力,不得不经常面临知识产权被侵犯所带来的风险。

(五)优质侨资企业成长的生态环境亟待提高

目前,侨资企业成长的生态环境存在诸多有待改进之处。一是生活性服务配套不丰富。主要体现为园区远离市区、基础设施配套不完善、生活配套不足等,导致员工流动性大。二是生产性服务配套不完善。主要体现为缺乏长远规划、忽视产业链的配套、园区产业不够专业化和特色化、中介服务机构普遍较少等。三是竞争环境不够公平。主要体现为央企和国企的特殊性、市场偷税漏税的现象严重等。

(六)政府的招商和管理思路较为滞后

华侨华人创新创业者大多是智力型和专业型人才,且在国外生活工作多年,对国内科技水平、市场需求、创新创业模式、市场运作方式、相关政策法规,尤其是如何与政府各部门打交道和沟通等方面的情况并不熟悉,仍习惯于西方式思维与经营策略,需要相当长的适应和转型期。如果政府服务不到位,那么华侨华人在创新创业过程中难免要走许多弯路。

总的来说,政府在招商和管理思路上的滞后主要表现在三个方面。一是注重招商引资,但是忽视后期跟踪服务与指导,不能及时发现问题,解决问题。二是招商工作存在局限性。如地方政府招商引资及服务尚未制度化、规范化,更多是"关系招商";招商引资工作不具持续性,缺乏科学引导与决策,不能长远发展;产业配套功能较差,无法形成完整的产业链,难以可持续性发展,等等。三是司法部门对涉侨经济纠纷案件重视程度不够,一定程度上存在申诉难、执行难的问题。在处理涉侨纠纷过程中,个别地方政府存在地方保护主义思想,导致案件处理周期较长、进度较慢、难度较大。

(七)涉侨部门服务水平存在提升空间

1. 工作机制

其一,部门职能交叉,职权划分不明确。为侨资企业提供服务的工作涉及多个部门,由于部门间存在职能交叉、责任不明、各自为政、相互掣肘的情况,不仅没能形成服务合力,反而导致相互推诿、不作为等问题,造成企业多头受困。其二,涉侨部门边缘化,服务能力较弱。负责涉侨事务的部门如侨办等缺乏行政执行权力,属于弱势部门,在为侨服务方面往往被认为是以接待、联络服务为主,实际成果甚微,有被边缘化趋势。

2. 政策服务

其一,政策配套性不强。主要体现在招商引资政策上,重"引进",轻落实,在某些服务细节上不够到位,政策所体现的服务效能不强。其二,政策操作性不强。部分侨资政策不具体、不明确,导致侨资企业不了解侨资活动的办事流程,遇事不知找哪个部门解决,相关部门在执行政策过程中也难以具体操作。

六、深化侨资企业创新发展的政策建议

(一) 科学认定侨资企业的性质与政策地位

改变将"侨资"等同于"外资"的认定方式。根据侨资侨商的特殊身份,对侨资企业的信息进行修改,以区别于纯粹的外资,比照内资企业使侨资企业享受优惠待遇。加大对侨资企业的扶持力度,方便对侨资企业进行管理。

(二) 为侨资企业提供多种融资渠道

第一,搭建专门的侨资融资平台,服务侨资企业,并帮助侨资企业进行融资筛选;第二,提供专门的融资人才或者中介机构,对侨资企业进行辅导,根据不同的发展阶段,为企业制订不同的融资模式,选择不同的融资伙伴;第三,定向发布相关融资信息,为资金需求方和供给方提供联系渠道,定期关注企业的运营状况,解决企业资金需求;第四,创造条件引导投资者的投资偏好,更多关注科技型创新型侨资企业,解决创业者的后顾之忧;第五,加大对融资双方的监管,促进市场的公平公正公开。

（三）帮助侨资企业破解资源制约发展因素

成本制约方面，设立侨资企业转型升级专项资金或融资补贴政策；通过租金补贴等方式降低创业型侨资企业办公和营业成本；设立"三来一补"企业转型办事一站式窗口。

劳动制约方面，完善落实吸引高端人才政策，加强技工院校建设，推进企业员工劳动技能培训；严格筛选招商项目，合理利用土地，引导产业集约发展；加大旧厂房改造力度，清理整顿企业用地，提高土地使用率、集约率和产出率。

（四）加强侨资企业投资高新技术产业的产权保障力度

海外归国创业人员，多数具有较高的专业技能或携带一定的知识产权，其面临的首要问题就是无形资产的保护。对知识产权或科技成果的保护力度强弱直接关系到他们创新创业的成功与否。因此，为了解决华侨华人回国创业的后顾之忧，相关部门应成立一个专门性的知识产权综合服务和保障中心，为侨资企业提供全方位的产权保护。上海应积极抓住国家知识产权投融资服务试点的契机，建设专门性针对性的服务中心，创新知识产权保护制度，完善产权保护机制。

（五）为侨资企业建设良好的创新生态系统环境

首先，推动现有园区转型升级。按照生产功能化、服务便利性和外部经济性要求，坚持高起点、高效能、生态型发展，完善园区整体规划、功能分区和产业规划，实现园区服务功能转型升级，促进新型城镇化发展。其次，实施融合升级工程。推动侨资企业与民营企业、央企、国企互动发展。再次，优化企业营商环境。最后，完善营销公共平台。设立全市统一的线上招商平台，公布招商政策，集中展示招商项目；在全国各省市或境外设立上海产品展示交易中心，并鼓励侨资企业积极参与。

（六）推动政府管理思路从"引资"向"引智"转变

其一，从"招商引资"转向"招商引智"，更加注重对海外高端人才的引进工作,为海外人才回国搭建平台,吸引高层次华侨人才积极回国创新创业。其二,吸引华侨华人年青一代的实业家、专业人才,切实发挥侨青的创业优势,并为年青一代的侨商解决户口等问题。

(七) 进一步发挥政府和涉侨组织的服务与引导作用

第一,转变政府对侨资侨企的招商引资模式和服务方式。具体包括:创新招商引资模式;有效规范政府服务;强化企业政策辅导;做好跟踪服务工作。

第二,充分发挥涉侨组织的各类服务引导功能。主要包括:建立涉侨职能部门工作协调机制,切实提高对侨资重要性的认识。发挥侨资社会组织的团结作用。发挥涉侨组织的桥梁作用。涉侨组织一方面要在侨资企业和个体之间搭建桥梁,另一方面还要架好另外两座桥,一座是国内与海外沟通之侨,一座是上海区域经济发展所需和侨界群众所能联姻之桥。发挥侨资源激活作用。发挥侨企权益的维护作用。

上海市部分高校海外校友会侨务资源现状及对策研究

上海市人民政府侨务办公室课题组*

....

摘要：随着我国和平发展进程的加快,我国同世界的关系日益紧密,华侨华人的地位和作用进一步凸显。侨务资源的涵养与利用已经成为我国加强对外交流交往的重要考量,对于我国全面推进创新型国家建设、维护与拓展国家利益、塑造与提升国际形象、加强对外交流交往等都具有特殊意义。海外校友会被认为是一种新型的华侨华人社团组织。上海地区的高校大多已建立一定数量的海外校友会,海外校友规模大、层次高,蕴含着极为丰富的侨务资源。本研究以沪上 13 所高校为对象,对其海外校友会及校友情况进行调研分析,探寻实现海外新侨工作创新的总体思路及路径选择。

关键词：海外校友　侨务　人才　华侨华人

随着我国和平发展进程的加快,我国同世界的关系日益紧密,华侨华人的地位和作用进一步凸显。侨务资源的涵养与利用已经成为我国加强对外交流交往的重要考量,对于我国全面推进创新型国家建设、维护与拓展国家利益、塑造与提升国际形象、加强对外交流交往等都具有特殊意义。作为全国的重点侨

---

* 课题组成员：蔡建国、余晓芳、金勤明、翟靖、高子平、吴嘉华；执笔人：高子平、翟靖。

乡之一,上海拥有丰富的华侨华人"资源宝库";根据中央对上海提出的当好全国改革开放的排头兵和创新发展的先行者,为打造中国经济升级版作贡献的要求,上海正加快建设"四个中心"和全球科技创新中心,需要进一步汇聚、涵养和优化侨务资源。因此,我们应充分发挥侨务资源、尤其是新侨资源的各种潜能,实现侨务资源的可持续发展。

海外校友会是指国内院校校友以其国内毕业院校为纽带在境外成立的社团,被认为是一种新型的华侨华人社团组织。上海地区的高校大多已建立一定数量的海外校友会,海外校友规模大、层次高,蕴含着极为丰富的侨务资源。本研究以沪上 13 所高校(复旦大学、上海交通大学、上海交通大学医学院、同济大学、华东师范大学、华东理工大学、上海外国语大学、东华大学、上海财经大学、上海大学、上海中医药大学、上海师范大学、上海音乐学院)为对象,对其海外校友会及校友情况进行调研分析,探寻实现海外新侨工作创新的总体思路及路径选择。

一、海外校友会的发展现状

(一) 发展态势

海外校友会是以学缘为基础形成的团体,复旦大学、上海交通大学等早在上世纪初便已成立了一些海外校友组织,保持母校与海外校友之间的交流与联络,从而在救国救民、民族解放过程中扮演了重要的角色。1923 年 4 月,复旦校友在美国成立"美洲复旦同学会",推选在"五四"运动中担任上海学生联合会会长的何葆仁校友为同学会会长,这是复旦校友在海外建立的第一个同学会。改革开放后,留学浪潮催生了大批海外华人校友会。上海社会科学院信息所(海外人才信息研究中心)2015 年掌握的信息显示,在中国传统留学目的地,日本的海外华人校友会有 400 个左右,西欧地区的海外华人校友会超过 1 000 个;而在近年来中国留学生热衷的美国、加拿大、澳大利亚和新西兰地区,海外华人校友会的数量更是多达 1 800 个。在这些地区,中国海外校友会无论是会员人数还是团体规模均十分可观。上海作为重点高校众多、国际教育合作程度高的特大型中心城市,市内高校海外校友规模大,普遍重视校友工作,因此,海外校友工作起步较早,基础较扎实,成效较显著。总体来看,上海市高校的海外校友会发展呈现以下态势。

第一，各主要高校越来越重视海外校友会的筹建与运作。随着我国高等教育事业的发展和大学办学自主权的扩大，国内高校日益重视校友工作，包括海外校友工作。有些高校专门设立了负责海外校友会工作的社会团体及网站，如复旦大学等；有些高校校友会独立建制，由校主要领导担任校友会主要负责人，如上海交通大学、华东理工大学、上海外国语大学等；有些高校将校友会工作置于校长办公室之下，如上海音乐学院、上海大学等。尽管归口管理的模式不同，但总体来看，各高校开始认识到海外校友会工作的重要性，纷纷着手开展海外校友会工作，通过梳理海外校友的分布与结构等，为海外校友组织的建立和建设提供各种支持与资助。

第二，海外校友分会的数量越来越多。如图 1 所示，复旦大学如今的校友会数量已经达到 84 个，其中海外和港澳台校友会 26 个，是目前上海市拥有海外校友分会最多的高校，形成了一个庞大的复旦校友会网络。上海交通大学的海外校友会数量达 23 个，仅在美国就拥有 16 个海外校友（分）会，即上海交通大学奥斯汀校友会、上海交通大学硅谷校友会、美洲校友会得克萨斯分会、美洲校友会匹兹堡分会、美洲校友会纽英伦分会、美洲校友会佛罗里达分会、美洲校友会中西部分会、美洲校友会纽约分会、美洲校友会波士顿分会、美洲校友会南加州分会、美洲校友会北加州分会、美洲校友会密西根分会、美洲校友会休斯顿分会、美洲校友会华盛顿分会、美洲校友基金会及美国校友总会。华东师范大学美国校友会成立于 1993 年，是改革开放后中国大陆大专院校在美国最早成立的校友会之一。截至 2012 年底，上海大学共有 8 家地区校友会，其中有 5 家在海外，即港澳校友会、新加坡校友会、北美（美国）校友会、大华府地区（美国）校友会、澳大利亚校友会。各类校友组织的不断开发和建立，逐渐壮大了校友会的力量，扩大了凝聚校友的范围，使得校友会日益成为传递母校信息、增进校友情谊、促进学校和校友共同发展的有效平台。

第三，海外校友会的规模不断壮大。复旦大学日本校友会是复旦大学在亚洲国家成立的第一家校友团体，如今的会员人数已经超过 1 万人。上海交通大学在美加地区拥有大批海外校友，学校在积极推动海外学子加强联系、建立校友会的过程中，注重校友组织的规范化建设和正常化运行，使很多海外校友会

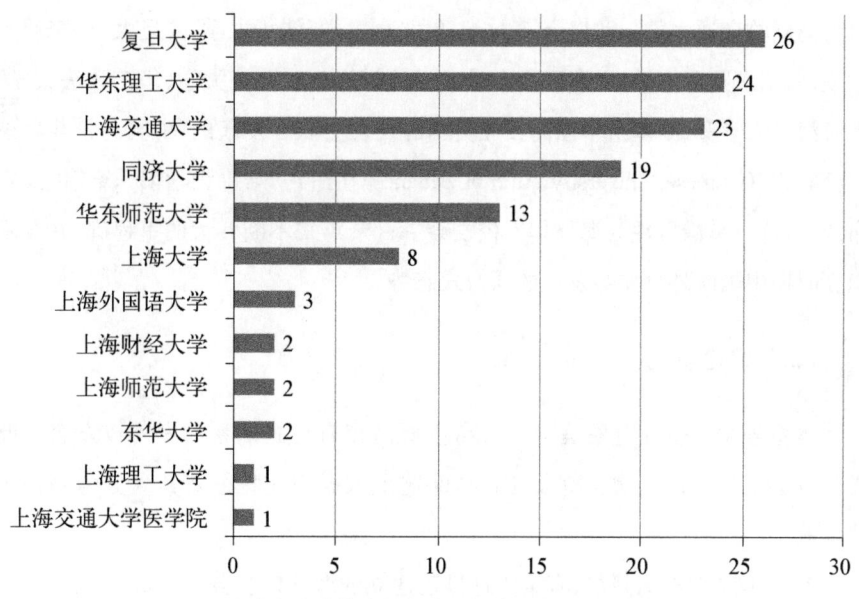

图 1　上海部分高校海外校友(分)会数量(2014 年 6 月)

保持了较为旺盛的人气。

第四,海外校友会呈现出跨校际、跨地域发展的趋势。部分发展较为成熟的海外校友会已不单单局限于某个学校、某个区域的校友,而是向区域性的方向发展。据了解,全国 70 多个高校在港的校友会联合成立了中国高等院校香港校友联合会,有 5 万多个会员,联系着 20 万名校友,该会还有意推动世界性中国高校联会的成立①。就上海市高校而言,积极促进海外校友会的区域协作甚至建立联盟的主要是复旦大学、上海交通大学、同济大学和华东师范大学。复旦大学世界校友联谊会(简称“世联会”)首创于 1990 年,两年一届,是目前国内规模最大、具有较强影响力的大学校友工作平台之一。交通大学校友总会是经国家民政部批准、正式注册的民间社团组织,下属上海交通大学、西安交通大学、西南交通大学、北京交通大学 4 所大学的全体校友,因此交通大学的海外校友会也是 4 所学校校友的融合。以交通大学加拿大校友会为例,该会成立于 1965 年,是交大美洲校友总会的一个分会,其特色就是包括了五所交通大学的校友,除以上 4 所外,还

① 《发挥海外校友会作用　拓展侨务工作资源:广州地区部分院校海外校友会情况调查报告》,《侨务工作研究》2007 年第 6 期。

有台湾新竹交通大学。2013年2月1日,北京大学、清华大学、复旦大学、交通大学联盟、华东师范大学、上海医科大学、上海财经大学、同济大学、华东政法大学、上海海事大学等30多所中国高校在美国的校友会联合发起的"中国高校北美校友会联盟"(Chinese University Alumni Alliance)在纽约"哈佛大学俱乐部"正式宣布成立,这一举措可视为海外华人校友会一百余年来不断壮大的里程碑,并显示出新时期中国海外校友会发展的联盟式态势。

(二) 组建模式

本报告主要研究对象是与上海市主要高校有正式联系的海外校友会。此类校友会正处于快速增长阶段,因此,课题组依据组建特征将其划分为两种组建模式。

其一,国内学校有目的、有组织地推动建立的海外校友会。比如,上海外国语大学于2013年5月22日在香港召开了香港校友会筹备会议,约20余人参会,选举了香港校友会会长、副会长、秘书长,并于同年8月举行了第一次活动。美国、日本地区的校友会筹备工作也在积极推进之中。正是在学校有关部门的大力支持和积极推动之下,上海市主要高校的海外校友会工作在整个校友会工作中的份量不断加大,海外校友会在各高校校友会中的比重也不断提高,华东理工大学、上海交通大学等学校的海外校友会数量已经接近校友会总数的三分之一(见图2)。

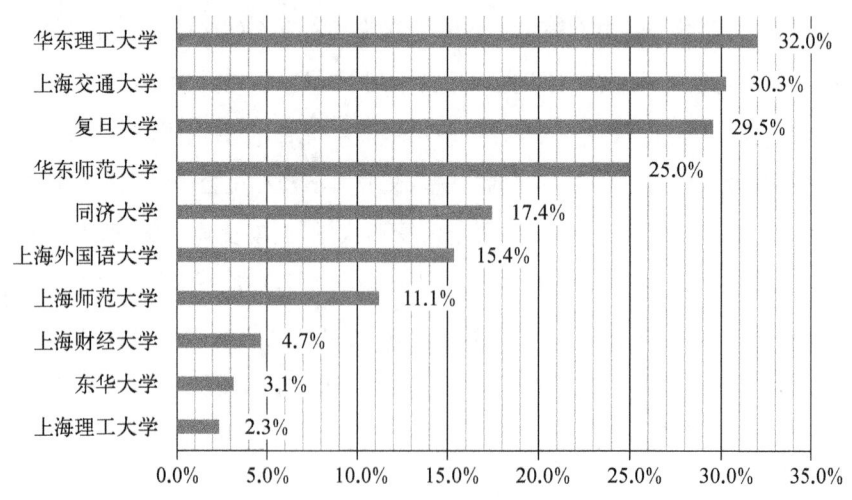

图2　海外校友(分)会占本校校友会总数的比重(2014年6月)

其二,海外校友中的代表性人士率先发起组建、得到国内学校认可与支持的海外校友会。如复旦大学日本校友会酝酿于 1998 年,当时在庆应大学社会学研究科读博的许鹤鸣校友(1982 年新闻系毕业)、在名古屋商科大学任教的赵坚校友(1988 年文学系毕业)等 5 人发起筹备复旦大学日本同窗会,拟定了《关于在日复旦大学同窗会会则的构想》《关于在日复旦大学同窗会设置及运营的计划》等文件,受到了广大在日复旦校友的热烈响应和积极支持。在日本 NTT DATA 株式会社的大力赞助及复旦大学的支持下,由鲁力校友担任理事长的复旦大学日本同窗会成立,复旦大学时任校长杨福家同志也到会祝贺并讲话。当时,登入同窗会名录的校友有 91 人。

总体来看,作为上海市高校的海外组织,海外校友会在不同程度上都得到了国内高校的支持与工作指导,从而在资源配置方面获得一定的优势。同时,由于国内高校的校友(总)会定期进行网络联系、发送电子信息以及组织一些交流联谊活动等,在一定程度上减轻了海外校友分会自身的压力,使其将部分职能转移给了母校校友会,为母校统战部门加强海外校友工作提供了重要抓手。

(三) 基本特征

1. 海外校友会的分布较广

总体来看,上海市各高校的海外校友会遍布世界各地(包括港澳台地区),较多集中在港澳地区和美国、日本、澳大利亚、新加坡、德国、法国等经济和科技发达的国家。各高校海外校友会的分布状况反映了其母校在国际教育界的交流合作关系,以及海外学子与母校之间的学术相关性[①]。其中,复旦大学与美国、日本之间存在着较为久远的教育合作与学术交流关系,如今大批海外校友聚集在美日两国,仅在美国便拥有 11 个校友(分)会,分布在美国各主要城市;上海交通大学由于涉及历次院校调整,与国内其他几所交通大学存在交叉、互认现象,因而协同开展海外校友工作;同济大学与德国存在历史渊源,数以千计的同济校友活跃在德国各界,校外办、中德学院等单位与德国校友的联系要多

---

① 高子平:《学术相关性维度的海外理工科留学人才回流意愿研究》,《自然辩证法研究》2014 年第 6 期。

过校友会,这也是同济的一大特色;上海大学(2006 年)与法国等西欧国家合作开设中欧工程学院,在新生中择优转入该学院学习,中欧工程技术学院留法学生有很大一部分赴欧留学,成为上海大学海外校友会的重要来源;华东理工大学、东华大学、上海外国语大学、上海音乐学院等学校的海外校友分布状况也在一定程度上反映了本校的专业特色和历史背景。

2. 海外校友会的组织较松散

尽管形式上都隶属于国内校友总会,但海外校友会实际上是一种比较松散和自由的团体,很多甚至属于没有注册的非正式组织,与传统华侨华人社团在人员构成、文化底蕴、组织化程度、负责人的整合能力等方面存在很大差异。校友会通常实行会长制或理事会制,会员象征性地缴纳会费,主要活动经费由有实力的校友支持。除极个别的海外校友会拥有自己的物业外,多数校友会无固定场所。与传统侨团相比,海外校友会的机构、章程都不够完善。

3. 海外校友会与母校联系密切

从各高校的调研情况来看,海外校友组织非常关注母校的发展动态,积极参加国内抗震救灾的慈善捐赠、母校校庆活动、学术交流与科研合作等,并为母校的发展建言献策,促进母校与国外学术机构的交流交往。

4. 海外校友会活动形式多样

组织活动是海外校友会加强校友联络、增进校友情谊的主要途径。各校友会除了组织聚会、组织校友与到访的母校领导进行座谈等活动之外,近年来也涉足组织学术研讨、寻根夏令营、慈善募捐等活动。

如今,遍布世界各地的上海高校海外校友会成员众多、规模不等。海外校友会一方面继承历史传统,仍在留学生联谊活动、留学目的地生活协助等方面发挥着不可替代的作用;另一方面,随着信息科技的发展与世界形势的变化,大多数海外校友会的活动越来越频繁,合作对象与范围也越来越宽广,并借助新兴媒介在推动上海市的对外民间交往、协助母校的海外高层次人才引进、促进国际经济科技合作等方面发挥着越来越大的作用,成为上海市对外交流不可或缺的重要平台。海外校友会所蕴含的丰富的侨务资源值得引起关注。

二、海外校友会的资源现状

海外校友就是海外校友会的资源,可以说,各级各类海外校友组织都是非常有活力的侨务资源汇集地。课题组对上海市部分高校海外校友分会的正式会员进行了问卷调查,共计发出 234 份问卷,获得有效问卷 228 份,回收有效率为 97.44%。样本结构分布如下:从性别来看,男性 111 人,占 49.0%,女性 117 人,占 51.0%;从年龄结构来看,35 岁以下的受访者共计 176 人,占 77.5%,35—40 岁共计 22 人,占 9.7%,41—50 岁共计 20 人,占 8.8%,51 岁以上受访者 9 人,占 4.0%;从受访者的出生地来看,上海籍海外校友占 45.2%,非上海籍占 54.8%;从海外居留状况来看,已经加入住在国国籍的占 12.8%,已经获得住在国长期或者永久居留权的占 18.7%;从学历分布来看,本科学历占 7.6%,硕士学历占 57.6%,博士学历占 19.1%,其他占 15.7%;从受访者在海外校友会中的角色来看,普通会员占 64.8%,初创者占 15.7%,负责人占 6.3%,联络人占 5.7%,另有 7.5% 的受访者尚未正式加入。总体来看,海外校友调查的样本选取比较科学,基本反映了海外校友(分)会的基本结构状况。

本次问卷调查总体上反映了海外校友群体对于校友会组织、母校、祖国发展的立场和态度,为进一步推动海外校友会的发展、加强海外校友会与国内的交流合作、培育新侨资源等提供了重要依据。

(一) 海外校友与母校的关系

1. 普遍关注母校的最新发展

问卷调查表明,海外校友会会员对于母校的关注程度非常高,海外校友分会恰恰扮演了桥梁与纽带的角色。上海交通大学医学院等高校提供的书面材料也表明,海外校友对母校已经取得的成就表现出极强的自豪感,对母校未来的发展规划表现出浓厚的兴趣和参与感(见图 3)。

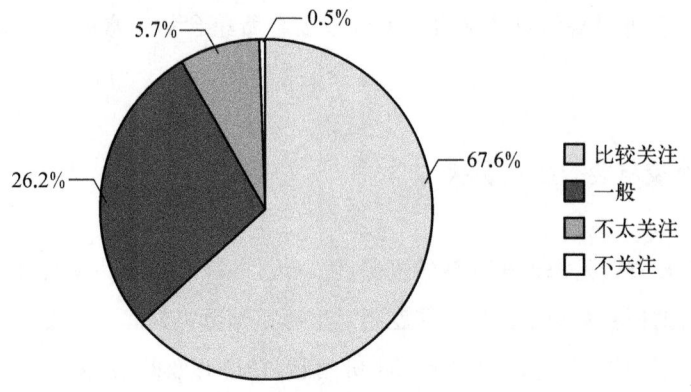

5.7%   0.5%

26.2%

67.6%

- □ 比较关注
- ■ 一般
- ▨ 不太关注
- □ 不关注

图 3　海外校友对于国内母校的关注程度

2. 参加母校的校庆等重大活动

总体来看,受访的海外校友参加母校相关活动的比例约占一半。母校校庆等活动已经成为海外校友与母校互动的重要渠道。复旦大学、上海交通大学、华东师范大学等高校的重要校庆期间,均有大批海外学子不远万里回国参加校庆活动,足见其对母校的感情,说明以母校作为开展工作的重要渠道具有一定的可行性(见图 4)。

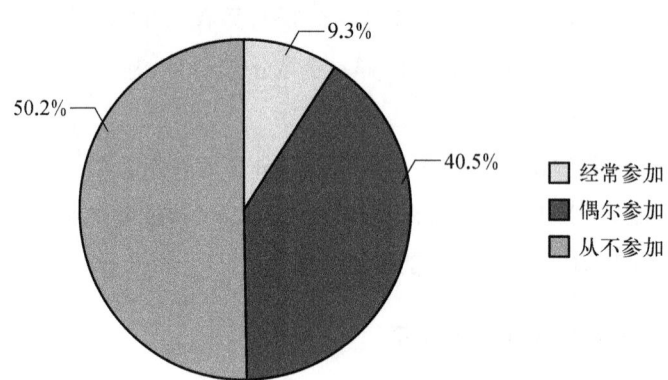

9.3%

50.2%

40.5%

- □ 经常参加
- ■ 偶尔参加
- ▨ 从不参加

图 4　海外校友参加母校校庆等重大活动的情况

3. 为母校作贡献的形式多样

大多数校友都愿意为母校的发展提供服务。数据分布状况显示,海外校友回报母校的形式呈现多样化,除了接待、捐赠等传统形式,很多海外校友主动与母校相关院所联系,通过建立基金的方式,为母校的学科发展和学生培养等贡献力量。同时,国内高校也逐步实施规范化的基金管理制度,本着认真实施和执行的态度,及时向校友反馈项目进展和经费使用情况(见图5)。

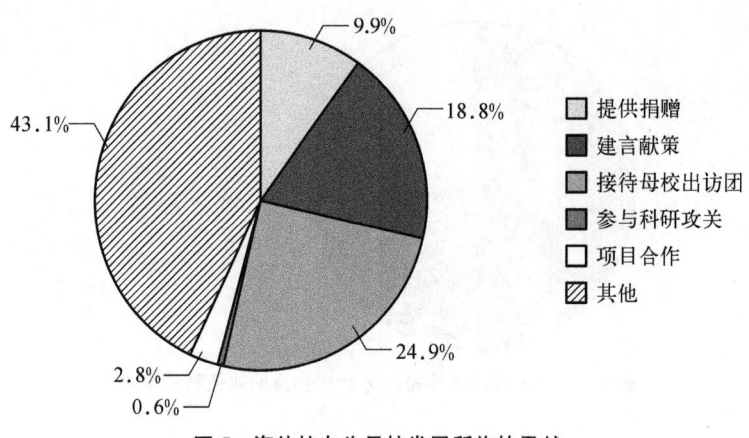

图5　海外校友为母校发展所作的贡献

(二) 海外校友与海外校友会的关系

1. 参加海外校友会的活动较多

问卷调查表明,海外校友参与分会活动的比例接近六成(见图6),反映了海外校友与海外校友会之间关系的基本情况。校友活动仍以简单的聚会或聚餐为主,缺乏让海外校友长期参与活动的吸引力。由于各高校的海外校友均以专业技术人员为主,上述现象带有一定的普遍性,这也成为了海外校友分会组织活动过程中的一大难题。

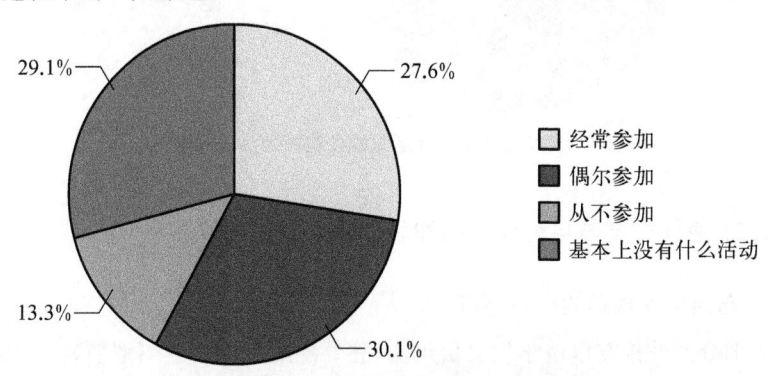

图6　海外校友参与海外校友分会活动的情况

2. 为海外校友会的活动提供资助或其他便利

问卷调查表明,海外校友群体对于校友组织的关注与支持不够,仅有三成不到的人为校友会活动提供过资助或其他便利(见图7)。

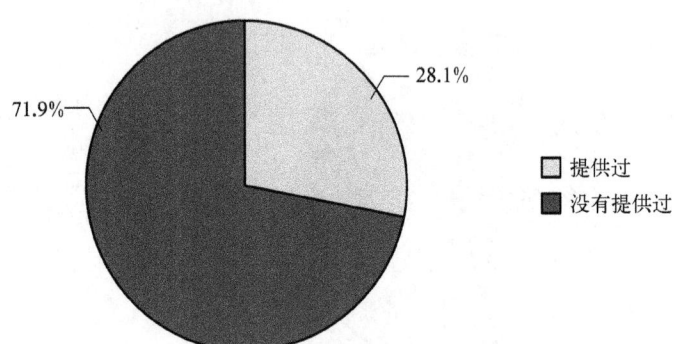

图7 海外校友为海外校友分会提供资助或便利的情况

3. 积极参加海外校友会组织的公益慈善活动

调查过程中,有54.2%的受访者表示自身所属校友组织"没有类似活动"(见图8),这在一定程度上反映了海外校友会的非正式组织性特征,即组织动员能力相对较弱。

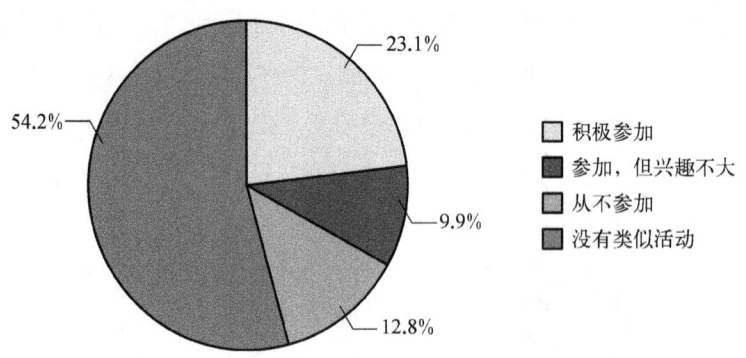

图8 参加海外校友会组织的公益慈善活动的情况

(三) 海外校友与当地使领馆和华侨华人社团的联系

1. 与当地使领馆的交往不多

大部分海外校友以留学生身份出国,驻外期间与中国驻当地使领馆除办理签证等事务外,几乎没有联系,仅 15.4%的受访者表示"经常联系"(见图 9)。海外校友分会主要是与国内高校之间保持着某种程度的纵向管理关系,与海外人才自发组织的中国学生社团组织、学联组织有很大区别,后者普遍与中国驻当地使馆教育处存在良好的互动关系,成为当地使馆教育处联系留学生和中国学者的纽带。

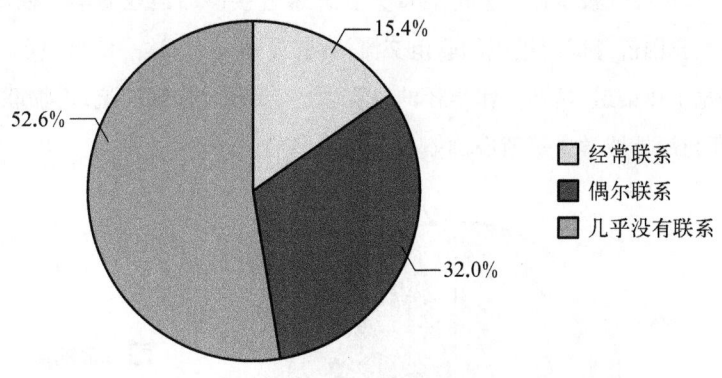

15.4%
52.6%
32.0%

经常联系
偶尔联系
几乎没有联系

图 9   海外校友与当地使领馆的联系情况

2. 与当地华侨华人社团的交往较多

问卷调查表明,23.0%的受访者表示加入了当地华侨华人社团(见图 10),说明海外校友在加入海外校友会等专业技术社团的同时,也与华社侨团保持了一定程度的交往关系,从而为国外侨务工作半径的延伸提供了重要抓手。

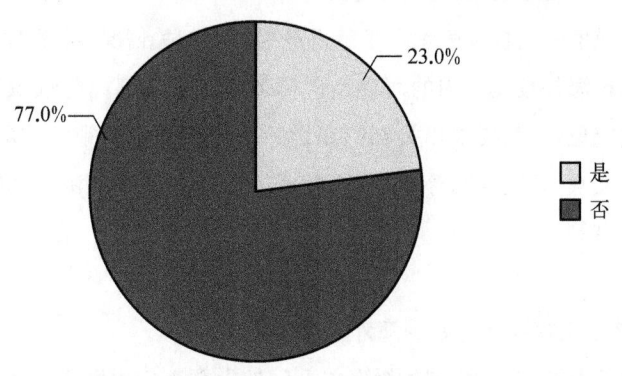

23.0%
77.0%

是
否

图 10   海外校友参加当地华侨华人社团的情况

(四) 海外校友与我国侨务部门的联系

1. 较少与我国侨务部门建立联系

侨务部门作为负责海外华侨华人工作的主要部门,与海外华侨华人保持着密切联系,并经常通过组织各种涉侨活动,加强与这一群体的精神纽带和日常交往。但是,海外校友这支新侨力量大多并未直接参加当地的华人社团,因此较少参加我国侨务部门组织的联谊交流活动(见图 11)。这一结果显示,侨务部门在拓宽工作渠道、延伸工作半径的过程中,需要通过加强交流、增加联谊等途径,提高与海外留学生等新侨群体的交往频率。

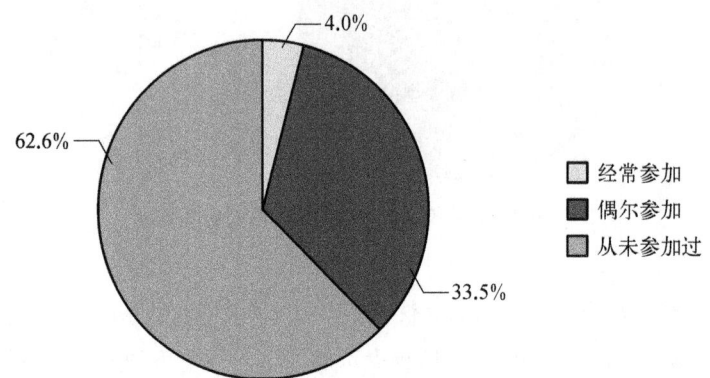

图 11　海外校友参加侨务部门组织的交流联谊活动的情况

2. 对侨务引智的了解程度有待提高

超过六成的海外校友表示不了解侨务引智的相关情况(见图 12),说明包括大陆主要高校海外校友在内的海外新侨群体对于侨务部门的认识依然停留于传统的角色定位,这就要求相关部门在侨务工作中强化引智工作的宣传介绍,通过海外华文媒体、互联网等途径,让更多的海外新侨熟悉侨务部门的职能定位及引智举措等。

3. 总体上支持和认可我国海外人才引进工作

包括侨务引智在内,我国各级有关部门的引智工作力度不断加大。自全球金融危机以来,我国得以逐步扭转在国际人才流动中的长期被动局面,很多部

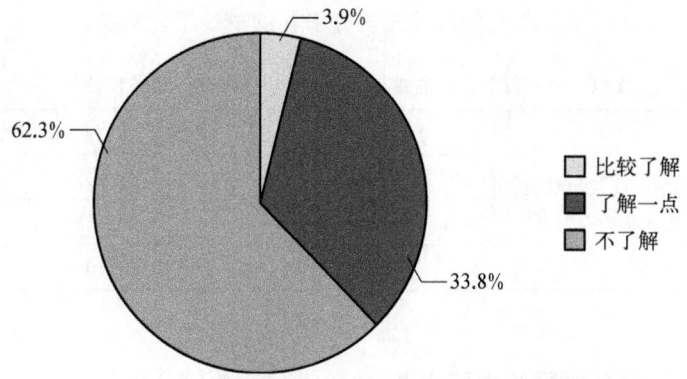

图 12　海外校友对侨务引智工作的了解程度

门抓住契机,加大海外人才引进力度,甚至通过赴外招聘等途径与海外人才实现近距离接洽,从而使越来越多的海外人才了解我国的引才计划,相关引智工作总体上得到了海外校友的高度认可(见图 13)。

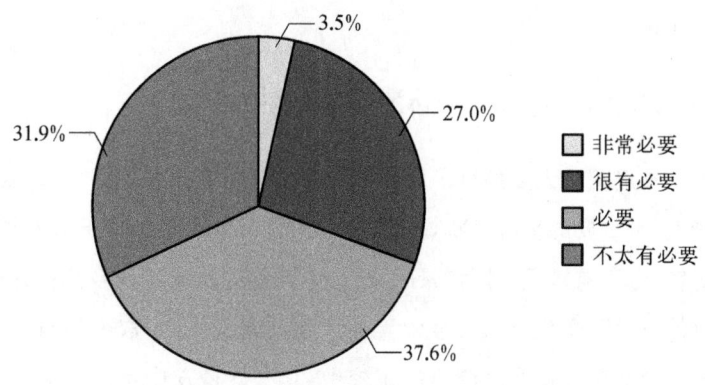

图 13　海外校友对海外人才引进工作的基本评价

4. 有回国发展的意愿

受访的海外校友在海外从业期间,不同程度地受到宏观经济形势的影响。调查中,尽管大多数人表示愿意"继续原工作",但也有近 20％的受访者表示要"回到中国大陆发展"。

运用 logistic 回归分析法对调查结果进行分析,对于侨务部门组织的侨务引智等海外人才引进活动了解程度越高,海外校友会成员回国发展的意向就越高,两者呈现显著的正相关(见表 1),从实证层面彰显了侨务引智工作的良好前景,也进一步证实了海外新侨群体是侨务引智的重要工作对象。

表1　海外校友回流意愿与了解侨务引智活动的相关性分析

	了解程度	具有回中国发展意向的人所占比例
是否了解侨务部门组织的侨务引智等海外人才引进活动	比较了解	25.00%
	了解一点	20.80%
	不了解	17.10%

三、海外校友会发展的主要机遇

海外校友会的存在和发展,成为凝聚海外校友和加强中国与各国人民沟通和交流的桥梁。新时期,随着国内对海外校友会重视程度的提高和海外校友资源的扩大以及代表性人士的涌现,海外校友会迎来了发展的新机遇,在凝聚新侨资源方面具有极大的潜力。

(一) 海外校友逐步成为新侨的重要组成部分

海外校友出国后大多拥有了所在国国籍或者所在国长期居留权,身份上转为华侨华人,是重要的新侨资源,是海外侨社的新生力量。由于海外校友文化层次相对较高,容易接受不同背景的文化,能够迅速在异国他乡扎根并崛起,不少人在政治、经济、文化、科教、金融等各个领域崭露头角,取得相当的成就,拥有较高的社会地位。在本次调研的院校中,其海外校友中不乏政治上有影响、社会上有地位、经济上有实力、学术上有造诣的新一代代表性人士。他们在海外求学经历及专业兴趣的基础上建立了关系网络,国内各高校顺势而为,促成海外学子以母校为中心构建学缘网络,使各种人力资本、社会资本汇集于此。上海外国语大学创设性地成立了青年校友会,目标人群是毕业时间在10年内的校友,青年校友会在校友刚毕业时就把他们发展为成员,避免日后失去联络,强调的是对青年校友的关心和孵化,而不是要求他们为母校服务,这成为培育、涵养高校校友资源的重要手段。

尽管海外校友会总体上是一个新兴组织,但我们发现,海外校友参加校友会活动的频率与参加涉侨活动的频率成正比(见表2)。

表2 参加校友会活动频率与参加涉侨活动频率的相关性分析

		是否参加过中国大陆侨务部门组织的交流、联谊活动等		
	参加频率	经常参加	偶尔参加	从未参加过
是否经常参加海外校友分会的活动	经常参加	3.80%	47.20%	49.10%
	偶尔参加	3.40%	42.40%	54.20%
	从不参加		19.20%	80.80%
	基本上没什么活动	5.30%	24.60%	70.20%

GAMMA=0.28,P=0.009①,相关性显著。这表明海外校友参加校友会活动的频率越高,参加我国侨务部门组织的活动的概率也越高。如果排除两类活动的重叠性或者关联性的假定,并排除个性因素的假定,根据上述数据分析,不难看出,将海外校友组织中的一部分积极参与者纳入侨务部门的联系对象,重点对其开展新侨工作,具有重要的实证依据。

不仅如此,我们进一步发现,海外校友会成员参加校友会活动的频率与了解侨务引智工作的程度同样呈正相关(见表3)。

表3 参加校友会活动频率与了解侨务引智工作频率的相关性分析

		是否了解侨务部门组织开展的侨务引智等海外人才引进工作		
	参加频率	比较了解	了解一点	不了解
是否经常参加海外校友分会的活动	经常参加	9.30%	40.70%	50.00%
	偶尔参加		49.20%	50.80%
	从不参加		15.40%	84.60%
	基本上没什么活动	3.50%	29.80%	66.70%

GAMMA=0.27,P=0.012<0.05,相关性显著。这表明海外校友参加校友会活动的频率越高,了解侨务引智等海外人才引进政策的概率也越高。海外

---

① Gamma用来衡量有序分类变量的相关性。又称为一致性,即行变量等级高的列变量等级也高,如果行变量等级高而列变量等级低,则称为不一致。P指皮尔森相关系数(Pearson correlation coefficient),也称为积差相关(或积矩相关),是英国统计学家皮尔逊于20世纪提出的一种计算直线相关的方法,用来衡量定距变量间的线性关系。

校友正是在参与校友会的活动过程中,增加了对于各类海外人才引进工作,包括侨务引智工作的了解。

侨务部门近年来也开始重视与海外校友会的联系。一是借助校友会平台,加大侨务政策,包括人才引进政策及活动的宣传介绍力度;二是加大与海外校友会中的积极参与者或者代表性人士的交流与沟通。

(二) 海外校友会的联动机制正在积极探索之中

高校海外校友会在海外快速发展的同时,国内高校的海外校友工作也正在稳步推进,海外校友会之间的统合与联动,海外校友会与母校校友总会之间的整合与协调以及海外校友会与我国侨务部门之间的联动等,都处于积极探索之中,从而为政策和管理创新提供了足够的空间。

1. 高校对海外校友会与国内校友会的整合工作已经起步

复旦大学、上海交通大学、同济大学、上海大学等高校在兼顾海外校友工作特性的同时,开始尝试搭建国内外校友会之间的桥梁,使其在母校的凝聚与指引之下,加强联络、协同发展。复旦大学世界校友联谊会首创于 1990 年,其后每两年举办一届,在我国高校校友工作中独树一帜,是目前国内规模最大、具有较强影响力的大学校友工作平台之一。2011 年,复旦大学第十二届世界校友联谊会在华盛顿隆重举行,与会人员包括来自世界各地的近 400 名复旦校友,这是复旦首次在海外举办世界校友联谊会。复旦大学成为中国第一所在海外举办世界性校友活动的高校。同济大学校友会每年召开校友会工作会议,发挥各地校友会的作用,迄今为止已召开了 18 届。高校侨务工作是上海侨务工作的重要载体,各高校对海外校友会与国内校友会的整合,给高校侨务工作提供了更广阔的空间。

2. 海外校友会之间的横向交流与合作不断推进

2006 年,首届华东师范大学美国校友会全国联谊大会在华盛顿举行,现发展注册会员 700 多人。同年,华东理工大学在北美地区旧金山、洛杉矶、休斯顿、华盛顿、美东、波士顿、芝加哥、美中、温哥华、阿尔伯特和加拿大等地的 11

个校友会,在校友总会的建议下,经过半年多的筹备,正式成立了华东理工大学北美校友会。复旦大学、上海交通大学、同济大学、上海大学等均针对海外校友会分布区域较为集中的态势,开始进行横向整合,适时推进海外同一地区或者相邻地区之间的海外校友网络的形成与拓展。

3. 高校与海外校友会之间的互动逐步深化

在支持和推进海外校友会开展工作的过程中,高校也不断调整海外校友工作在学校工作中的定位。一方面,复旦大学、同济大学、上海大学、上海师范大学、上海外国语大学等高校通过增加工作人员配备、调整校友会工作的部门从属关系等措施理顺工作机制,为海外校友工作的深入开展提供保障;另一方面,复旦大学、上海交通大学、同济大学等高校纷纷邀请海外校友回国、返校,通过搭建交流平台加强校友与母校的沟通与联络,关注国家及上海市的经济社会发展,为校友的事业发展搭建平台。海外校友也积极为母校蓬勃发展献计献策,深化交流合作的内涵,对母校的贡献不再局限于接待校领导、捐赠等传统形式。

(三) 海外校友会与传统侨团共同发展的格局渐趋形成

部分海外校友会的历史非常悠久,形成了极为深厚发达的海外联系网络。如交通大学北美地区校友会和香港地区校友会都成立较早,组织架构较为完善。其中,交通大学香港校友会成立于1940年,在香港地区有着重要影响。交通大学美国南加州校友会由钱学森、熊大纪、胡声求三位先辈于1942年创立,是北美成立最早、规模最大的校友会之一。

近年来,海外华侨华人群体出现新老交替现象,新华侨华人和华裔新生代逐步崛起。尽管传统侨团与新兴的海外校友会、海外专业技术社团等组织之间存在差异性,但两类海外社团之间交叉、融合的趋势也较明显。海外校友会与传统侨团不仅相伴共生,而且还能够优势互补。上海大学北美校友会经常与底特律当地侨团共同开展活动,新加坡校友会成员是三江会馆的主要参与者,这样的互动不仅使校友会获得了活动的场地,也增强了传统侨团的活力。在上述调查统计中,23.0%的受访者表示自己加入了当地侨团,这说明海外校友在加入海外校友会等专业技术社团的同时,也与传统侨团保持了一定程度的交往关系,从而为国外侨务工作半径的延伸提供了重要抓手。

四、海外校友会资源培育面临的主要问题

海外校友会的涌现既是海外校友规模持续扩大的结果,也是国内高校大力支持、推动的结果。迄今为止,海外校友会的发展取得了显著成就,但仍处于初期阶段,海外校友会的自身发展以及利用海外校友会开展侨务工作,存在诸多问题与挑战。

(一) 海外校友会资源的培育面临着成员分散性、年轻化等诸多挑战

尽管发展迅速,但总体来看,上海部分高校的海外校友会仍处于成长的初期,并且面临成员分散性、年轻化的挑战。上海音乐学院发言人在调研会上表示,由于专业特点等原因,该校学生出国留学比例较高,海外校友数量上千,但都分散在各国,呈个体性发展,未形成完善的网络;而且低龄化非常明显,这些较为年轻的学生出国之后忙于求学深造,往往与母校联系较少。

校友的分散常常给校友会的组建和正常开展活动带来困难,其培育与集聚侨务资源的作用也难以得到充分发挥。上海财经大学海外校友众多,从 2007年就开始进行海外校友工作,在世界各地都设有校友联络人,但因校友过于分散,无法按国别成立校友会,只能成立地区校友会。上海外国语大学的部分美国和加拿大校友于 2008 年自发成立了北美校友会,参加人数约 50 人,但因为居住分散,成立以来集体活动较少,主要活动都通过互联网展开。

校友的积极参与是海外校友会正常运行的关键条件。校友的年轻化固然有利于校友组织保持活力,但年轻校友尚处于事业发展期,工作繁忙,流动性较强,在社会经验和经济实力方面都有局限,很多人甚至对校友会活动不感兴趣。相对而言,资深校友往往工作稳定,事业有成,有能力支持校友会和母校发展,更有参加校友会活动的意愿。

课题组在调研中发现,校友的年龄与其参加涉侨活动的频率有一定关联,因而通过数据采集对不同年龄段的海外校友进行了对照比较。研究发现,海外校友的年龄越大,参与侨务部门组织的交流、联谊活动的概率越高,青年校友参

与率相对较低(见表 4)。

表 4　年龄特征与参加涉侨活动的相关性分析

	是否参加过中国大陆侨务部门组织的交流、联谊活动等		
	经常参加	偶尔参加	从未参加过
35 岁以下	4.00％	28.30％	67.60％
35—40 岁		50.00％	50.00％
41—50 岁	5.00％	55.00％	40.00％
51 岁以上	11.10％	55.60％	33.30％

　　侨务引智过程中同样存在青年校友参与率偏低的问题。年龄越大的海外校友,越了解侨务引智等海外人才引进相关政策,相反,在 35 岁以下的海外校友中,超过三分之二的受访者对相关活动及政策不够了解(见表 5)。这要求侨务部门进一步加强对海外青年人才的政策宣介工作,创新信息传播的方式方法,以青年人才更为喜闻乐见的便捷方式,尤其是新媒体进行政策举措及相关引智工作的宣介。

表 5　年龄特征与了解侨务引智工作的相关性分析

	是否了解对于侨务部门组织开展的侨务引智等海外人才引进工作		
	比较了解	了解一点	不了解
35 岁以下	4.00％	28.20％	67.80％
35—40 岁	4.50％	54.50％	40.90％
41—50 岁		60.00％	40.00％
51 岁以上	11.10％	44.40％	44.40％

(二)海外校友会联络校友的渠道亟待拓展

　　目前,海外校友会与校友之间的联络还处于一种零散的、随机的、自发的、非经常性的状态,很难获取最新最全的校友信息,因此,利用海外校友会平台掌握和了解的侨务资源信息相对有限。校友信息是校友会的基础。过去,海外校友会需要通过各种渠道搜寻、联系校友,如在当地报纸上刊登消息,发动成员联系自己知道的校友等,这样做不仅收效甚微,而且很容易再次失去联系。如上海大学发言人在调研中反映,北美校友会 2002 年在底特律成立,至今仍只有成立时的那些成员,没有新加入的校友;澳大利亚校友会 1998 年成立,后主要成员失联,2010 年重新改组。上海交通大学海外校友在问卷调查中表示,希望校友会可以提供便捷的平台,以便归国校友与考虑归国的海外校友进行交流沟通,并提供回国发展的相关信息。因此,海外校友会联系校友的渠道亟待拓展。

随着网络技术的发展和信息化手段的普及,海外校友组织与其成员之间的联络渠道已经有多种选择,如网站、电子邮件、电子刊物、微博、微信等。上海交通大学医学院发言人在调研中指出,网站的建立是当前最高效、最便捷、也最易被各年龄阶段校友广泛接受的联络手段。事实上,上海部分高校校友总会和海外校友会已经做了此方面的探索,充分运用各种新传媒途径和信息化手段,加强与海外校友的交流与沟通。

(三) 海外校友会的工作方式方法亟需创新

海外校友会在成立之初,基本上都将功能定位于联谊交友的"纽带",所以迄今为止,大部分海外校友会的工作方式还较传统和单一,举办聚会是最主要的活动形式和联络途径。近年来,这种方式越来越没有吸引力。部分海外校友会由于活动内容单一、形式过于简单化等原因,陷入了运作不畅、会员参与度不高的境地。海外侨务工作是侨务部门的基础性工作,在长期的实践中已经探索形成了一套开展海外华社侨团工作的方式方法,但目前与海外校友会这样的专业性社团联系不多。上海交通大学、同济大学等高校的海外校友在问卷调查及访谈过程中均指出,需要逐步改变传统的聚餐聚会方式,创新联谊方式,丰富交流内容。课题组就海外校友组织的功能定位向校友会成员进行征询,发现他们认为海外校友会的基本功能应主要包括三个方面,即交友联谊、信息获取、合作交流,功能性和功用性大大增强(见图 14)。这意味着,在海外校友看来,校友会与母校之间的精神文化纽带建立在一定的专业技术发展基础之上,属于新型的、更为重要的学缘网络。这就需要海外校友会根据成员的需求变化及其专业化、高层次的特征,转变工作方式,创新工作方法,提高自身对成员的吸引力和凝聚力。

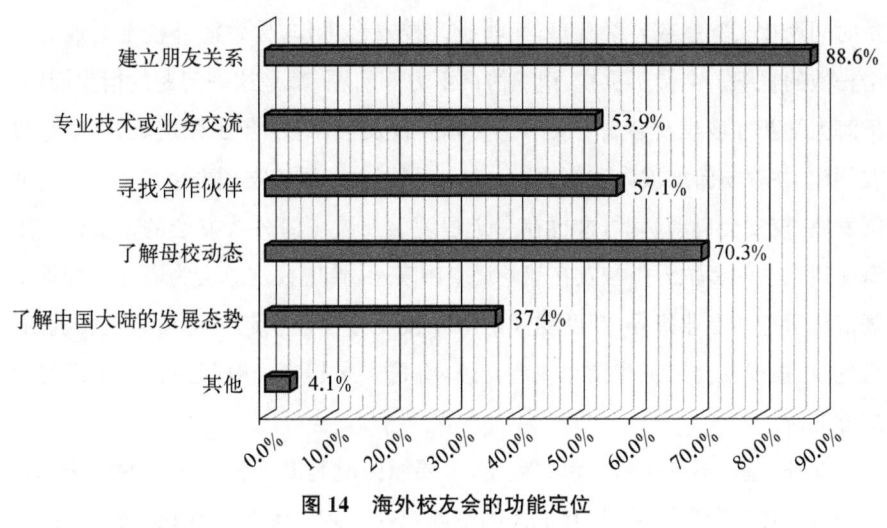

图 14　海外校友会的功能定位

(四) 海外校友会自身运作面临的主要问题

海外校友会发展过程中,组织发展不成熟、组织运行不规范、过分依赖校友会负责人等深层次问题始终存在。在调查中,对于"海外校友分会发展面临的主要问题",受访者认为最主要的问题就是组织过于松散,这同时也是其他问题的诱因(见图 15)。

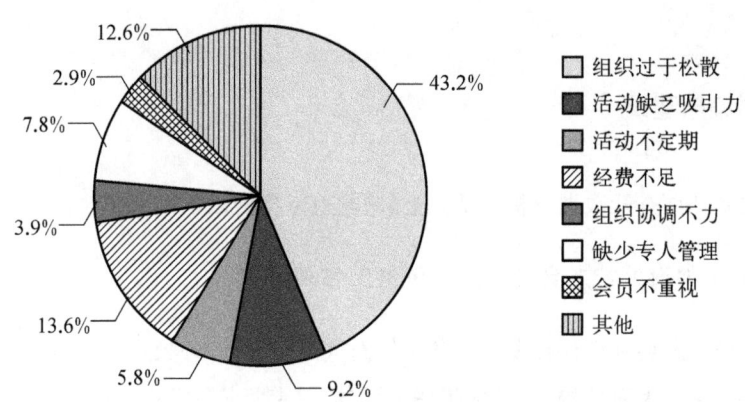

图 15　海外校友会面临的主要问题

事实上,这与海外校友自身的特点有直接关系。以医学专业为例,上海交通大学医学院发言人在调研中表示,由于校友专业的特殊性,很多校友要将大量时间用在实验室或者医院里,无暇投入校友会工作,导致海外校友会成为一个松散的组织。会员不重视、组织协调不力等问题,都是这一问题的衍生问题。上海大学新加坡校友会是上大第一个海外校友会,1997年由张进敏、李康等校友创建,并曾向新加坡内政部注册。2003年因第三届校友理事会主要负责人回国发展,校友会自动解散,这也在一定程度上反映了海外校友会的松散性。上海交通大学的多位海外校友在问卷调查中表示,希望校友总会为海外分会提供规范化运行的专业指导,帮助初建的海外校友分会建立起可持续的发展机制。可见,加强校友会组织建设和规范管理,将是未来相当长时间内校友组织努力的方向。

此外,经费不足问题也相对突出,主要原因就是海外校友分会的经费基本上来自会费和会员资助,具有很大的不确定性。东华大学、上海交通大学医学院等高校发言人纷纷表示,运作经费不足与人员配置不够(甚至没有专人管理)等是海外校友会工作面临的主要问题。尽管校友会章程中通常都会明文规定,校友会可以向其会员收取一定的会费作为自己的活动经费,但这一点往往由于校友会松散的组织特性而难以实现。海外校友会在自身运作过程中遇到的问题直接关系到所属高校及侨务部门的工作方向,需要通过高校、侨务部门的支持、引导和协助,逐步走上正常运作的轨道,真正成为吸引和集聚海外校友的重要平台。

五、对策与建议

在实证调查及数据分析的基础上,课题组特提出以下几点建议。

(一) 将海外校友会工作纳入侨务工作视野

海外校友会和海外校友是侨务工作的重要资源,海外校友会通过"学缘"这一纽带凝聚广大海外校友,是华侨华人团体的一种独特形式,侨务部门应将其纳入工作视野,加强对海外校友会的联谊、引导和服务,凝聚海外校友及更多侨胞。对上海市侨务部门和各高校而言,应将海外校友会作为延伸海外侨务工作半径、创新侨务引智方式方法、培养海外新侨代表性人士的重要平台,充分发挥海外校友会在联系团结侨胞、传播中华文化以及侨务引智方面的作用。

1. 加强与上海各主要高校海外校友会的联系

侨务部门可以加强与各高校校友总会的合作,共同开展海外校友会和海外校友的联络工作。例如吸收部分海外校友会成员和其中的代表性人士担任上海市海外交流协会理事成员;邀请海外校友中的代表性人士来沪出席侨务活动;举办专题性的海外校友子女夏令营活动;吸引海外校友来沪参加华侨华人回国创业研习班。

2. 引导海外校友会健康发展并发挥各方面的作用

侨务部门可以邀请海外校友会负责人参加"华侨华人社团负责人研习班",丰富他们的社团工作经验,帮助他们更好地开展校友会工作。积极引导海外校友会在海外加强侨界团结,构建和谐侨社;组织各种活动,以各种方式向当地社会和民众介绍中国国情;弘扬中华优秀传统文化,支持当地的华文教育;传递侨务引智引资信息,为校友回(为)国服务牵线搭桥。发挥侨务部门的优势,通过侨务引智园区网络为海外校友会服务校友提供更多的平台和资源。海外校友会在支持母校培养人才方面扮演着重要角色。以同济大学为例,2013 年 2 月,新加坡同济校友会与母校签署了共同建设海外实习基地的协议,建立了同济大学首个大学生海外实习基地。日后,多家新加坡企业将接受同济大学学生赴新加坡实习,新加坡校友会负责所有实习学生的生活起居和权益保护。将校友工作和人才培养、国际交流相结合,是一种可以借鉴并不断探索的新模式。

3. 建立高校内部协调机制

过去,上海各高校统战(侨务)部门的侨务工作对象局限于归侨侨眷和归国留学人员。今后应放宽眼界,建立侨务部门与校友会负责部门的联系机制,进一步加强信息沟通和资源共享,找到工作上的结合点和聚焦点;共同开展对海外校友的联络服务工作,加深感情,宣传政策;加强工作研讨,对海外校友会工作中的问题以及侨情进行分析研究,促进海外校友会的发展。

（二）建立海外校友会侨务资源联动开发机制

海外校友会侨务资源联动开发机制建设是侨务部门拓展海外校友会工作平台的前提。借助校友会渠道开展海外校友会工作，实现侨务工作与高校工作的双赢局面，需要夯实基础，树立典型，充分发挥高校的积极性，增强海外校友会的积极性，逐步将高校校友会工作引入侨务工作。在开展海外校友会工作时，侨办应与高校互通声气，互相支持，实现资源共享；工作过程中相互沟通，协力解决遇到的各种问题。在上海市侨务部门的主导下，建立一整套海外校友会侨务资源联动开发机制，可以着力在以下几个方面进行推动。

其一，针对海外校友规模较大的重点高校，逐步建立起一对一或者一对多的交流合作机制。定期或不定期举行工作会议，商讨合作事宜，共同开展海外校友侨务活动。

其二，积极参与上海高校创设海外校友会、增设海外校友分会的工作，共同见证海外校友工作的推进，在第一时间与新设海外校友组织建立直接联系。及时了解高校重大校友活动信息，相机开展海外校友会工作。在与返校海外校友会负责人接触的过程中，了解海外校友具体情况与校友中的资源性力量。

其三，充分借助信息化手段拓宽虚拟交流渠道。鉴于海外校友散居于世界各地，信息化手段是克服空间距离的重要手段，也是当前最高效、最便捷、最容易被各年龄阶段校友广泛接受的形式。上海的高校已经开始拓宽信息采集渠道。为了掌握海外校友的最新信息，校友会建立了校友会网站，专门设计了"校友录"功能，使校友通过登录校友会网站，注册成为校友会成员，登录班级社区，和同班同学取得联络，上传信息，分享照片，阅读留言。校友会通过"校友录"获取注册会员的最新个人信息。除校友会网站外，官方微博、微信公众号、邮件群组等交流平台也都能够为广大海外校友提供广泛的沟通途径。

其四，与上海市教育主管部门协调，探讨建立"上海市高校海外校友联合会"等类似组织，进一步整合上海市各高校的海外校友会，并对其工作进行必要的指导和推进。上海财经大学校友会负责人在调研中指出，上海地区的高校联合起来能够促进海外校友会的发展，实现共赢。

（三）充分发挥海外校友的智力优势

海外校友中专业人士众多，这也是校友会被归为华侨华人专业社团的主要原因。加大与海外校友中的高层次专业人才的合作与交流，是上海市提高人才国际化水平、与世界接轨的重要途径。上海市各高校过去已经有过很多成功经验，或与海外校友进行科研合作、联合办学、联合培养研究生，或聘请海外校友为海外院长、兼职（客座）教授、研究员等，促进了学校科研育人等中心工作的全面发展。在今后的工作中，需要将侨务引智工作与高校的人才工作结合起来，引导海外校友中的专业人才通过不同方式助力上海的建设与发展。

1. 加强海外校友归国就业的政策咨询平台建设

引进人才的政策措施必须建立在深入了解海外人才迁移意愿的基础之上。上海外国语大学的海外校友表示，愿意有规律地短期回国服务，但不太了解国内是否有这方面的项目，希望校友会能够有针对性地介绍或设计海外校友归国就业项目。这就要求相关部门针对海外人才回国创业制定更加切实可行的政策措施，并适度加大引智活动及政策的宣传力度，借助信息化时代的各种新媒体、新途径，使尽可能多的海外校友中的高层次人才了解相关工作及政策举措，提高侨务引智的层次、质量与效率。

2. 探索外籍华人人才所涉居留便利政策

上海亟需在国际人才流动方面进行重大的政策创新和突破，从根本上解决长期制约国际人才高地建设和引智工作的一些突出问题，其中，以外籍华人人才为代表的外籍人才在沪居留政策亟待创新。建议相关部门基于公平公正原则及血缘优先的国际惯例，率先在外籍华人人才所涉居留政策设计方面进行积极探索，以便其来沪洽谈商务、开展科教文卫交流活动。

（四）充分发挥海外校友在公共外交领域的独特作用

海外校友文化素质高、融入主流社会程度深，在公共外交领域可以发挥独特的作用。

其一，发挥海外校友融通中外的优势，讲好"中国故事"。海外校友从国内出去，对我国的文化和改革开放比较了解，他们的言论、著述往往能够对住在国社会正确认识中国的文化和中国的发展起到正面作用。海外校友就职于教育、科研、金融等机构，与住在国的精英阶层有着直接的接触，对当地社会和民众的影响面是其他力量不能比拟的。应鼓励广大海外校友积极、正面地推介中国，让周围人更为准确、客观地了解一个快速发展变化的、和平崛起的中国，塑造中国良好的国际形象。东华大学校友总会负责人在调研中提到，该校针对全球五大创意城市作"海派时尚"的宣传推广，展示上海的城市软实力，整个过程中海外校友起到了关键作用，在意大利米兰等城市收到了非常好的效果。

其二，以海外校友中的代表性人士为重点，开展公共外交。很多海外校友事业有成之后，参政意识增强，开始涉足政坛。如德国第一位华人议员就是同济大学校友，创造了华人进入德国地方议会的历史。如何使他们在专业领域之外，发挥国际关系发展方面的作用，为我国创造和平的发展环境、友善的舆论氛围和友好的对华政策，这就需要系统、全面地了解海外校友中的代表性人士在所在国政治与公共事务中的角色、地位及作用，为后续工作的开展提供条件。

（五）合理规划构建海外校友会代表性人士信息库

侨务部门和高校各自拥有一定的资源，可以在充分沟通合作的基础上逐步形成海外校友中代表性人士名单和数据库，并探索发挥这支队伍潜力的途径和方法。海外校友数据库的建立与完善，是构建海外校友工作平台的基础性工作，需要及时了解海外校友的基本情况及动态，提高信息搜集的能力，增加信息搜集的手段，并使统计工作更加科学化。校友的情况不断发生变化，因此要不断完善和更新校友信息网络，构建侨务部门与海外校友以及校友与校友之间准确、高效的联系网络，搭建快速便捷的全方位联络沟通平台。通过多种渠道搜集信息，做好基础信息的查漏、补缺、勘误工作。

海外校友信息库建设可以从以下几个方面着手：一是加强与各高校的信息沟通，广泛收集海外校友信息，通过各地校友会联络员，将海外校友的信息资源集中汇总；二是进行动态管理，及时更新变动的数据，确保数据的真实可靠性；三是将海外校友中的代表性人士充实到侨务部门华侨华人"智库"中，供决策参考。

在信息库建设的过程中，需要走访中国科学院在沪各研究院（所）、上海社科院、其他相关市属高校等，不断充实数据、补充资料，获取海外校友群体及海外校友会工作的最新动态，寻求将侨务工作、高校海外校友工作有机结合的具体路径。

侨务引智与上海城市升级

——基于美、澳、日、加四国侨情分析的研究

王　健　林超超　贾璐阳[*]

摘要：本研究报告以上海侨情调查数据为基础，通过数据分析、调查访问等研究方法，重点聚焦上海籍华侨华人较多的四个国家，即美国、澳大利亚、日本和加拿大，分析这些国家中上海籍华侨华人的特点和华侨华人总体结构的新变化，并从上海籍华侨华人发展的历史规律出发，结合全球一体化，特别是人才战略在各国发展中日益突出的趋势，围绕上海创新驱动、转型发展的产业结构调整和国际化大都市的建设目标，为如何进一步加强与海外上海籍华侨华人和高科技、高素质侨务人力资源的联系，制定既符合国家侨务和人才政策总体要求，又符合上海特点和发展需求的侨务政策，提供若干思考和建议。

关键词：华侨华人　上海侨情　侨务引智　城市升级

改革开放后三十余年，华侨华人的数量及其教育程度和社会经济地位在侨居国迅速上升，与祖（籍）国的联系也越来越密切，他们愈益成为我国进一步发

---

* 作者简介：王健，上海社会科学院国际关系研究所所长、研究员；林超超，上海社会科学院历史研究所助理研究员；贾璐阳，香港中文大学博士研究生。

展的重要人力、智力和财力资源。随着全球一体化发展增速与国际间交流加剧，以留学生移民为新生力量的"海归"群体，将从根本上改变传统的侨乡格局。越来越多的"海归"选择到大城市创业或就业，新形势下的都市侨情变得更加多元，也更加需要加以重视。

一、上海侨务工作面临的机遇与挑战

进入 21 世纪，经济全球化步入新的发展阶段，生产、贸易、服务的一体化程度迅速增强，各类生产要素，特别是劳动力、资本、技术和信息，在全球范围内的流动速度空前加快，技术移民和投资移民的比例随之不断增长。与此同时，经济的发展动力由物力资本转向人力资本，从主要依靠自然资源、资本投入转向主要依靠知识和人才。这一转变加剧了国家间的人才竞争，很多国家和地区都积极采取措施吸引国际人才，对高层次人才的竞争尤为激烈。

近年来，我国政府也愈加重视对海外人才的引进，从中央到地方都制订了各种人才引进计划，积极参与国际人才争夺战。对于上海来说，在国际人才的竞争中，必须重视我国独特的海外华侨华人人才资源。侨务部门应当围绕"四个中心"建设和"全球科技创新中心"的战略目标，充分利用中国（上海）自贸区设立的契机，把握机遇，应对挑战，为上海充分利用海外的人才、资本和技术，实现创新驱动、发展转型作出独特贡献。

（一）海外华侨华人结构突出表现为留学生的数量和投资移民、技术移民的规模不断扩大，同时受国际金融危机和祖（籍）国发展机遇影响，移民回流数量增长

改革开放以后，我国移居海外的新华侨华人数量迅速增长，2000 年以来，每年约有 40 万人离开中国，截至 2015 年，中国海外移民存量接近 1 000 万，已成为第四大移民输出国。根据中国与全球化智库发布的《中国国际移民报告(2015)》，海外的华侨华人总量已达 6 000 万，是国际上最大的移民群体。[①] 从移

---

① 王辉耀：《中国国际移民报告(2015)》，社会科学文献出版社 2015 年版，第 13 页。

民构成上看,中国的海外移民结构实现了从以劳工移民为主到留学移民、技术移民、投资移民等多元化发展的转变。目前,中国已经是世界第一大留学生输出国。教育部统计数据显示,截至 2015 年,中国出国留学总人数超过 400 万人,其中 2015 年中国出国留学总人数为 52.37 万人。①

围于数据统计上的困难,有关投资移民和技术移民的情况只能从单个国家情况入手进行了解。根据美国、加拿大以及澳大利亚的统计资料显示,中国已经是这些国家最大的投资移民来源国。2014 年美国发放给中国公民的投资移民签证比 2011 年(2 233 份)增加了 3 倍多,达到 9 128 份,占美国移民局全年发放的投资移民签证总数的 85.4%。在澳大利亚,重要投资者签证有九成发给了中国公民。② 此外,欧洲、拉美等都是中国投资移民的目标地区。投资移民的总量虽然不大,但近年来增速很快。相对于投资移民,技术移民的群体规模更为庞大,技术移民制度已经成为国家间人才竞争的武器。目前,在美国、加拿大、澳大利亚等国家批准的绿卡当中,每年都有超过 10 万的名额分配给技术移民。根据有关调查,这些技术移民主要集中在高科技领域,学历水平普遍较高,超过 70% 以上的人持有硕士及以上学历,超过 20% 的移民取得了博士学位。③

值得注意的是,2008 年金融危机以后,发达国家经济增长乏力,国民失业问题恶化,外籍人士的就业形势也趋于严峻,于是出现了以留学生为主体的移民回流现象,中国、印度、日本等留学生输出国表现得最为明显。据教育部 2017 年 1 月发布的《中国留学回国就业蓝皮书 2016》统计数据,2016 年留学回国人员为 43.25 万人,近八成留学人员学成后选择回国发展,年度回国人数与出国人数的差距逐渐缩小。同时,受国际经济形势的影响,越来越多的发达国家人民转向发展中国家寻求商业、教育机会。

(二) 国际人才争夺激烈,发达国家在人才竞争中处于优势地位

放眼世界,国际社会对高科技人才、复合型人才等高层次人才的竞争愈演

---

① 《2016 年中国出国留学发展趋势报告》,中国教育在线,http://www.eol.cn/html/lx/report2016/mulu.shtml。
② 王辉耀:《中国国际移民报告(2015)》,社会科学文献出版社 2015 年版,第 16、27 页。
③ 王辉耀:《移民潮:中国怎样才能留住人才》,中信出版社 2013 年版,第 92 - 95 页。

愈烈,发达国家抢得先机,处于优势地位。

以美国为例,美国政府在 2010 年 5 月出台的《国家安全战略》报告中,明确把国家的"繁荣"和"领先"与教育和人才挂钩,并将发展教育、培养人才作为国家安全战略的重要内容。美国在吸引海外人才方面已经形成了良性竞争机制,并成为全球人才流动的最大受益者。美国之所以能大规模吸引外国人才,主要得益于该国的就业机会多、教学水平高、社会环境宽容以及相对开放的移民制度等因素。数据显示,美国工程和数学博士学位获得者中,约有半数为外国人;创新成果专利申请者中,也有 50% 为外国人;1990 年至 2004 年,超过三分之一的美国诺贝尔奖获得者出生在外国。长期以来,美国政府通过放宽移民限制、增加签证名额等政策措施,为外国优秀人才在美工作和定居创造条件,其中一项重要内容就是增加短期工作签证额度。此外,移民法还将引进专业技术人员作为重中之重,简化外国人赴美工作、学习和经商的申请程序。

又如德国,它是近些年中国留学的新热门。2012 年,德国议会通过了旨在吸纳欧盟以外第三国专业人才来德的欧盟"蓝卡"法案。该法案下调了外国专业人才最低收入门槛,从原先规定的年薪 6.6 万欧元降低为 4.5 万欧元,部分专业人才匮乏的职业,其年薪门槛还可降低至 3.5 万欧元。

与中国一衣带水的日本,是上海籍华侨主要聚集地之一。为解决本国人才不足的问题,日本一直在研究放宽移民政策,2012 年将外国人居留期限由 3 年延长至 5 年,未来还将继续放宽限制,每年拟引进 20 万外国移民。

与上述情况相对,发展中国家正面临人才流失和巨大的移民赤字。2013 年,中国的"移民赤字"为 849.4 万。我国每年仅获得美国、加拿大、澳大利亚、新西兰等国的永久居留签证就有 15 万份左右,加上欧洲、日本、东南亚、南美洲、非洲等地的中国国际移民,移民总量不低于 30 万人。而我国每年对外籍人士发放的永久居留签证却很有限,2016 年,我国"绿卡"的发放量仅有 1 576 份。自 2004 年中国实施"绿卡"制度至今,中国"绿卡"持有者刚刚破万。大环境的制度瓶颈也束缚了上海的人才发展。当前,在沪的外籍留学生大约有 4 万到 5 万人,根据现行的外国留学生政策,外国留学生毕业后在中国难以居留,因而留在我国就业的留学生人才微乎其微。即使考虑到有不少外国人在中国无证就业,但这些人主要是低层次就业者,高端人才的总体吸纳还是严重不足。

（三）我国各地都越来越重视海外人才的引进工作，客观上形成国内城市间高层次海外人才的良性竞争局面

近年来，从中央到地方都十分重视海外人才引进工作。全国范围内，有2008年起实施的"海外高层次人才引进计划"（简称"千人计划"）、2011年起实施的面向非华裔外国专家的"外专千人计划"等。2012年，中央又发布了《外国人在中国永久居留享有相关待遇的办法》，规定了持有外国人在中国永久居留证（中国"绿卡"）的外籍人员，除政治权利和法律法规规定不可享有的特定权利和义务外，原则上和中国公民享有相同权利，承担相同义务。

在这之后，国内的一些传统侨乡、沿海省份及其他大中城市也纷纷启动了海外人才引进工程。如"百名海外博士江苏行"是江苏省引进海外高层次人才智力的重点活动平台。至2016年，该活动已连续举办10届，共有158名海外高层次人才落户江苏创新、创业，其中有8人入选国家"千人计划"、23人入选省"双创计划"、54人入选省市人才资助项目。[①] 又如，浙江杭州从2010年开始实施的"521计划"，计划用5年时间面向全球引进20个以上海外优秀创业创新团队，100名以上带着重大项目、带领关键技术、带动新兴学科的海外高层次创业创新人才。2016年，杭州启动了新一轮"521计划"，计划同样用5年时间，在全市重点创新项目、重点学科和重点实验室、企业和金融机构，以高新技术产业开发和成果转化为主的各类园区等领域，引进并重点支持200名左右能够突破关键技术、发展高新技术产业、带动新兴产业发展的海外高层次人才；每年引进10名左右拥有海外学习工作经历，在高等院校、科研机构、科技企业和金融机构从事创新工作的青年人才。[②] 此外，北京市的"海聚工程"、南京市的"321计划"、广东省的"珠江人才计划"等，也都取得了阶段性成效。

为配合国家的人才发展战略，国务院侨办会同地方侨办自2005年起就在全国范围内实施"海外人才为国服务计划"，其中包括举办"海外华侨华人专业

---

① 《"百名海外博士江苏行"首站活动在昆山启动》，中国侨网2016年10月25日，http：//www. chinaqw. com/jjkj/2016/10－25/109214. shtml。
② 《杭州新一轮"521"计划首批建议人选多为海归》，中国侨网2016年9月23日，http：//www. chinaqw. com/jjkj/2016/09－23/104978. shtml。

人士回国创业研习班",至今已成功开办了 31 期,旨在为有意来华创业的人士提供政策咨询和资讯服务。上海方面,除承接了多次华侨华人回国创业培训班工作,还积极筹办了各项引智工程,近年来先后启动了"海外人才积聚工程"、"2008—2010 年引进海外智力行动计划"、"3100 工程"、"雏鹰归巢计划"、"百人计划"、"上海浦江人才计划"等,并通过开通"上海侨务经科信息"、"上海侨务"等微博平台,面向海内外华侨华人提供来沪投资、科技交流、创新创业、人才引进等服务信息,营造上海吸引积聚海外人才的良好氛围。

但与其他国内城市相比,上海市海外人才引进工程在质量上和规模上不占有明显优势,一方面这些人才引进工程尚不能满足上海经济转型的需要,另一方面对于外籍人才、外省籍人才留沪居住和就业设置了较高的门槛,不利于人才引进。如根据教育背景等条件将人才分为三六九等,积分落户,这种办法或可识别出一些人才,但也将更多的"潜力股"淘汰出局。当前上海正致力于打造国际化大都市,应具有更加广阔的胸襟、更加灵活的人才战略,兼容并包,使更多的海内外英才有机会到上海发展。

(四) 在经济转型的关键期和全面开放的新阶段,上海面临着人才紧缺的形势

自 2008 年以来,上海的 GDP 增速连年低于 10%,依靠投资拉动经济增长的模式已经不可持续,加之人多地少、环境容量有限等问题,当前,唯有尽快实现"两个转变",即经济形态向服务经济转变、发展模式向创新驱动转变,才能确保上海发展的可持续性。根据国家对上海的战略定位和要求,到 2020 年上海要基本建成与我国经济实力和国际地位相适应的、具有全球资源配置能力的国际经济、金融、贸易、航运中心;到 2030 年,上海要基本建成国际经济、金融、贸易、航运中心,并确立国际经济中心城市的地位。2014 年,中央又对上海提出了"向具有全球影响力的科技创新中心进军"的新要求。这些目标的实现,除了制度保障、政策支持外,更有赖于人才结构的优化和人才规模的扩大,而目前上海的人才储备和构成情况与这些战略目标的要求还存在较大差距。

首先,人才资源的层次还不够高。根据 2015 年全国人口抽样调查资料,上海常住人口中,大专以上文化程度人口占常住人口总数的 27.3%,和北京的

39.9%相差 12.6 个百分点,且差距呈现逐年扩大趋势。其次,高层次、创新性人才匮乏。《上海蓝皮书:上海经济发展报告(2016)》指出,上海的科技创新人才数量优势不突出,大幅低于北京,同时,也低于江苏、浙江、广东和山东等地。上海具有博士学历的高级人才仅为北京的 37%。此外,人才资源结构亟待改善,高层次、专业化人才缺口很大。如汽车、钢铁、化工和商贸等支柱产业中能进行全球经营管理的人才不足;大型飞机制造、新能源、海洋开发等新型产业领域发展所需的专业人才储备严重不足;金融行业中具有良好的专业素质、通晓国际金融运行规则、有较强组织管理能力的国际化关键人才十分缺乏,还有保险精算、核保核赔、风险控制、市场营销、大额资金投资、资产管理、投资银行等领域具有较高专业素养、丰富专业经验和较强市场影响力的国际化领军人才严重匮乏;航运金融、保险、海事法律、航运信息分析、航运经济等知识和技术含量比较高的航运衍生行业所需要的国际化复合型人才特别缺乏。[①] 而这些领域的发展关系到上海的战略目标能否实现,相关领域人才匮乏必将影响到上海“四个中心”和“全球科技创新中心”的如期建成。

综上所述,在全球化背景下,海外留学、技术移民和投资移民是目前国际人才流动的主要途径。与发达国家相比,我国有意识地开发、引进海外人才的工作起步较晚,对海外资源的利用还不充分。尽管目前从国家到地方都已经出台了各个层次的引智规划,但总体上还需要制定更加开放、灵活的人才引进政策。上海虽然已经成为国内头号“海归聚集地”,[②]但与发达国家、国内传统侨乡以及其他大中城市相比,在引智、引资等工作方面还有政策拓展空间。

二、上海侨情的基本情况及其特点

虽然上海在国际、国内高层次人才竞争中面临着严峻挑战,但上海拥有的发展机遇和优势仍然十分显著。当前海外上海籍华侨华人和华侨华人总体结

---

① 张同林、周莹、严春松:《2030 上海发展研究丛书·上海区域发展制度创新》,上海辞书出版社 2013 年版,第 215-216 页。
② 上海侨务理论研究中心:《上海侨务理论研究报告集(2009—2010)》,上海人民出版社 2011 年版,第 181 页。

构的新特点,都为上海实现创新驱动、转型发展的产业结构调整和国际化大都市的建设目标,提供了丰富的侨务资源。

(一) 上海侨情的基本情况

根据上海市第三次基本侨情调查(2011),从分布范围上看,上海籍海外侨胞和留学生分布很广,涉及海外 159 个国家和地区,主要集中在发达国家和地区,人数最多的国家依次为美国、澳大利亚、日本和加拿大,居住在这四个国家的侨胞人数占上海籍海外侨胞总数的七成以上。并且,在海外的上海籍华侨华人以新侨居多,大部分是改革开放以后移民至国外的。此外,近几年来,移居海外的沪籍华侨华人和出国留学人员的数量快速增长。沪籍华侨华人数量较2004 年增长约 36%,增量达 25.1 万人;出国留学人员以平均每年 23.5% 的速度递增,二者总数达到 102 万人(这个数字在 2004 年仅为 68 万)。

最近几年,受国际经济形势的影响,归侨、归国留学人员越来越多。截至2011 年,上海市归侨、侨眷、港澳居民眷属、归国留学人员和留学生眷属总人数已达到 108 万人,较 2004 年增长 47.9%。其中,归侨比重约为 3%,侨眷数量最多,占到 65%。增长速度最快的是归国留学人员及其眷属(约占 25%),2004 年至 2011 年来沪的归国留学人员接近改革开放后归国来沪留学人员总数的一半,占全国归国留学人员总量的四分之一。归侨、归国留学人员及居住在本市的华侨华人、港澳居民数量大幅增加,表明上海已成为海外华侨华人、港澳居民和留学生回国投资、创业、生活、居住的主要地区。与中心城区相比,松江、嘉定、宝山等郊区的归侨数量增长更加明显,自 2004 年至 2011 年,郊区的归侨数量增长了 3 到 4 倍。侨务资源在各区县的均衡分布,更有利于社会经济的协调发展。

(二) 美国、澳大利亚、日本和加拿大上海籍华侨华人和留学生的新特点

上海市第三次侨情调查显示,美国、澳大利亚、日本和加拿大等发达国家是上海籍海外华侨华人的主要侨居国。在这些国家,华侨华人人才资源相当丰富。深入调研这些国家的上海籍华侨华人资源,包括拥有"上海情结"的非上海籍华侨华人,兼及这些国家华侨华人的总体特点,将有助于上海切实开展海外

人才引进工作。这些国家的华侨华人，主要是上海籍华侨华人，具有以下一些新特点。

1. 新移民快速增长，出国动机从"谋生存"向"图发展"转变，其中留学人员数量增速放缓，海归增长迅速

随着上海新移民数量的快速增长，在澳大利亚的一些城市，沪籍侨胞的数量甚至已经超过粤籍和闽籍。这些新移民以留学生和技术移民为主，出国动机已从"谋生存"转变为"图发展"。近几年来，上海留学人员数量增长速度有所放缓，2013 年上海共有 10 234 名学生获得 27 个国家的留学签证，较之 2012 年的10 442 人略有下降。全国范围内也有类似情况，根据教育部统计，2013 年全国出国留学人数为 41.39 万人，相比 2012 年，只增长了 3.58%。虽然近几年增速有所回升，但与 2009 年的 27.53% 相比，仍处于较低水平。这主要是因为近年来，宁波诺丁汉大学、上海纽约大学、昆山杜克大学等不少高质量的中外合作大学开办或筹办，使得部分家长选择让孩子"在家门口留学"，多元化的成才途径分流了出国留学的生源。相比之下，这两年海归数量则增长明显，2015 年度各类留学回国人员总数为 40.91 万人，比 2014 年增长了 12.14%。①

2. 职业构成以高科技、高端服务业等专业领域居多

与以往中国人出国务工、做小生意不同，随着技术移民、投资移民，特别是留学等移民形式的增加，知识精英和财富精英日渐成为海外华侨华人的主力军，并由此推动了新一代华侨华人教育层次和社会经济地位的提升。根据《海外华侨华人专业人士报告(2014)》的统计，目前海外华侨华人专业人士群体接近 400 万，行业分布以高新技术、教育、金融等领域为主，从以前依靠"三刀"(菜刀、剪刀、剃头刀)谋生，到现在向"三师"(工程师、医师、会计师)和"三家"(科学家、企业家、发明家)发展，专业人士的比重越来越大。②

过去在美国谋生的华侨华人以中式餐饮、洗衣、制衣、杂货与中式食品超市

---

① 《2016 年中国出国留学发展趋势报告》，中国教育在线，http://www.eol.cn/html/lx/report2016/mulu.shtml。
② 王辉耀、苗绿：《海外华侨华人专业人士报告(2014)》，社会科学文献出版社 2014 年版，第 8 页。

等传统行业为支柱,总体经济实力和影响力十分有限,而今天,30%以上的华侨华人属于专业技术人员,比重甚至超过了美国本土技术人员。在美华侨华人涉足的行业也很多元,涵盖了出口贸易、房地产、银行、医务、财会、科技及高等教育等诸多领域。加拿大的情况和美国类似,大约有30%的加拿大华侨华人拥有大学学历。在基本工作年龄的华侨华人中,约有20%的人从事销售及服务业,20%的人从事商业、金融及行政行业,16%的人分布在自然和应用科学领域,13%的人从事管理行业,11%的人从事处理、制造和公用事业。在日本的新华侨中,在公司就职或从事教学与科研工作的人居多,还有少数人独立创办公司。在澳大利亚,每年录取的中国学生人数平均增长近20%。同时,来自中国的技术移民的数量也不断增长。据澳大利亚官方统计分析,在澳大利亚25—64岁的华人新移民中,拥有学士学位的约占25%,拥有硕士学位的约占16%。而澳大利亚国内同一年龄段拥有同等学力的人数分别占人口总数的16%和4%左右。其中,约有32.1%的华人新移民拥有管理和经济专业本科学历,17.7%和10.7%的华人新移民拥有工程技术和信息技术专业的学历。这些特点在上海籍华侨华人身上反映得更加明显,也因为学历水平、专业水平较高,上海籍华侨华人在澳洲当地参政的比重较高。[①]

3. 留学生低龄化趋势显著

上海的留学生低龄化现象出现得较早。据上海海外人才服务中心统计,2010年来该中心进行学历学位验证的留学归国人员中,20—29岁的人占总数的65.42%,较之前两年呈现持续增长态势。上海海外人才服务中心的数据还显示,在专业分布上,学历学位验证申请人所学专业仍以经济、管理类为主,分别占了31.5%和26.3%,再加上其他人文社科类专业,共占留学生人数的三分之二以上,而就读于电子工程、工业制造、理化材料、建筑、生物医药、医学、交通、环境保护、农林等专业的留学生,还不足留学生总数的30%。[②]

---

① 访谈资料:杨东东,澳中商业峰会主席、中国侨联海外委员,上海华亭宾馆议事厅,2014年9月25日。
② 根据日本法务省网站公布的数据整理,http://moj.go.jp/MINJI/toukei_t_minj03.html。

4. 分布呈现大集中、广分散的特征

在地区分布上,中国的新移民散居在各国各大城市,但同时又集中于首府城市,呈现"大集中、广分散"的特点。例如,在澳大利亚,90%以上的华人居住在澳大利亚各州的首府,其中居住在悉尼的华人占澳大利亚华人人口总数的一半以上,住在墨尔本的华人约占 26%。日本法务省公布的统计数据显示,由于地缘政治关系,近十年来每年取得日本国籍的中国公民数量呈下降趋势,从 2007 年的 4 740 人下降到 2016 年的 2 626 人,[①]但在日本的上海籍华侨华人仍为数可观。早期的上海籍华侨华人主要集中在横滨,目前在东京、大阪、神户等大城市都有不少的上海籍华侨华人。

5. 侨胞已形成自己的社区网络,特别是专业网络

各种协会、社团、同乡会、同学会的成立构成了庞大的华侨华人社区网络。当留学人员成为新华侨的重要构成,联系海外华侨华人的纽带已经不仅仅是传统意义上的地缘和血缘基础,更多的华侨华人经由特定的专业社团和社交网络走到一起。1992 年创办的加拿大中国专业人士协会(CPAC)就是一个为中国专业移民服务的社团组织,其会员已经超过 2.4 万人,在加拿大同类组织中规模最大。它主要为旅居加拿大的中国专业人士提供与各自行业相关的商业信息咨询和交流;为新移民到加拿大的专业人士提供更新其专业技术信息的渠道,以协助其尽快融入当地社会;担当当地华人专业人士社区与加拿大三级政府及中国政府之间沟通的代言人。CPAC 通过参与政府咨询、会议、社交文化活动、慈善事业以及社区服务等方式,在加拿大多元文化社会中扮演着越来越重要的角色。同样成立于 1992 年的中国旅美科技协会(CAST),对促进中美之间文化、科技、教育、经贸等领域的合作与发展作用显著。仅 2009 年,该协会就携带了 120 多个科技项目回国交流,其中签订合作或达成合作意向的有 20 多个,李彦宏、邓中翰等知名人士都是该协会的成员。在美影响较大的华侨华人专业人士社团还有百人会、全美华人金融协会、硅谷中国工程师协会、华源科技协会、美中医药开发协会等。上海籍华侨华人较为集中的澳大利亚、日本,也有

---

① 根据日本法务省网站公布的数据整理,http://moj.go.jp/MINJI/toukei_t_minj03.html。

大量的华人专业协会,如日本新华侨华人会、澳大利亚昆士兰华人科学家与工程师协会、澳大利亚华人生物医学协会、南澳华人专业人士协会等。

6. 与国内联系更为密切

随着企业国际化程度的加深和跨国企业的发展,越来越多的海外华侨华人选择以"海鸥"(跨国往来)的方式参与国内投资和企业的经营管理。同时,随着中国的日益开放与信息化发展,国内侨属与海外华侨华人的日常联系、来往探亲、旅游度假日益普遍,海外华侨华人与国内的联系更为密切,国内社会与海外华侨华人的相互依存度也愈益加深。中国政府实行的各项政策和治理措施,原仅以国内民众为对象,如今都会不同程度地波及海外,在海外华侨华人中产生或好或坏的影响,而海外侨界的一些问题也往往会通过不同的渠道反映到国内。

三、海外华侨华人与上海城市发展

近代以来,上海城市发展的每个历史阶段都有海外华侨华人的参与与支援,华侨华人推动着上海城市的现代化发展。

近代上海,尤其是 1843 年开埠以后,逐渐取代广州成为全国最重要的商埠。随着商业贸易的发展,经商营利、就业谋生的机会越来越多,吸引了大批海外华侨和大量侨资来沪。这一阶段来沪发展的海外华侨,大多是更早时期从两广、闽浙一带出国谋生的华侨后代,尽管他们对自己身份的认同主要源自祖籍的传统乡村侨乡,但这些华侨和侨资,对上海近代工业、商业、金融业等行业的发展起到十分重要的作用。近代上海商业的发展,也得益于华侨、侨资的回归。最典型的就是永安、先施、新新、大新四大侨资百货公司,不仅造就了南京路的繁华,更带动了上海滩一带成为中外闻名的十里洋场。这四家侨资百货公司不同于中国传统的商业店铺,采用了股份有限公司的组织形式,引进了西方商业经营方式,为改进中国传统的家庭式的商业经营方式提供了范例,直接推动了上海商业经营方式的变革。据统计,自 1900 年到 1949 年,华侨在上海投资数额达 1.07 亿元,约占华侨全国投资总额的七分之一。华侨在上海投资企业的平均规模居全国第一,在沪侨资企业的平均投资规模相当于福建侨资企业平均投资规模的 16 倍和广东侨资企业的 30 倍。侨资的来源以东南亚和澳洲居多,其中,东南亚国家混合投资占 30.99％,印尼占 21.21％,澳洲占 30.05％,美洲和日本分别占到 3.42％和 2.90％。这些来沪发展的侨民、侨企,不仅拥有大量资本,而且经营多种行业,对上海近代经济发展影响很大。

中华人民共和国成立后,受政治环境的影响,华侨华人回国参与建设一度受到影响,但是争取海外留学人员归国参加社会主义建设,是在建国初期就作出的战略决策。据高教部统计,到 1950 年,我国滞留在世界各国的留学生和学者约有 5 000 多人,其中不乏学有所成的科学技术人才。当时,上海作为全国科技力量最为集中的城市之一,有独立的科研机构 18 所,科研人员却仅有 300 余人。为了争取留学人员归国工作,中央成立了政务院办理留学生回国事务委员会,1950 年、1956 年,上海根据中央指示先后成立了上海市人民政府文化教育委员会办理留学生回国事务委员会上海分会和争取还在资本主义国家留学生回国工作联合小组,作为上海市办理留学生回国事务的专门机构。通过一系列调查、登记、动员、宣传工作,到 1957 年 7 月,约有 301 名海外留学人员分别从美国、英国、法国、日本、瑞士等国家回到上海工作。中国科学院上海办事处是当时吸纳归国留学人员比较集中的部门,其所属的各研究所聚集了相当一批具有化工、物理、金属、化学、硅酸盐化学、有机合成等学习、研究背景的归国专家和归国留学人员。此外,这一阶段上海的归国留学人员还参与了"两弹一星"工程,如科技专家王希季是我国火箭技术研究的组织者之一,是我国第一枚液体燃料火箭及其后的气象火箭、生物火箭和高空试验火箭的技术负责人;吴自良领导并完成了用于铀同位素分离的"甲种分离膜"的研制任务,保证了 1964 年我国制造的第一颗原子弹成功爆炸。[1]

改革开放以后,利用外资成为社会主义现代化建设的题中之义,吸引华侨华人和港澳同胞回大陆投资是利用外资的重要组成部分。在改革开放的新时期,与上海有关的华侨华人比以往更积极地参与上海建设:1978—1995 年底,

---

[1] 谢黎萍、张励、黄坚、杜捷:《二十世纪五六十年代上海留学人员归国工作研究》,《上海党史与党建》2008 年第 2 期。

上海市累计批准外商投资项目共 13 586 个,协议外资 342.7 亿元,其中 59％的项目和 56％的资金来自华侨华人和港澳同胞的投资。据 1995 年的统计,上海共有归侨 3 000 余人、侨眷 41 万人,分别来自五大洲 51 个国家和地区,以印尼为最多,约占三分之一。此外,日本、马来西亚、新加坡、越南、美国、泰国、缅甸等国家的归侨在上海也比较集中。为了鼓励华侨华人和港澳同胞来沪投资办企,自 1992 年起,市侨办对在沪投资的侨资企业进行确认工作,并根据规定给予政策优惠。至 1999 年底,市侨办共确认了 1 734 家侨资企业,实际投资 41.03 亿美元,其中香港地区最多,有 1 536 家,占 88.6％,其次是美国和日本,有 133 家,占 7.7％。与此同时,上海留学归国人员的数量也不断增长,且有不少高层次人才来沪工作、创业。2012 年,上海直接引进的海外人才共 12 922 人,其中留学人员 6 046 人、外国专家 6 623 人、港澳台专才 253 人。本市留学人员总数约 10 万余人,常年在沪外国专家约 8.5 万余人。目前,在上海工作和创业的留学人员总量约有 7.5 万,占全国的四分之一。在这些留学归国人员中,产生了102 名两院院士,占上海两院院士的 60％,并有 66 人次获得国家 973 项目首席科学家的荣誉。2009 年以来,海外华侨华人金融人才出现加速回流的态势,2010 年上海世博会的成功举办也是全球华人共同努力的结果,期间海外华侨华人为推动所在国积极参与上海世博会做出了巨大努力。

回顾上海源远流长的国际、国内移民传统,可以看出上海每个阶段的发展都与海外华侨华人的参与、支持密不可分。随着时代的发展,"上海华侨华人"的内涵逐渐丰富,早已超出了户籍、祖籍的范畴。时至今日,不少上海华侨华人已具有"双重身份认同",认同祖籍的同时,也认同自己"上海人"的身份。这些来沪发展的籍贯各异的华侨华人不仅将自己拥有的海外网络带入上海,同时也将传统侨乡的乡情网络带入上海,与上海形成更广空间上的资源互动——这也正是上海这一新型侨乡与传统乡村侨乡的不同之处。这些国籍不同、籍贯不同的华侨华人,共同参与了上海城市发展的过去和现在,未来在上海地方侨务政策的引导下,他们也必将对上海的城市新发展作出更大的贡献。如今,凡是有"上海情结"的海外华侨华人都应该作为上海引智、引资的对象加以考虑。

上海之所以会成为海纳四方华侨华人的都市侨乡,与上海独具优势的区位条件、较为完善的法规制度环境、海纳百川的城市文化密不可分。

首先,上海独具优势的区位条件是吸引海外华侨华人来沪发展的重要因素。上海开埠以后取代了广州在对外经济交往中的地位,大批原本在两广一带发展的华侨华人北上至沪。如今,上海依旧是东方大港,自 2010 年以来,港口货物量和集装箱吞吐量已连续七年排名世界第一,尤其是洋山深水港的逐期落成,极大地推动了上海国际航运中心的建设,同时又能够带动国际金融中心、国际贸易中心的发展,对上海建成国际经济中心意义深远。上海有"以港兴市"、"以商兴市"的传统,其在"四个中心"的建设过程中所蕴藏的机会对海外华侨华人依旧有相当的吸引力。

　　同时,较为完善、先进的法规制度环境也是上海吸引海外华侨华人的重要因素。近代上海兼容中西,一直引领制度建设之风。例如近代率先建立起来的司法制度、土地管理制度、建筑法规、教育制度、城市管理制度、交通法规等,不仅涵盖了社会生活的方方面面,而且将西方的法治、产权、公共空间、市民社会等观念引入中国,为华侨华人在上海的发展营造了比较有序的生活、经营环境。如今,上海依旧具有完备、先进的制度、法规优势。2013 年 9 月上海自贸区成立,以"负面清单"的管理模式来规范和约束政府行为,为企业创造稳定、透明、可预期的经营环境。在没有地价、税收等其他优惠条件的情况下,自贸区仅依靠制度创新释放的巨大红利就引起了中外投资者的热情追捧,揭牌三个多月,区内新增企业 3 600 多家,注册资金总量近 750 亿人民币。海外华侨华人对上海自贸区的建设十分关注。

　　此外,海纳百川的城市文化赋予上海独特的魅力。"海派文化"是上海的城市之魂,它根植于中国传统文化,在吸收吴越文化和其他地域文化的基础上,也受到西方近现代经济文化的影响,逐渐形成了富有上海特色的地方文化。[①]"开新"、"灵活"、"多样"、"宽容"是公认的海派文化的特征,这些特征的形成又与上海城市的移民传统息息相关。近代上海聚集了大批国内移民,他们将各自的本地文化带入上海,其中一些形成了具有上海特色的艺术流派,如上海京剧、浦东琵琶,还有一些甚至在上海发扬光大,如发源于浙江嵊县的越剧。同时,作为最

---

① 李伦新等:《"海派文化"学术笔谈:海派文化是上海城市之魂》,《上海大学学报(社会科学版)》2005 年第 5 期。

重要的通商口岸，上海又聚集着来自世界各国的官员、传教士和商人，他们将世界各地的生活方式、思想文化带到上海，形成了上海多国、多民族的文化传统。上海不仅是国内"海归"最多的地区，也是在华外国人的主要集中地。根据上海统计局发布的《上海统计年鉴 2016》，在沪的外国常住人口从 2005 年的 100 011 人，增长到 2015 年的 178 335 人，来自世界上 130 多个国家，其中以来自日本、美国、韩国的外国人居多，2015 年的占比约为 18.8％、14.3％和 11.9％。[①] 如此国际化的人口构成，反映了上海开放和包容的文化传统。

近代以来，上海以其明显的区位优势、先进的制度优势和开放的文化特性，在各个历史阶段先后吸引了一批又一批的海外华侨华人归国参与国家建设和上海发展。这些来沪的海外华侨华人，不仅在当时对上海影响巨大，而且也是上海延续至今的移民传统和文化的参与者和构建者。今天，吸引海外华侨华人，特别是上海籍华侨华人来沪参与建设，必须认识到上海自身的独特优势，并在政策制定中遵从历史规律，结合新的侨情特点和城市发展需要加以研究和思考。

四、对上海侨务引智工作的建议

在全球化的背景下，人才流动的速度更快，范围更广，发达国家依旧在国际人才竞争中保持优势地位，但近些年来，人才向发展中国家，尤其是向新兴经济体流动的趋势有所加强。我国虽然也出台了一系列引智政策，但与发达国家相比还有差距。国内的各主要城市也纷纷采取措施吸引海外人才集聚，与这些城市相比，上海的引智工作也还有改进的余地。当前上海面临着的经济转型的迫切需要，"四个中心"和科技创新中心的建设都需要大量的人力资本。这些新的形势和任务对侨务工作的内容、途径和方法等提出了更高的要求，上海需要以更加主动的姿态参与国际国内的人才竞争。对于上海侨务如何在海外引智工作中进一步打开局面，我们认为应立足当前上海城市战略发展与转型升级的需

---

① 根据上海统计局发布的《上海统计年鉴 2016》整理，http：//www.stats-sh.gov.cn/html/sjfb/201701/1000339.html。

要,尝试从以下几个方面加以考虑。

(一)在落实国家政策的基础上,利用自贸区建设的契机进行制度创新

认真落实国家的涉侨政策,积极配合国家的侨务工作,是做好上海侨务工作的基础和保障。在这一基础上,侨务工作应当从上海发展的实际需要出发,充分利用上海的优势积极参与海外引智。当前,自贸区的建设正向前推进,可以考虑借助这一契机进行适度的制度创新,比如尝试在自贸区范围内简化华侨华人出入境手续,对华侨华人的投资、居住、就业、子女教育以及社会保障等政策进行小范围调整,为华侨华人营造更加便利的工作、生活环境。此外,也应关注侨务引智工作卓有成效的地区的经验,适当借鉴。如武汉、南京等城市近年来都提出要建设成为"华侨华人回国创业首选城市",努力为归国创业的华侨华人搭建更好的平台,以积极、开放的姿态吸引华侨华人来本地创业,颇有成效。[①]值得注意的是,2014 年 9 月国务院正式批复汕头设立华侨经济文化合作试验区,这是我国目前唯一的以华侨为核心的国家综合配套改革试验区,其设立的目标是建立符合广大海外华侨华人意愿和国际通行规则的跨境投资、贸易机制,打造更加国际化、市场化、法制化的公平、统一、高效的经商环境,并形成可复制、可推广的经验。上海的侨务工作可以对汕头华侨经济文化合作试验区的建设保持关注和借鉴。

(二)保持涉侨政策的连续性

如前所述,海外华侨华人与国内的联系日益密切,他们对国家政策的变动也十分敏感,所以保持涉侨政策的连续性在引智工作中十分重要。2014 年 10 月召开的十八大四中全会公布了《中共中央关于全面推进依法治国若干重大问题的决定》,其中将依法维护海外侨胞权益纳入依法治国的框架中,"强化涉外法律服务",此举将进一步增强涉侨法律的权威性,为涉侨政策的稳定和连续提供制度保障。对上海的侨务工作来说,在引智过程中,除了打好"感情牌"、"文

[①] 《省市携手打造华侨华人国内创业首选城》,南报网 2012 年 5 月 18 日,http://www.njdaily.cn/2012/0518/144041.shtml;《武汉立志成为华侨华人回国创业首选城市》,荆楚网 2014 年 6 月 25 日,http://news.cnhubei.com/xw/wuhan/201406/t2965068.shtml。

化牌"、"经济牌"之外，也应该在涉侨法规的制定和落实当中更加规范、严谨，打好"法治牌"，为来沪华侨华人营造可信赖的、可预期的、有长期保障的生活、工作和经营环境。良好的法制环境一直是上海吸引海外华侨华人的重要软环境资源，在推行法治中国的今天，上海更应发挥自身在这方面的优势。

（三）结合上海人才紧缺情况，加强对出国留学人员的专业指导

近年来我国出国留学的人数不断上升，而且自费留学的比例越来越高。与此同时，归国留学生的数量日益增多，但这一群体的就业形势并不乐观，"海归"变"海待"的现象屡见不鲜。这一问题的根源就在于出国留学专业与市场需求的不匹配。当前，上海正在经历产业结构升级和经济增长方式的重大转变，在自贸试验区改革、"四个中心"和科技创新中心的建设过程中，上海在国际金融、国际航运、国际贸易、新能源开发、民用航空制造、生物医药、先进重大装备、新材料、软件与信息服务等领域内长期存在人才缺口。因此，加强对出国留学生的专业、择业指导是一项非常有意义的工作。部分出国留学人员在专业选择方面缺乏理性认知，通常根据申请的难易程度来选择专业，或扎堆选择所谓的热门专业，商科类和文科类专业在申请出国的留学生中尤为热门，从而导致归国就业人员中这两类专业的学生很多，但就业情况并不理想。如何使海归人才更加符合上海的发展需求？这就需要有关部门进行引导，及时公布重点需求专业和紧缺专业，以供出国留学人员参考，鼓励他们选择符合上海产业需要的专业，为上海发展储备人才。

（四）配合上海产业结构调整，采取有针对性的措施引进目标领域的人才

当前，上海正处于创新驱动、转型发展的新阶段，人才结构配合产业调整也应作出相应变化。在产业发展方面，未来上海将以国际金融、国际航运、国际贸易、新能源和新材料开发、生物医药、先进重大装备、新材料、软件与信息服务、健康产业、文化创意等产业为主，而这些产业也是当前国际人才竞争最为激烈的领域所在。《全球知识竞争力报告》显示，与国际大都市重点行业相比，上海人才在重点领域的竞争力还相对较弱，上海的经营管理人才仅为 6.5 人/每千

人,远低于香港的 39 人/每千人、新加坡的 56 人/每千人。① 上海的高科技领域从业人数也与国际大都市存在较大差距。而海外华侨华人的专业分布与上海的人才缺口具有很高的融合性,如能有针对性地进行接触、引导,不仅能够提高引智的成功率,还可以提高引智的效益。

和上海同为移民城市的香港,在这方面的发展经验非常值得参考。100 多年来,香港正是紧紧抓住世界经济发展和调整的机遇,成功实施了一系列引进人才政策,有力地促进了经济和社会的发展,成为全球公认的金融、贸易、航运及旅游中心。"香港发展需要"是港府引进人才操作最重要的考量标准。无论是面向全球的"优才计划"还是面向内地的"专才计划",最终获得批准的都是香港急需和紧缺的人才,其中九成是具有专业知识和专业技能的实用人才,主要集中在金融会计、科技、电信、教育和商业贸易等行业。而循"一般就业政策"由雇主聘用引进的海外人才,也大致与上述情况相当。2009 年的签证数据显示,"一般就业政策"引进人员占当年总引进人数的 87%,其中,管理及相关专业技术人员占 57%,运动员及演员占 20%,教师、教授占 10%。上述引进人才比较集中的行业,都是香港经济最具活力和发展潜力的支柱产业或新兴产业。②

(五) 为海外人才来沪创业提供全方位服务

海外人才虽然在专业知识和技能方面具有优势,但其归国发展也存在很多短板,尤其是很多海归人才很难在短时间内适应国内的市场、制度等环境。不少海归人士表示因不了解国内商务游戏规则,照搬海外商业模式,而出现"水土不服"的问题;他们的技术优势也很可能不适应国内市场的实际情况;在获取国内资源和与国内合作者共事等方面也容易处于劣势。③ 这些问题的出现,一方面源于国家间的制度安排、经营环境和市场情况的差异性,一方面也说明相关部门在为海外人才提供回国创业服务方面还存在改进之处。比如在海归人才创业初期,侨务部门应为之提供相关的政策、法规的解读;在海外人才回国创业

---

① 毛大立:《引领未来——"十二五"上海人才发展若干重点问题研究》,上海社会科学院出版社 2011 年版,第 12 页。
② 黄立金:《引进人才:香港的政策与实践(下)》,《国际人才交流》2011 年第 2 期。
③ 王辉耀、路江涌:《中国海归创业发展报告(2012) No. 1》,社会科学文献出版社 2012 年版,第 99 - 100 页。

遇到融资困难时,侨务部门应在融资渠道方面为创业者牵线搭桥。在人才引进制度上,对于外省籍的优秀海外人才,应通过完善人才居住证制度,向其提供基本的就业和生活保障,同时给予外国人才更多居留就业的机会。近年来,在沪外国人的数字连年增长,到2015年底,在沪外国常住人口超过17.83万人,但全市常住人口的比例还比较低,仅为0.74%,与新加坡的37.2%、纽约的21.6%(2006年数据)相比,仍有较大差距。根据英国世界城市研究中心的研究,尽管上海近年来在全球指数上升的速度较快,但目前还不是世界移民主要的目的地城市,甚至未列入第三梯队城市。[①] 上海致力于打造现代国际化都市,应当有更加开阔的胸襟,广纳海外英才。另外,新形势下的侨务工作应当运用新的方法和载体,如建立新华侨华人资料库,完善海归人才跟踪与服务机制,重视微博、微信、论坛等网络平台搭建,实现信息及时公开、发布,实时反馈,便捷互动。

(六)利用侨居国的优势资源,推动上海产业升级

与先进城市相比,上海在产业能级,特别是在自主创新能力方面差距显著:无论是高端制造业、智力密集型服务业,还是核心技术开发和本地品牌建设都较为迟缓;制造业的核心竞争力不强,高端技术路径长期以引进与合作为主。上海高新技术产业研发投入所占产值比例约0.9%,甚至低于全国平均水平(1.5%),而发达国家的比例一般在10%左右。服务业新技术、新模式的推广和应用以及产品创新的动力不足,第三产业增加值落后于北京、广州等城市。[②] 这种局面导致上海可持续发展和自主创新能力不足,上海GDP占长三角地区GDP总量的比重出现下滑的趋势。

海外华商的直接投资对上海进出口贸易及经济发展方式的转型具有重要意义。华人企业对高新技术领域的投资,必将优化上海的产业结构。美国、澳大利亚、日本和加拿大是上海籍海外侨胞的主要侨居国,这对于海外华商投资有很强的导向作用。近年来上海市评选出的明星侨资企业多来自以上国家,创

---

① 汪怿:《引进海外高科技人才比较研究:以新加坡和我国香港、台湾、上海为例》,上海社会科学院出版社2012年版,第55－56页。
② 陈志强:《华侨华人投资对上海经济转型的作用》,《上海商学院学报》2012年第1期。

办者将其在留学期间掌握的新技术和资本网络带回国内，投资创业，打造自主品牌，成绩斐然。侨务部门如能为此类华侨华人专业人士回国创业搭桥铺路，必将推动一批拥有自主知识产权的侨资企业的快速增长。

（七）华侨华人专业人士社团成为新的联结点

如前所述，海外华侨华人专业人士社团在文教科技、经贸等领域的联结作用越来越重要，它们不仅是我国海外人才的"资源库"，也是当前侨务引智工作的重要联结点，是我国吸引海外人才的"联络站"。同时，海外侨团在国内企业"走出去"的过程中也大有可为，海外华侨华人可利用自身优势，组建法律、会计等各类中介机构或咨询机构，发挥"耳鼻喉舌"作用，为国内"走出去"的企业提供翻译、投资顾问和税务顾问等服务，相互促进，共同发展。事实证明，很多成功"走出去"的企业背后都有华侨、侨团的影子。① 但在调查中，一些社团负责人也指出，当前海外华侨华人社团众多，社团与社团之间在联络和互动上存在着一些隔阂，甚至于摩擦。② 对此，侨务部门需要联合当地使领馆，明确社团的权责，最大限度地发挥社团的合力，构筑海外华侨华人良好的社会形象。

（八）关注海外华侨和在沪归侨的生活状况

目前国内在对待海外侨胞方面仍存有一些不和谐的现象，侵犯海外侨胞、归侨侨眷合法权益的事件偶有发生，如华侨在沪房产遭到破坏。在海外，除了专业人士，更广大的中国侨胞从事着一般的服务业和普通劳动，他们的生存状况和后代教育问题、生活环境同样需要国内同胞和当地华侨华人的关注。这些侨胞归国时，大多年迈退休，需要得到社区更多的关怀和照料，帮助解决生活困难，使其老有所依、安享晚年。上海市侨办已主办了多次慰问老侨胞的活动，不仅感动了在华侨胞，对海外侨胞也很有感召力。

---

① 《侨领吁侨胞应作中国企业"走出去"的桥梁》，中国新闻网 2014 年 10 月 19 日，http：//www.chinanews.com/hr/2014/10-19/6693121.shtml。
② 座谈资料：章志尧，美国大上海联盟理事长，上海华亭宾馆议事厅，2014 年 9 月 26 日。

（九）关注新华侨华人和华裔新生代

改革开放以来,通过移民以及留学至海外的华侨华人人数约有千万,形成海外新侨民群体,大部分新侨民或其父辈都有在祖国生活的经历,民族认同感比较强。而华裔新生代群体,因长期生活在所在国,价值观念、思维方式都与当地文化结合较为紧密,对祖(籍)国的归属感不强,甚至带有偏见。从引智工作的长期性角度考虑,这两类群体是未来主要的引智对象,也是所在国侨社的后辈中坚,应对其保持长期的关注,并采取不同的措施加以引导。

侨务实践与工作探索

社会治理结构创新与侨务工作功能定位研究
——基于上海市侨办的实践与探索

宋道雷*

．．．

摘要：全球化、市场化、网络化背景下侨情的变化，是社会治理与侨务工作发生契合的决定性因素。从社会治理角度出发，新时期侨务工作应该是支撑国家治理、社会治理的重要组成部分。社会治理结构创新要求将侨界群体的定位从"功能"转向"治理主体"。侨务工作的开展主要集中于两个层面：一是基层社会自治层面，它关系到侨务工作中的侨界群体；二是市场资源配置层面，它关系到侨务工作中侨资与侨智的吸引。本文基于上海市侨办的实践与探索，对社会治理背景下的基础性侨务工作内容进行了界定，对总体性侨务工作的内涵进行了梳理，并在此基础上就如何深化侨务工作提出了具体的对策建议。

关键词：社会治理　侨务工作　侨办

一、社会治理理论与侨务工作功能定位

（一）治理的内涵

治理在本质上意味着各主体之间通过协商合作，实现共创资源、共享资源、

---

* 作者简介：宋道雷，复旦大学马克思主义学院讲师。

共建体系、共克问题的目标。在关于治理的各种定义中,全球治理委员会的定义具有权威性和代表性:"治理是各种公共的或私人的个人和机构管理其共同事务的诸多方式的总和。它是使相互冲突的或不同的利益得以调和并且采取联合行动的持续的过程。这既包括有权迫使人们服从的正式制度和规则,也包括各种人们同意或以为符合其利益的非正式的制度安排。"①

治理是中国可持续发展的战略资源和战略性力量。治理涵盖市场、网络、金融等各个领域与行业,从这个层面上来讲,当今中国最短缺的资源是治理资源。治理最核心的问题是达到个体利益和公共利益的最大化以及两者的平衡。治理试图创造一种让个体利益和社会公共利益最大化的动力,它的根基不是来自政府,而是来自社会——没有社会力量的成长不可能产生有秩序、有绩效的治理。从国家发展的经验来看,这种模式在所有的大国成长模式当中都能找到它的印证。

(二) 社会治理基本原理

现代社会中人们生产和生活所赖以存在的社会秩序体系,比以往任何时候都迫切需要国家力量与社会力量的共同作用。由此,社会管理与社会治理得以分界:社会管理是指从国家角度出发,基于国家权力建构社会秩序的努力;社会治理是指从社会角度出发,基于社会自身力量建构社会秩序的努力。虽然两者的出发点不同,但它们实际的运行都离不开对方,换言之,不论是社会管理还是社会治理,都含有国家与社会的合作,只是各自的逻辑不同。因而,社会管理与社会治理是完全能够互动与合作的。② 由此可知,社会治理的基本原理是合作、协商治理,它涉及三方结构:政府、社会与市场,这便是公共治理之道所阐释的精意。③ 但是,社会治理在中国还具有自身的特殊性,即政党是社会治理的重要组成部分,甚至起着决定性作用。④

---

① 全球治理委员会:《我们的全球伙伴关系》,转引自潘小娟、张辰龙:《当代西方政治学新词典》,吉林人民出版社 2001 年版,第 223 页。
② 林尚立:《社会协商与社会建设:以区分社会管理与社会治理为分析视角》,《中国高校社会科学》2013年第 7 期。
③ 埃莉诺·奥斯特罗姆:《公共事务的治理之道:集体行动制度的演进》,上海译文出版社 2012 年版。
④ 林尚立:《治理是实现中国可持续发展的核心战略资源》,《杭州(我们)》2012 年第 10 期。

（三）社会治理背景下侨务工作功能定位的两个面向

21世纪初,社会治理成为中国国家建设的重要内容。社会治理的内容主要包含两大方面,一是发育并完善社会组织,培育社会;二是建构并完善市场主体,健全市场。基于此,从社会治理的结构来看,侨务工作的开展主要集中于两个层面,即基层社会治理和市场资源配置。

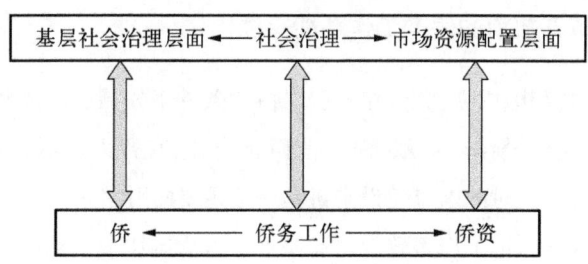

图1　社会治理背景下侨务工作功能定位的两个面向

从基层社会治理层面来讲,它关系到侨务工作的对象。上海侨务工作在社会治理工作方面的优势,是吸引并留住侨界群体的关键。上海侨务工作结合上海总体社会治理框架展开,通过涉侨团体、行业协会等社会组织的力量开展侨务工作,借助"两级政府、三级管理、四级网络"的社会治理建制性体系开展社区侨务工作。同时,上海市侨办推动社区、校区与园区的"三区联动",盘活基层资源,优势互补,提升为侨服务质量的同时,也为社会发展服务,提升了社会治理质量。

从市场资源配置层面来讲,它关系到侨务工作中侨资与侨智的吸引。就上海来讲,上海在吸引侨资方面的优势,正体现了社会治理的市场资源配置层面的关切点。调查显示,近七成(69.2%)的海外科技人才将上海作为他们的发展首选地。这与上海的国际化与市场化程度比较高有关,近半数的海外科技人才认为上海的"国际化水平高",同时,有13.6%的人认为上海的"市场环境比较成熟"。这正是他们将归国发展的首选地定为上海的原因。代表侨智的海外科技人才积极来沪发展,呈现的是上海社会治理市场资源配置层面的效率与质量优势。

上述两者关系到侨界群体如何成为社会发展、治理的积极力量，市场健全、完善的驱动因素，是侨务工作在社会治理大背景下的两条基线。侨界群体关系到的基层社会治理层面与侨资侨智关系到的市场资源配置层面，是侨务工作在新的社会治理背景下的功能定位所需要考虑的两个面向。

二、侨务工作的功能定位：历史脉络的梳理

（一）改革开放前的侨务工作功能定位

中华人民共和国成立初期，在一穷二白的条件下发展。海外华侨华人可以为中国的现代化建设作出贡献，因为他们有资金、有智力、有技术、有关系，所以，海外侨胞对于彼时的国家建设来讲是一笔重要的财富。

基于此，国家制定了许多政策驱动海外侨胞为国服务。当时的侨务工作是政策驱动型的，其保护与服务中心工作落在吸引海外侨胞归国，吸纳侨资、侨智等方面。

（二）改革开放后的侨务工作功能定位

侨务工作的功能定位在改革开放以后发生了变化。第一，从政策驱动转向制度驱动。国家立法保护、服务并吸纳侨务资源的同时出台了相当程度的制度安排。这表明侨务工作摆脱仅仅依靠政策驱动，开始走向制度驱动的轨道。第二，由强调保护与服务转向引导和鼓励归侨参与国家建设。第三，从吸纳侨资转向提升海外侨界人士对中国共产党政策的认同。引导海外华侨华人认同中国共产党的路线、政策、方针，成为这一时期的重要课题。这是侨务工作应该关注的重要方面。

（三）新时期侨务工作功能定位的挑战

新时期侨务工作的功能定位面临着一定的挑战。当前，海外侨胞回国发展的规模与频次都在提高，部分已经融入国内本地的社区与社会，他们作为侨界群体的特征在消减。侨务工作对象的角色与边界越来越不明显，回国发展的华侨华人的权利与义务与本地公民几乎是一样的。所以，强调权利与义务的平

等,而不仅仅强调他们侨的身份,这是侨务工作面临的一种挑战。侨务工作的国内对象的特征在消减,而侨务工作在海外领域越来越突出,这是侨务工作必须面对的新课题。

新时期侨务工作是支撑国家治理、社会治理的重要组成部分,包括强化与外界联系、展示中国形象、反馈海外信息等。在社会治理结构创新的背景下,侨务工作的功能定位表现为新的形态,例如,国家认同侨务:侨胞群体代际更换引起的认同变化;经济侨务:发展新兴经济;社区侨务:参与社会治理;网络侨务:信息整合;国际侨务:展示国际形象。

三、社会治理结构创新下的侨务工作功能定位

(一) 背景

全球化背景下侨情的变革,是社会治理与侨务工作发生契合的决定性因素。全球化、市场化、网络化背景下的新侨与老侨的性质具有重大差别。老侨大多是在封闭的国家系统中,迫于生计或者其他因素而出国谋生,生存是他们最为迫切的需求,他们的要求比较低,对故土更加眷恋。

全球化、市场化、网络化背景下的新侨,处在开放的国家、全球系统中,大多基于求知、投资等需求而出国,生活与发展是他们的主要需求。

总而言之,全球化、市场化与网络化之前的侨务工作的主轴是在不完善的封闭国家体系中或巩固国家政权的过程中,从政治统治意义上,增强华侨华人新生代对祖(籍)国的认同,统战成为其重要内容,其目的在于国家建构与巩固。全球化、市场化与网络化背景下的侨务工作的主轴是在比较成熟的开放国家体系内部或国家发展的进程中,从社会治理意义上,管理、服务于各类侨界群体,社会治理成为其重要内容,其目的在于国家发展。

(二) 治理主体:社会治理背景下的身份界定

社会治理是多主体共同参与的复合行为,侨务工作所关注的侨界人士群体也是社会治理中的重要一环。两者结合的最大创新就是能够实现侨界人士研究的跨域化、国家发展类型转向,并实现侨务研究的创新性转型——从外到内、

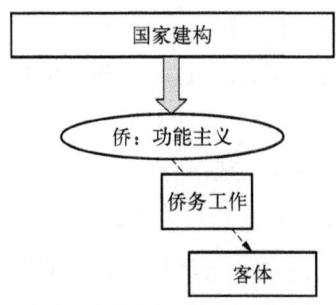

图2　功能主义：传统背景下的侨身份界定

从国家到地方、从单一到综合。所以，积极探索社会治理过程中侨务工作的定位与功能，从理论上来讲，有利于拓展对侨界群体的研究领域，使其从被动性研究向主动性研究转换；从实践上讲，可以积极拓展侨务工作在社会治理大背景下的转型，实现侨务工作的国际国内、国家地方、国家社会的综合性拓展。即实现侨务工作的社会治理化转型。

目前，侨务工作基于对侨界群体的不同身份的定位，对自身的工作进行功能性定位。这实质上是将侨界群体作为发挥不同形式的功能的客体来定位的，例如将其作为功能主义的范式定位以后，政府侨办的工作是将他们与经济、社会与文化发展相联系，分为具备不同功能的客体。此后，将他们所属的不同功能与我国的现代化建设联系起来，即将他们能够发挥的功能与国家建设联系起来，并投入到相应的国家建设过程与领域中。侨界群体与国家建设的关系，实质上是一种功能主义关系。

这种功能主义定位，可能会产生多重有利效果。例如，国际效果：提升国家的形象与软实力；经济效果：为国家经济发展提供资源；政治效果：增强对国家的认同感。这些效果是显著的，但是，其最终结果是侨界群体只是服务于国家的经济与现代化建设的客体。

在社会治理结构创新条件下，应该将侨界群体的定位从"功能"转向"治理主体"。这就需要侨务部门将侨界群体作为治理主体对待，

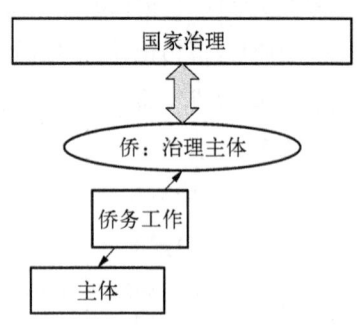

图3　治理主体：社会治理背景下的侨身份界定

围绕其治理主体身份开展侨务工作。将侨界群体作为社会治理主体，就需要给予他们法定的权益，例如依法享受财产权利，享受各种政策，享受与中国公民一样的权益。同时，侨界群体必须要有参与的权利，因为保障自身利益的前提是熟悉与自身相关的各种事项，而这些事项需要参与权利。这意味着侨界群体必须有组织化、制度化的活动空间和对社会治理发挥意见的法律和制度环境。只

有具备了上述条件,侨界群体才可能作为治理主体而存在。

基于社会治理主体而存在的定性,侨务工作的功能定位就是为他们提供服务,研究他们的需求。侨办要扩展工作内容与工作空间,使侨界群体成为整个社会治理领域的主体性成分,这也是社会治理背景下侨务工作需要重点思考的课题。

(三) 社会治理背景下的基础性侨务工作

现阶段侨务工作的对象是具有高度国际化背景与高速人口流动率的侨界群体。侨的层次日益提高,这为国家发展带来有利条件;开放带来的全球化、市场化、网络化与流动化,也加大了社会治理的困难。由此,政治意义上的统战工作继续作为侨务工作的重要内容的同时,社会意义上的侨务工作的作用逐渐凸显,成为侨务工作的重要内容。社会治理背景下的基础性侨务工作主要包括以下几个方面。

1. 建立完备的信息数据库

这个信息数据库不仅包含静态的侨界群体情状,而且必须保持实时的动态更新。

首先,开展侨务基本信息调查,并逐步建立侨务数据库系统。上海市侨办开展了比较全面的侨务信息调查,从归侨、侨眷、沪籍海外华人华侨、侨资企业、实际利用侨资金额等方面,对上海市 18 个区级行政单位(包括原卢湾区)的基本侨情进行了详细的统计。由此建立了侨务工作的初步数据库,为开展侨务工作奠定了信息依据。

其次,将基本侨情调查常态化、全面化,掌握侨情变化的过程性数据,为侨务工作的开展提供动态数据信息基础。上海市侨办与侨联展开基本侨情调查。调查数据显示,上海侨情结构发生比较大的变化,70%以上是新侨;侨情的空间分布主要集中在中心城区。此次调查为侨务工作的开展提供了更加新的动态数据信息。

再次,根据侨情信息数据库,建立侨情特点数据分析系统,为侨务工作的开展提供科学的依据。根据侨情信息调查,上海市的侨情特点包括三个方面。第一,海外上海籍华侨华人和归侨侨眷数量呈现双增长。第二,侨智出现"双高"局面。海外上海籍华侨华人受教育程度比较高,同时,上海市的归侨、侨眷、港澳居民眷属、归国留学人员和留学生眷属的受教育程度也比较高,具有相当数量的科技型、学者型人才。第三,侨情结构呈现多样化、差异化特征。这意味着政府和社会各界需要根据实际的数据情况作出科学的政策供给,分门别类地提供服务。

最后,关注海外侨情变化,分析侨情变化的新特点,有针对性地开展海外侨务工作。上海市侨务部门根据调研,发现海外侨情发生了新的变化。中国的海外侨胞数量持续增加,与中国的联系日益密切;基于中国综合国力的上升,海外侨胞的民族自豪感进一步提升。根据海外侨情的状况与特点,上海市侨办有针对性地开展海外侨务工作,并在争取爱国友好力量、国内投资发展等方面取得了良好的效果。

2. 提供有针对性的完善市场服务

这方面主要涉及侨资作为市场主体的性质,旨在建构市场服务体系,发展市场主体,完善市场体系建设,为侨资发展提供更加坚实的政策供给与市场基础。

第一,有针对性地开展吸引侨资、侨智的工作,提高工作有效性。如上海市侨办开展的第十期华侨华人专业人士回国创业研习班,不是"普遍撒网",而是有的放矢,注重邀请发达国家具有硕士以上学历的、年龄在事业发展旺盛期的、有创新创业项目的侨界专业人士参加。

第二,将引智工作的切入点和突破口放到文化创意产业和人才方面,为上海市的文化发展提供资源,提高社会文化发展水平。上海市侨办以文化创意产业与人才的交流为切入点与突破口,邀请"米兰博士沙龙"文化创意考察团来沪,就上海市的创意设计产业规划与政策、创意设计产业发展环境、创意园区运营情况和项目,与海归设计师开展专业交流与对接,探讨上海创意领域设计交流推广的合作意向。

第三,通过具备专业性与针对性的沙龙机制与创业讲坛,搭建平台,供给信息。近年来,上海市侨办将沙龙机制创新深化,将一般性的沙龙拓展深化为专业性和针对性的沙龙,以专业协会沙龙、华裔新生代企业家沙龙、华侨华人创业者沙龙等创新方式,为华裔新生代、职业经理人、海外专业社团和创业人士提供合作交流平台与信息交流机制。加强本市创业人士与海外华裔新生代企业家、经理人、专业社团、创业人士的联系与往来的同时,进一步提供后续跟踪服务。这极大地促进了侨智发挥在社会治理方面的作用。

3. 优化行政服务职能,积极改善为侨服务条件,提升为侨服务质量

侨务部门作为政府部门的一部分,为侨服务是其最为基础的职能。改善为侨服务的条件,优化行政服务,提升服务质量,是侨务部门作为行政力量参与社会建设的重要体现。

第一,以市、区(县)、社区三级网络为基础,推进为侨服务窗口建设。上海市侨办在市、区(县)与社区三级网络的基础上,积极拓展服务职能。在市级网络上,侨办通过线上方式,积极举办侨务政策大型咨询会、联合开展为侨服务活动;在社区网络上,为使为侨服务职能实现进一步下沉,侨办在社区设立 120 个"涉侨事务受理点(窗口)",使侨务服务的触角深入到最为基层的社区,服务侨界人士的同时,为基层社会治理提供了侨务部门的方式方法。

第二,依法为侨服务,提高为侨服务的合法性。上海市侨办通过宣传侨法,一方面让侨界人士熟悉关于侨胞的法律法规,另一方面依法规范自身的侨务工作。上海市侨办与各区侨办通过侨法宣传月、侨界调解工作室(黄浦区)、"新侨工作站"(长宁区)、"侨法讲座"(普陀区)、"侨法大家谈"(奉贤区)、"金山侨网"侨法宣传(金山区)等方式方法,利用侨法解决侨界纠纷,根据侨法规范自身行政服务。

第三,制定实施办法,规范行政审批职能,提升为侨服务质量。上海市侨办根据《华侨回国定居办理工作规定》,与市公安局联合制定《上海市华侨回国定居办理实施办法》,依法认真履行华侨回国定居行政审批职能转接职责。同时,上海市侨办还通过设立"华侨事务受理中心",利用华侨回国定居审批的信息系统作为网络基础进行"窗口服务告知单"、"出证工作流程规范单"与各类出证申请表的统一规范制作,规范审批出证工作流程,为华侨回国定居审批工作提供了机制、空间作业、信息系统、制式规范与工作流程等全方位的切实保障。

4. 建立适应全球化、市场化、网络化、流动化的侨界社会治理体系

新时期侨务工作必须在社会治理背景下实现新的功能定位,这是全球化、市场化与网络化的时代要求。在这"三化"的影响下,侨界群体呈现高度的流动化,因此,侨务工作必须基于上述"四化"建立侨界社会治理体系。

拓展信息收集渠道,夯实社会治理的信息基础。上海市侨办积极通过侨务系统,发挥侨界群体的资政建言作用,收集信息,为社会治理提供有益的意见与建议。例如《华侨华人经理人为上海"创新驱动,转型发展"建言献策》《对在沪独居老年外籍华人养老就医情况的反映与建议》等社会治理方面的专门建议建言,都作为专报递交有关部门。

广引侨智,为上海智慧城市建设建言献策,这是侨务资源服务城市治理的典型体现。侨智作为侨务资源服务中国发展。这里的侨智资源不再局限于为经济发展建言献策,而是为城市治理与社会建设提供国外先进经验。上海市侨办通过举办"相聚长三角"活动,邀请了100多位侨界专家、学者和专业人士,以咨询会的形式,为上海及长三角地区建设"智慧城市"建言献策。

广纳侨资,促进侨资发展的同时增加社会就业,这是侨资促进和谐社会建设的重要方面。上海市侨办在吸引侨资发展经济的同时,开始将注意力放到侨资发展与社会和谐的双赢模式。上海市侨办联合闸北区政府举办上海市侨资企业人才招聘会,与嘉定区有关部门联合举办"华侨华人专业人士创业沙龙"活动,吸引了上百家侨资企业和近2 000人参加,为侨资发展提供服务的同时,促进了上海市社会就业。

激活专业化侨智,发挥侨智在城市建设与城市治理中的"智库"作用。侨界高管与职业经理人作为专门化的管理人才,属于专门的侨智资源。所以,上海市侨办将华侨华人高管和职业经理人群作为专业化的侨智,针对上海建设"国际金融中心和国际航运中心"的定位,以联合召开在沪跨国公司侨界高级经理人座谈会的形式,发挥他们的"智库"作用,共收集专业化政策建议17条。

(四) 社会治理背景下的总体性侨务工作

随着全球化、市场化、网络化的加强以及中国参与国际事务广度与深度的不断扩展,归侨数量不断增多,而且其素质呈提高趋势。在此背景下,侨界群体

作为社会治理力量而存在的基本状况,是侨务部门在社会治理背景下开展侨务工作的基本依据。以国家与社会发展为旨归的社会治理意义上的总体性侨务工作包含以下几个方面。

1. 做好侨眷关怀工作

侨眷是十分重要的群体。侨眷关怀工作是否到位,直接关系到侨眷能否融入当地的文化与社会生活;间接关系到能否吸引更多的海外侨胞在上海安居乐业,侨智能否在上海发挥应有作用,侨资能否得到高质量的管理与流转。它是"锦上添花"式的工作,归根结底是人心的工作。

(1)通过"三推进"工作,以"归侨侨眷关爱工程"的形式关怀侨眷

上海市侨办以社区"三个中心"为平台,将关怀侨眷的服务功能直接下沉到社区,开展"归侨侨眷关爱工程"。具体来讲,首先,通过社区事务受理服务中心,建立"涉侨事务受理点(窗口)",实现条线服务的下沉;其次,通过社区卫生服务中心,根据归侨中老年人的特殊需求,为其提供医疗"绿色通道"和配备家庭保健医生;再次,通过社区文化活动中心建立"侨之家",丰富侨界群众的文化生活,使其更加融洽地融入当地社区生活;最后,各区(县)侨务部门也积极开展侨眷关怀工作。

(2)侨务工作下农村进社区,通过"送关爱、暖侨心"活动关怀侨眷

上海市侨办积极盘活侨界社团资源,整合医疗卫生资源与侨界文艺资源,使医疗资源与文化资源下农村进社区,让郊区农村(社区)的侨眷能够享受服务,真正实现服务到边。同时,以医疗与文化为切入口,市侨办整合侨界专业资源,以侨界服务侨界的自身服务形式,将服务拓展到了农村与社区。

(3)建立侨企基金,以社会资源做社会建设,建构侨眷关怀长效机制

上海市侨办积极拓展领域,整合资源,开辟"以社会资源做社会建设,以侨界资源服务侨界"的新路子。市侨办在服务侨界企业发展的同时,积极引导侨界企业家主动履行企业的社会责任。由此,在市侨办的引导下,侨企协会倡议成立了"上海侨企爱心基金",筹集捐款110万元。基金来自侨界服务侨界,专款专用,专门用于关怀困难归侨和侨眷。

2. 做好归侨帮扶工作

归侨帮扶工作与侨眷关怀工作不同,它的对象是以老归侨为主体的困难归侨。归侨帮扶工作是"雪中送炭"式服务,目的在于"兜底",以此保持侨界的稳定与和谐,从整个社会治理的大格局出发,做好侨界内部的小社会治理。

(1) 出台《通知》,帮扶老归侨

在上海早期归侨中存在一部分生活比较苦的老归侨。2014 年 1 月,市侨办针对这一特殊的侨界群体,与市财政、市人保局联合下发《关于发放本市早期归侨专项生活补助的通知》,将在本市办理退休手续的早期归侨的生活补助标准从每人每月 100 元提高到 200 元。

(2) 以侨帮侨,利用侨界资源为侨界服务

2012 年,上海市侨办积极整合资源,盘活侨界资源服务侨界,开展"侨帮侨,献爱心——大病归侨专项帮扶活动",为全市 79 位患大病的归侨每人送上 2 000 元人民币。帮助侨界困难群体的同时,也加强了侨界自身的服务。

(3) 区县帮侨,实现归侨帮扶在地化

上海市侨办积极探索归侨帮扶的区县化模式,努力实现归侨帮扶在地化。首先,展开技能培训。市侨办与静安区侨办开展归侨侨眷劳动职业技能培训,从一定程度上为归侨侨眷的自我发展提供了渠道。其次,扩大服务项目。针对早期归侨的医疗卫生需求,长宁区开展了"家庭医生为早期归侨签约服务启动仪式",将原来的"六大服务"内容扩展到"10 + X"项。

(4) 特色帮侨,开展具有上海特色的帮扶工作

相关统计分析表明,空巢老人家庭在上海的侨界中是一个比较多见的现象。基于此,上海市侨办开展了广泛的调研活动,并召开侨界关爱工作座谈会,发掘帮扶上海侨界空巢老人的工作机制。

3. 根据侨情的代际结构开展侨务工作

代际结构变化是侨情中比较重要的变化。认清侨情代际结构,根据侨情的代际结构做好侨务工作,这是侨务部门必须关注的重要方面。

(1) 注重开展对华裔政治人物的侨务工作

上海市侨办十分重视对华裔政治人物开展侨务工作,经常主动接待海外华

裔政治人物。同时,还通过夏令营访问团、"白玉兰奖"等多种形式,积极拓展中国的海外公共外交资源。

（2）关注中青年社团骨干与专业性人士,积极挖掘潜在的侨务资源

上海市侨办与国侨办国外司共同主办"欧洲地区上海社团骨干研习班";主办海外侨团中青年负责人研习班,帮助海外上海籍社团中青年社团骨干与华裔新生代、港澳移民社团骨干做好社团工作。此外,还举办第八期海外华文媒体高级研修班,增进海外专业性媒体人士对于中国的了解。

（3）以夏令营为载体,以中国文化为核心,在新生代中展现中国文化

上海市侨办通过举办"音乐之声"、"中华舞魂"、"中华武魂"等主题夏令营,"中华文化大乐园澳大利亚营"以及"中国寻根之旅"海外华裔青少年夏令营(上海营),培育华侨华人新生代对于中国文化的热爱,拉近他们与中国的距离,为实现中华文化在海外华裔中的传承不懈努力。

4. 加强侨务政策、法规宣传,为归侨的社会融入创造良好条件

创新宣传形式,加大侨务政策、法规宣传,是上海市侨办的特色。

（1）利用新媒体,发布侨务信息

上海市侨办积极创新形式,开通"上海侨务"政务微博,发布与侨界有密切关系的侨务工作动态、侨务政策与知识等,进一步扩大侨务工作的覆盖面和影响力,密切与海外侨胞和归侨侨眷的联系。

（2）通过侨法宣传,增加侨务工作推广度与覆盖面

上海市侨办以"贯彻落实侨法精神,依法保护侨界权益"为主题,开展了上海市侨法宣传月系列活动。此外,还联合浦东新区政府在浦东举办以"宣传贯彻侨法,促进侨界和谐"为主题的"上海市侨法宣传月启动仪式"。

5. 强化力度,建立机制,维护侨胞合法权益

侨胞的合法权益是否得到维护,直接关系到侨胞对中国的认同以及侨胞对中国的智力与投资支持。因此,必须强化力度,建立机制,维护侨胞的合法权益。

（1）加强机制创新,维护侨胞投资权益

上海市侨办积极探索与市高院商事审判和行政协调的合作机制,同时加强

与各成员单位及区县的沟通协作,努力做到及时受理侨商诉求,并积极化解、协调纠纷,保证损害侨胞投资权益的案件第一时间得到解决,维护侨胞的权益,增强侨胞对中国的认同与归属感。

(2)成立维权委员会,切实维护侨资企业的权益

鉴于侵害侨资企业案件解决的困难性与参与解决方的复杂性,上海市侨办指导市侨商会成立了维权委员会,联合相关部门共同督办侨商投诉案件,切实维护侨资企业的经济权益。对于一些涉及重点侨资企业的案件,侨办领导亲自参与办理,加强与相关部门的协调沟通,维护侨胞的合法权益。

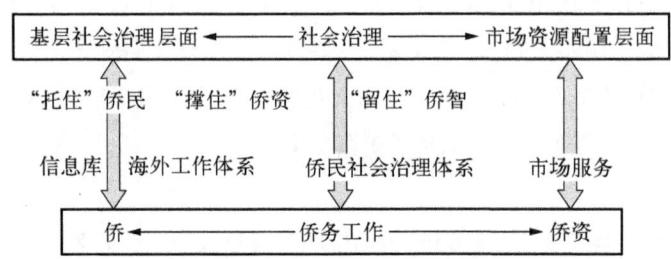

图4 侨务工作功能定位及其功用

上述几个方面的工作能"托住"基层的侨民,"撑住"中层的侨资,"留住"高层的侨智,将国内与国际层面的侨务工作整合为一个闭合的网络系统(见图4)。

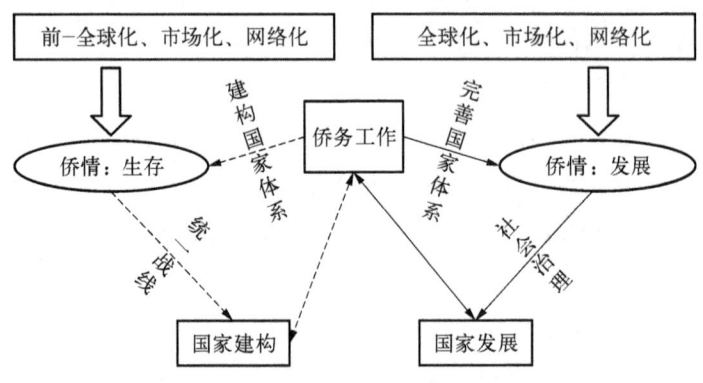

图5 侨务工作功能定位之比较

如图5所示,过去,侨务部门主要从统战、培育国家认同方面开展侨务工作。全球化、市场化、网络化的今天,则是从社会服务、社会安全、社会治理方面

开展侨务工作。从一定意义上来讲,只有在社会治理的基础上才能谈统战,才能发挥侨界群体的作用,才能实现国家的建构与发展——社会治理成为侨务工作的起点。上海市侨办的工作实践,已经说明其不仅以统战工作为主要方式开展侨务工作,而且还从国家治理的战略出发,结合上海的侨界优势,为整个国家的地域社会平衡治理与社会平衡发展作出自己的贡献。

(五) 社会治理背景下侨务工作的深化

如图 6 所示,社会治理背景下侨务工作的深化主要分为三个方面,包括国内社会治理中的双中心工作、侨务工作的国际社会治理体系以及社区侨务工作。

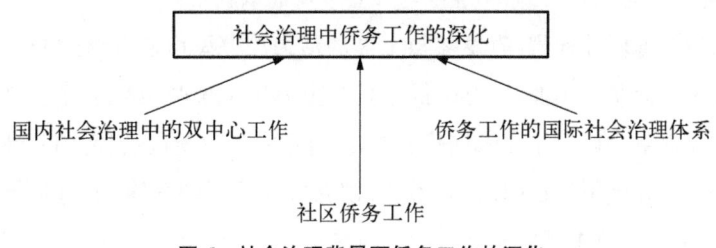

图6 社会治理背景下侨务工作的深化

1. 国内社会治理中的双中心工作

(1) 以统战为主要方式的侨务工作,仍然是社会治理背景下侨务工作的一个中心

政治统治意义上的增强归侨认同,以统战为主要内容的巩固与建构国家的侨务工作,依然是全球化新时代背景下侨务工作的中心。

第一,围绕中国梦主题,开展形式多样的侨务工作。上海市侨办围绕中国梦主题,开展了形式多样的活动。例如,市侨办通过开展"侨心共筑中国梦"征文活动,鼓励侨界群体抒发对于中国梦的畅想,得到侨界群体的积极参与。

第二,重视国情宣传方面的侨务工作。上海市侨办围绕国情宣传工作,通过举办"中国国情体验行"活动,邀请上海市白玉兰奖获得者、"海交会"部分理事、传统涉台侨团负责人士等赴上海、西安两地进行国情体验活动,加强海外侨胞对中国改革开放新成就的体验,增进他们对中国的了解,防止出现因信息不对称产生的认知偏见。

（2）以社会治理为主要内容的指向国家发展的侨务工作,成为全球化新时代背景下侨务工作的另一个中心

侨界群体参与社会建设和社会治理,是中国国家发展与国家治理体系现代化的题中之义,因为侨界群体可以提供国外的先进经验。

第一,建构民生参与体系,积极引导侨界群体参与社会建设与民生工作。2015年,上海市侨办联合原卢湾区政府、上海市侨界企业家协会,以"促进和谐、促进就业——侨界企业的社会责任"为主题,举办"上海市侨界企业大型招聘会",积极发挥侨界社团作用,在增加就业方面动员侨界企业家的力量。上海市侨办不再仅仅将侨界力量局限于促进经济发展与投资方面,而是积极引导侨界群体参与社会建设,努力做到经济与社会效益的双赢。

第二,培育侨界社团,激发参与主体的活力。上海市侨办通过制度机制建设,培育侨界社团。例如,上海市侨办指导上海市华侨收藏协会建立会长办公会议、常委理事会议等制度来规范运作,通过建立专业委员会、活动基地和创办会刊等方式,开展侨界社团活动;另外,创立侨界社团的刊物《上海华侨收藏》,并创建上海市华侨书画院网站。

第三,做好重点参与主体的侨务工作。侨界代表人士,是侨界参与力量的重要代表。基于此,上海市侨办与国务院侨办联合举办"华东地区侨界代表人士延安培训班",增强侨界代表人士对中国大政方针的了解,对中国共产党的执政方针的认识以及爱国奉献的责任感、使命感。

第四,利用侨商优势,为上海创新驱动转型发展提供政策建议。上海市侨办利用中国侨商投资企业协会二届二次理事会在沪召开的契机,及时举办"海外侨商与上海转型发展——海外华侨华人专家咨询会",让近200名知名侨商围绕实现中华民族伟大复兴"中国梦"和上海"创新驱动,转型发展"主题进行座谈,提出推动上海创新驱动转型发展和改善投资发展环境的政策建议。

第五,充分调动专业化侨智的力量,为上海经济发展提供政策建议。上海市侨办充分调动金融方面的专业性侨智力量,围绕加快建设上海国际金融中心主题,召开"华侨华人与上海国际金融中心建设——海外华侨华人专家上海咨询会",就上海如何建成离岸美元市场、加强金融人才储备、发展健康的金融生态和产业链,破解中小企业融资困局等问题,提供政策建议,为上海的金融中心

建设建言献策。

2. 侨务工作的国际社会治理体系

全球化时代,人逐渐呈现为两种存在方式,一种是作为个体的独立的人,另一种是作为全球化的世界公民。人的后一种存在方式,形成国际公民社会。但是,国际公民社会并不能否定公民的国家属性,国际社会治理问题由此而生。基于此,创建维护侨胞的国际治理体系,日益成为全球化时代侨务工作的重点。

(1)积极开展海外侨胞服务工作,维护侨胞海内外权益

近年来,上海市侨办积极配合外交部组织的撤侨行动,积极引导侨胞回馈当地,援助日本灾区受灾民众;同时,协助侨胞在上海展开投资考察活动,从国际与国内两个层面双管齐下,积极做好为海外侨胞服务的工作。

(2)积极拓展"以侨引外",开展侨务公共外交工作

上海市侨办通过海外侨胞的引荐,接待多个国家的议会、商会访华代表团;重视做好参政华人和重点人士工作,以侨务工作为杠杆,累积外交方面的侨务资源,使中国外交工作得以更加顺畅地发展。

(3)重视海外华裔青少年工作

上海市侨办通过举办"中国寻根之旅"海外华裔青少年夏令营(上海营)、"相约上海"海外华裔学生春令营以及"引进人才子女夏令营"等形式多样的夏(春)令营活动,宣传中华文化、中国国情与侨务政策等,增强海外华裔青少年对祖籍国的热爱,进一步增强其凝聚力。

(4)建立海外侨务工作体系

侨务部门需要通过建立海外侨务工作体系,加强海内外的沟通。上海市侨办建立以多种工作方式为抓手、以海外华社侨团为拓展平台、以交流活动为机制的海外工作体系,发挥海外侨胞联系海内外的桥梁作用。

第一,以文化为中轴,开展中国文化海外行,增进国外对中国的了解。例如,上海市侨办承办"文化中国·四海同春"活动,将中国文化与上海城市文化带到海外,增进了西方对于中国与上海文化的了解;承办"文化中国·名家讲坛"活动,挑选上海知名中国文化与宗教专家,例如葛兆光与徐以骅教授,将中国的传统文化与宗教政策介绍到国外,增进国外对中国优秀文化的了解。

第二,通过信息科技手段,培育一支中国文化海外传播队伍。针对海外华文教育发展过程中华文师资需求不足的现象,上海市侨办利用远程信息科技手段,与上海远程教育集团联手,在海外设立两个试点的文化推广中心,开展汉语教学等培训,并进一步在教材方面进行探索。

第三,以华文教育工作为抓手,开展侨务工作。上海市侨办在侨务工作中,将华文教育作为文化传承、凝聚人心的有效抓手,举办青年文化营、青年文化参访团等活动,增进双方的沟通与了解。

总之,国内社会治理中的双中心工作与侨务工作的国际社会治理体系,使得侨务工作既成为社会治理的重要内容,也成为维护华人的重要力量。由此,侨务工作在国内开展社会管理、服务与发展任务,成为社会建设、国家发展的重要舞台的同时,也成为国际上维护海外侨胞权益、提升国家形象的重要载体。

3. 社区侨务工作

社区侨务工作是融国内与国际为一体的社会治理平台。社区侨务涉及具备国内与国际双重治理属性的归侨与侨眷,由此,其成为社会治理中侨务工作一体化的结构性平台。社区侨务的工作内容包含以下几个方面。

(1) 推进示范侨务社区的创建工作

上海市侨办根据国务院侨办的部署,近年来创建全国社区侨务工作"明星社区"4个、"示范社区"8个。此外,上海市侨办还积极开展社区侨务示范、先进单位与先进个人评选活动。

(2) 推动侨界文化资源进社区

上海市侨办组织侨界文化资源进社区活动,例如组织上海市华侨书画院书画家赴金山开展"上海侨界书画家走进社区"主题活动,就书画创作过程中遇到的问题为当地侨界书画爱好者解疑释惑并提供创作指导,为丰富广大社区侨界群众的精神文化生活起到了积极的促进作用。

(3) 通过机制创新促进社区侨务工作的进一步开展

近年来,在上海市侨办的指导下,区、县、社区侨务工作取得了长足的进展。市侨办一方面通过召开"上海市社区侨务工作交流会",交流建立社区侨务工作协调机制和考评机制的经验;另一方面,针对侨务社工业务能力参差不齐的现状,举办侨务社工培训班,提升侨务社工的业务能力,提高为侨服务的水平与质量。

四、对策建议

从整体上看,侨务工作在社会治理中的功能定位大致可以从侨务与党的工作、侨务与政府工作、侨务与社会以及侨务工作自身这四个方面加以协调思考。一是侨务与党的路线方针保持一致;二是积极推进政府的侨务治理机制的有序整合;三是发挥自主功能,服务侨界;四是发挥侨务工作的社会治理功用。从这一基本的思路出发,侨务工作在社会治理中的功能定位就能够比较清晰地体现出来。

首先,重视统战工作,落实党的侨务政策。侨务工作是党的统战工作的有机组成部分。在党的统一战线工作格局中,侨务工作的核心始终是落实党的侨务政策,支持海外侨胞、归侨侨眷关心和参与祖国现代化建设与和平统一大业。

其次,加强侨务工作的传统职能,促进服务与治理职能的融合。侨务工作要为政府的侨务政策,乃至外交政策提供决策支持,服务侨界群体,这是侨务部门的传统职能,即"提供侨务信息,组织开展侨务政策、理论和侨务工作重大问题的调查研究,负责向涉侨部门通报侨务工作情况",并在此基础上"统筹协调有关部门和社会团体涉侨工作"。同时,在社会治理结构创新的新背景下,需要进一步加强侨务工作的服务职能与治理职能的融合,这是侨务工作面临的新的机遇与挑战。

第三,挖掘侨务工作在社会治理维度的作用机制。新时期的侨务工作需要进一步挖掘其在社会建设与社会治理方面的作用机制。这就要求侨务部门构建有效运行的侨务治理机制,包括机构协调和效力提升两个方面。侨务工作的两个重要方面——侨务工作的对象和侨资与侨智的吸引,分别与社会治理的基层社会治理和市场资源配置两个方面紧密相关,所以,要将侨务工作融入社会治理。侨务工作关注的不再仅仅是侨胞的祖(籍)国认同、侨资所带来的经济发展以及侨资的吸纳数量等方面;它更加关注自身在促进社会建设、发挥社会效益、建构和谐社会等方面的作用。

第四,建立侨界群体参与平台和渠道。侨务工作要以法治化的方式和手段为侨界群体参与国家建设与社会治理,建立更加持久的机制与提供更加通畅的渠道。例如搭建侨界群体参与社区治理的制度化平台与多元化渠道,利用信息化手段(微博、微信等)开展侨务工作。同时,还要建立机制与平台,为海内外侨界群体提供强有力的权利保障。这是侨务工作在国内与国际社会治理方面的重要价值体现。

第五,将侨界群体的维权问题放到侨务工作中更加突出的位置。这里既包括侨界群体在上海工作生活涉及的合法权益,又包括侨界群体在海外的维权问题;在非国家层面,前一方面更加突出。需要强调的是,用发展的眼光看,海外务工群体、留学生群体等,目前虽然已经处在侨务工作的范畴,但在不久的将来他们会成为侨务工作的重点关注对象,所以,侨务部门需要尽早建立针对他们的工作机制。

上海市侨界空巢老人养老服务需求及对策研究

——以黄浦区为例

高　慧*

....

摘要：侨界空巢老人具有一般空巢老人的共性，同时又具有自身的特殊性，他们的养老服务需求也具有自身的特点。如何满足这些子女在国外的侨界空巢老人的养老服务需求日益成为一个全社会关注的话题。本文以黄浦区为例，在广泛调研的基础上，对侨界空巢老人现状、养老服务需求面临的问题进行分析，并从政府提升养老服务能力的角度，提出针对性的对策建议。

关键词：黄浦区　侨界空巢老人　养老服务

侨界空巢老人具有一般空巢老人的共性，同时由于侨界群体的特殊性，他们的养老服务需求也具有自身的特点。相较其他老年群体，他们的养老服务问题更值得重视。黄浦区作为上海市侨务资源大区之一，每年都有大量的优秀中青年人才通过学习、工作等途径侨居海外打拼奋斗，无法在父母身边照顾。如何满足这些子女在国外的侨界空巢老人的养老服务需求日益成为一个全社会关注的话题。

＊ 作者简介：高慧，上海社会科学院城市与人口发展研究所助理研究员。

本文基于广泛调研①,深入分析黄浦区侨界空巢老人养老服务需求的特点、面临的问题,并从政府提升养老服务能力的角度,提出针对性的对策建议,以期为黄浦区乃至全市侨务、民政等部门开展侨界空巢老人养老服务工作提供科学依据和决策参考。

本文所调查的侨界空巢老人的身份既包括归侨侨眷,也包括留学生眷属。

一、黄浦区侨界空巢老人的基本状况

年龄构成、婚姻构成、文化构成、侨的身份、居住及子女状况、经济状况、兴趣爱好及志愿活动等基本状况与老人的养老服务需求及养老服务资源的供给有密切关系。因此,本文首先分析接受调查的侨界空巢老人的人口社会特征。

(一) 基本构成及侨身份状况

1. 基本构成:女性老人、高龄老人、丧偶老人和高文化程度老人的比例高

在所调查的侨界空巢老人中,女性占 58.4%,性别比为 71∶100(女性为100);从年龄看,平均年龄 73 岁,其中 80 岁及以上高龄老人占 30.5%;从婚姻状况看,已婚占近三分之二,丧偶者占三分之一;从文化程度看,高中文化程度比例最高,占 37.4%,大专及以上也占了近三分之一。与全市空巢老人相比,黄浦区侨界空巢老人的女性老人、高龄老人、丧偶老人和高文化程度老人的比例都偏高(见表 1)

表1 黄浦区侨界空巢老人基本构成及与全市空巢老人的对比 　　(单位:%)

类　　别		黄浦区侨界空巢老人	全市空巢老人
性别构成	男	41.6	48.5
	女	58.4	51.5
	合　　计	100.0	100.0

---

① 2014 年 7 月至 8 月,课题组在《黄浦区侨界空巢老人基本状况及养老服务需求调查》(有效样本数 341 人)和《黄浦区侨界 40—59 岁空巢人士志愿活动参与情况及意愿调查》(有效样本数 148 人)抽样调查的基础上,分别召开了针对侨界空巢老人、侨界志愿者和 10 个街道统战干部的专题座谈会,对侨界空巢老人养老服务需求的特点、面临的问题进行深入的调研。除特别说明外,本文资料都来源于本次调研。

类　　别		黄浦区侨界空巢老人	全市空巢老人
年龄构成	60—69 岁	34.6	50.4
	70—79 岁	34.9	32.4
	80 岁及以上	30.5	17.3
	合　计	100.0	100.0
婚姻状况构成	未　婚	0.3	1.3
	已　婚	63.9	81.4
	丧　偶	33.3	15.8
	离　婚	2.4	1.5
	合　计	100.0	100.0
文化程度构成	小学及以下	7.1	28.2
	初　中	23.0	32.9
	高　中	37.4	21.9
	大　专	19.3	10.9
	本科及以上	13.2	6.1
	合　计	100.0	100.0

资料来源：全市空巢老人数据来自 2013 年上海市老龄科研中心、上海社科院城市与人口发展研究所等 4 家单位联合开展的《2013 年上海市老年人口状况与意愿》的抽样问卷调查。下同。

2. 涉侨身份：侨眷占绝大多数

从侨界空巢老人的涉侨身份看（见图 1），侨眷占了 84.2％，归侨、留学生眷属比例较低。

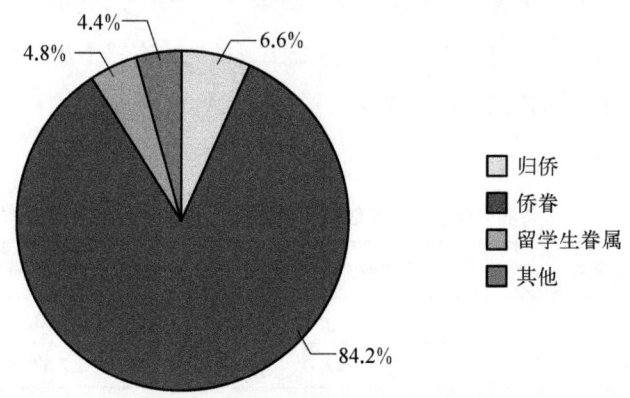

4.4%　　　6.6%

4.8%

84.2%

□ 归侨
■ 侨眷
■ 留学生眷属
■ 其他

图 1　黄浦区侨界空巢老人的侨身份构成

(二) 居住及子女状况

1. 居住状况:主要与配偶共同居住,但独居者也超过了三分之一

如图 2 所示,57.0%的黄浦区侨界空巢老人与配偶居住,33.8%的空巢老人独居,与保姆、孙子女住在一起的比例不高。

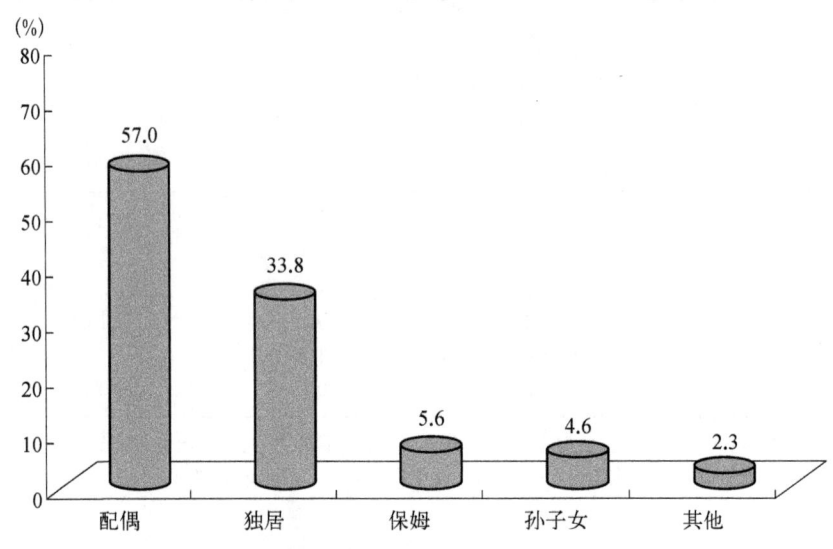

图 2 黄浦区侨界空巢老人的居住模式(多选)

2. 子女数量:平均有 1.8 个子女,近一半只有一个子女

如表 2 所示,黄浦区侨界空巢老人平均有 1.8 个子女,其中 47.0%的老人只有一个子女,37.2%有两个子女,只有 15.2%的老人有三个及以上子女;与全市空巢老人相比,黄浦区侨界空巢老人平均子女数较少,且只有一个子女的比例较高(47.0%)。

表 2 黄浦区侨界空巢老人子女数量及与全市空巢老人的对比(单位:%)

子女个数	黄浦区侨界空巢老人	全市空巢老人
0 个	0.6	3.9
1 个	47.0	37.1
2 个	37.2	33.4

子女个数	黄浦区侨界空巢老人	全市空巢老人
3个	9.8	15.7
4个	3.5	7.0
5个及以上	1.9	2.9
合　计	100.0	100.0
平均子女(个)	1.8	2.0

3. 子女居住地：近八成老人有子女在国外

抽样调查数据显示，78%的黄浦区侨界空巢老人有子女在国外，其中有些老人所有的子女都在国外；也有些老人部分子女在国外，部分子女在国内(主要居住在上海)。

4. 国外子女与老人的联系情况：近一半子女1年探望1次老人，平时主要的联系方式是打电话

在"子女平均多长时间回国探望一次"问题上，1年1次占比49.0%，2年1次占比19.4%，3年及以上占比14.6%；相对来说，半年1次的比例不高，1个月1次、每逢假期都回来的更是寥寥无几。从平时联系的方式看，打电话的比例最高(91.3%)，视频占的比例也较高(30.2%)，相对来说，短信、网络聊天和电子邮件的比例不高。(见表3)

表3　黄浦区侨界空巢老人子女回国探望的频率和平时主要联系方式(多选)

探望频率	样本数(人)	比例(%)	联系方式	样本数(人)	比例(%)
1个月1次	18	6.3	打电话	284	91.3
半年1次	37	12.8	视　频	94	30.2
1年1次	141	49.0	短　信	36	11.6
2年1次	56	19.4	网络聊天	36	11.6
3年及以上1次	42	14.6	电子邮件	23	7.4
每逢假期都回来	19	6.6	其　他	5	1.6

（三）经济状况

1. 收入状况：收入水平比较高，主要收入来源是养老金

如表 4 所示，黄浦区侨界空巢老人月平均收入 3 720 元，高于全市空巢老人的 2 671 元，其中最少 570 元，最多 1.6 万元；从收入分布看，收入主要集中在 3 000—4 000 元/月（39.1％），其次是 2 000—3 000 元（25.7％），7 000 元及以上也占了一定的比例，而不足 2 000 元的比例极低。与全市空巢老人相比，黄浦区侨界空巢老人收入明显高得多。另外，抽样数据显示，96.4％的侨界空巢老人的收入主要来源是养老金。

表 4　黄浦区侨界空巢老人收入水平与全市空巢老人的对比　　（单位：％）

月　收　入	黄浦区侨界空巢老人	全市空巢老人
不足 2 000 元	2.4	18.8
2 000—3 000 元	25.7	51.9
3 000—4 000 元	39.1	18.8
4 000—5 000 元	13.1	7.2
5 000—6 000 元	8.6	2.6
6 000—7 000 元	5.2	0.6
7 000 元及以上	5.8	0.0
合　计	100.0	100.0
平均收入（元/月）	3 720	2 671

侨界空巢老人的收入水平与文化程度有密切关系。如图 3 所示，随着文化

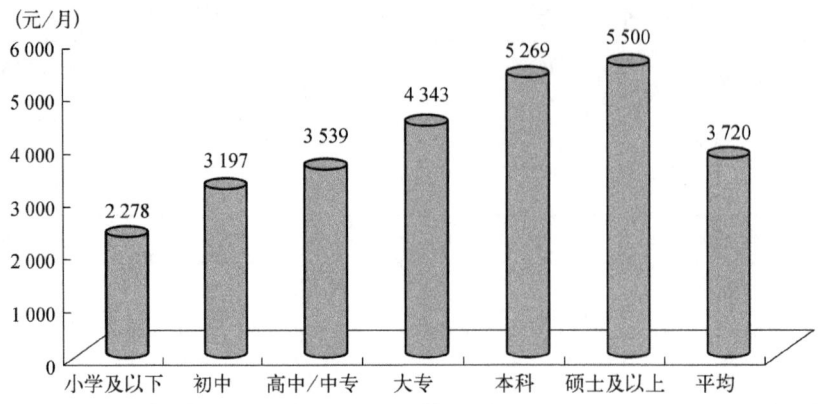

图 3　黄浦区侨界不同文化程度空巢老人月平均收入对比

程度的升高,黄浦区侨界空巢老人月平均收入上升。抽样调查数据也显示,老人收入水平与年龄没有太大关系。

2. 支出状况:消费水平比较高,主要支出项目是饮食和医疗保健

一般说来,随着收入水平提高,支出水平也会提高。抽样调查数据显示,黄浦区侨界空巢老人月平均支出2 909元,占月平均收入的78.2%,其中最少700元,最多1万元;从支出分布看,主要集中在2 000—3 000元(51.9%),不足2 000元,3 000—4 000元也占了较高的比例,4 000元及以上各支出组的比例都不高(见表5)。

表5 黄浦区侨界空巢老人月平均支出分布 (单位:%)

月平均支出	比例(%)
不足2 000元	18.8
2 000—3 000元	51.9
3 000—4 000元	18.8
4 000—5 000元	7.2
5 000—6 000元	2.6
6 000元及以上	0.6
合　计	100.0

黄浦区侨界空巢老人最主要的支出项目是饮食(88.6%)和医疗保健(82.6%),水电煤(78.7%)是第三大支出项目,通讯、请保姆也占了一定的比例(见图4)。

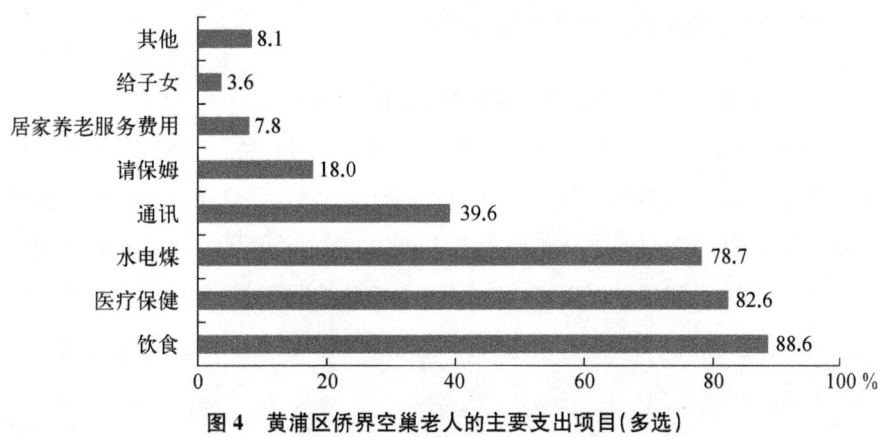

图4 黄浦区侨界空巢老人的主要支出项目(多选)

3. 收支平衡状况：盈余多，但入不敷出者也超过一成

近四分之三的老人收入大于支出，收支平衡的占 15.8%，同时也有 10.4% 的老人入不敷出（见图 5）。

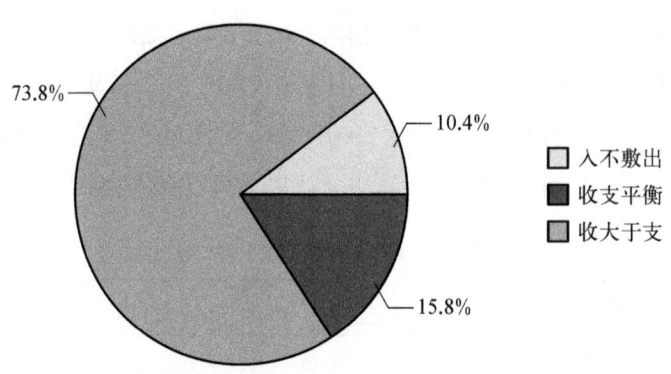

图 5　黄浦区侨界空巢老人收支平衡状况

在座谈会上我们了解到绝大多数侨界空巢老人经济状况比较好，无养老经济方面的压力。但也有少数老人因为没有经济收入来源或者因病致贫，还有个别老人依靠最低生活保障生活。如老西门街道有一个 78 岁的老先生是纳保人员，每月收入只有 600 余元，居住在 10 余平米、没有电话、没有空调的简陋房屋里，曾患脑梗。老人的儿子在美国打工，收入水平中等偏下，早年父子关系紧张，两人沟通少，他对老人的经济支持非常有限。

（四）兴趣爱好及志愿活动参与状况

1. 兴趣爱好：绝大多数有兴趣爱好，且非常广泛

如图 6 所示，98.5% 的侨界空巢老人在闲暇时间有各种爱好，其中看电视比例最高（85.5%），其次是读书看报听广播（65.3%），健身锻炼、旅游观光、种花养鸟也占了一定比例；与全市空巢老人相比，黄浦区侨界空巢老人有兴趣爱好的比例更高，且娱乐爱好更加广泛，除了打牌搓麻将下棋，其他各项兴趣爱好的比例都比前者高，尤其是在读书看报听广播、健身锻炼、旅游观光、种花养鸟等娱乐活动方面。

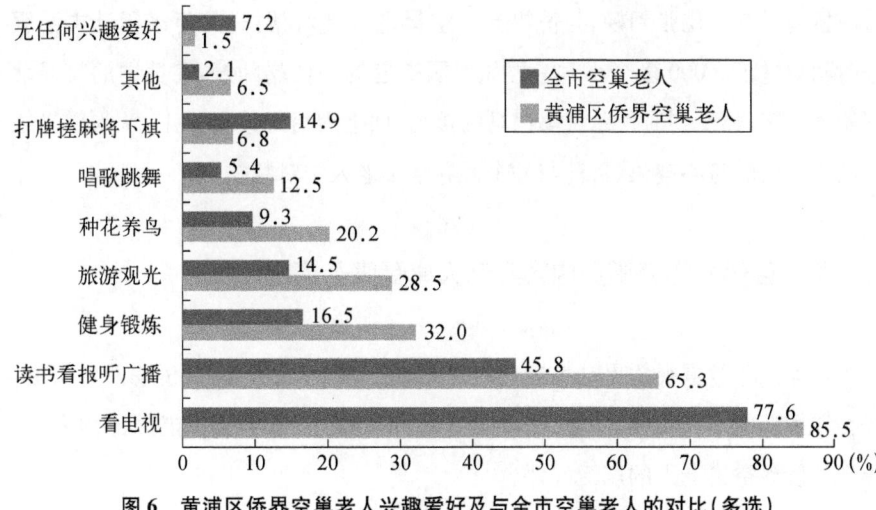

图6　黄浦区侨界空巢老人兴趣爱好及与全市空巢老人的对比(多选)

2. 参加志愿者活动：参加过志愿者活动的比例高，每周参加活动时间集中在5个小时及以下，主要参加侨之家系列活动

抽样调查数据显示，40％的侨界空巢老人参加过志愿者活动，远远高于全市空巢老人15.4％的比例，而且年龄越低参加的比例越高，其中60—69岁低龄老人参加过志愿者活动的比例高达58.3％；从每周参加活动的时间看，84.3％在5个小时及以下，6个小时及以上各时间段的比例都不高；从参加活动的内容看，53.1％是侨之家系列活动，25.8％是侨帮侨活动，专业知识传授相对不多（见表6）。

表6　黄浦区侨界空巢老人参加志愿者活动的时间和内容

时　　间	样本数 (人)	比例 (％)	内　　容	样本数 (人)	比例 (％)
5个小时及以下	108	84.3	侨帮侨活动	33	25.8
6—10个小时	13	10.2	侨之家系列活动	68	53.1
11—15个小时	3	2.4	专业知识传授	7	5.5
16个小时及以上	4	3.1	其　　他	20	15.6
合　　计	128	100.0	合　　计	128	100.0

老人参与志愿活动的热情非常高，我们在调研中深深体会到这一点。例如

打浦桥街道有一位张阿姨,与侨界5个空巢老人结对帮扶,几年来累计志愿服务时间超过了5 000多个小时。再如豫园街道的一位赵阿姨,在美国的时候就开始做义工,还受到时任总统奥巴马的接见,回上海后继续做义工,认为做义工有利于自己的身心健康,目前与一个侨界空巢老人结对帮扶。

二、黄浦区侨界为老服务内容及老人享受服务情况

黄浦区非常重视侨界空巢老人的为老服务工作,区侨办、区侨联及各街道、居委涉侨部门不断实践、探索,采取了一系列举措,不断丰富为老服务的内容,受到了侨界空巢老人的广泛好评。

(一)侨界开展为老服务的举措及服务内容

1. 建立为侨服务志愿队,开展侨帮侨结对关爱工作

区侨联用爱心基金为每个街道聘用1名侨界专职志愿者①,与社区内侨界困难人士结对,少的5个,多的7个,两天一次电话,一周一次上门,对需要帮助人士做到有事必到,有求必应,为他们提供配药、买菜、读报、陪聊等服务,全面关心老人的日常生活。

各街道组织社区侨联分会委员、侨联络员等骨干力量组成侨界志愿者,与社区内80岁以上的侨界困难老人开展结对关爱工作,经常关心他们,及时了解老人的需求和动态。

2. 依托专业机构或社会组织,开展个性化或专业化服务

例如,区侨办与社区卫生服务中心签约,为早期归侨提供一对一每月体检、建立健康档案、就医绿色通道等健康医疗服务。

再如,老西门街道与黄浦区公益慈善联合会合作,为56位80岁以上独居的侨界空巢老人提供上门服务,志愿者每周上门一次,按老人的实际需求提供

---

① 调研中了解到,专职志愿者都经过精心挑选,他们在社区侨界志愿者队伍中相对年纪较轻,身体素质较好,有爱心肯奉献,且愿意为社区侨界空巢老人服务。

个性化服务。一是生活服务。帮助侨界空巢老人处理日常家务,照顾老人的日常生活,代交公共事业费等。二是精神服务。陪侨界空巢老人聊天,给老人读书读报,陪老人散步,参与社区的文化娱乐活动,丰富侨界空巢老人的精神文化生活。三是健康服务。陪同老人走访医院,为其测量血压、血糖,在老人生病时及时给予照顾。

3. 利用各类社区平台,打造多元文娱活动

各街道通过"侨之家"、老年读书会、社区文化中心等平台组织各类活动,丰富老人的日常文化精神生活。南京东路街道为进一步丰富侨界空巢老人的晚年生活,街道和各小区"侨之家"为老人量身打造"活力侨沙龙"系列活动。如充分利用归侨侨眷的宝贵资源,开展人生分享会、夏老师讲故事等活动;组织老人参加红歌会、老年读书会等兴趣小组;组织文艺节目表演,邀请老人参加天下美食节、海外摄影展等活动。此外,街道实施的"银龄新视界"老年人看电影、老年社区学校升级等项目也为社区侨界空巢老人提供了更多活动的平台。

4. 以节日活动为载体,开展帮困慰问活动

各街道充分利用节假日、各项主题活动,积极为社区的侨界空巢老人开展形式多样的帮困、慰问活动。一是节日慰问。春节的一副对联,重阳节的一卷寿面,端午的粽叶香,中秋的月团圆,在传统节假日里开展慰问活动,为子女远在异国他乡的空巢老人们送去节日的祝福。二是鼓励参与主题活动。街道开展各类主题活动,如迎春联欢会、中秋茶话会,都会主动邀请侨界空巢老人参加。三是爱心帮困。帮助生活特别困难的侨界空巢老人申领帮困救助金,冬送温暖、夏送清凉,帮助侨界空巢老人解决生活实际困难。

5. 依托海燕博客凝聚新侨白领,开展"子路厨房负米送餐"活动

子路厨房活动自 2013 年 5 月 4 日正式启动,依托海燕博客公益发展中心与社区"侨之家"以及侨资企业的强强联手。每次活动组织 10 名左右新侨白领青年志愿者与社区的侨界空巢独居老人结对,建立长期联系制度,一个月上门两次,为老人买菜、烧菜、烧饭,陪他们聊天、看戏。目前该项目已经在部分

社区定期开展,凝聚了60多位新侨志愿者参与到侨界空巢家庭的关爱行动中来。与侨界空巢老人结对,一起为梦想而行,将爱心延续。有些侨界空巢老人不仅参与自己街道的子路厨房活动,还通过活动帮助更多的老人走出空巢阴影。志愿者们积极的生活态度感染了侨界空巢老人,使他们的身心更阳光更健康。

6. 申报街道实事项目,推进开展"关爱工程——暖侨敬老行动"①

为积极响应国务院侨办组织开展的"关爱工程——暖侨敬老行动",2013年瑞金二路街道在社区试点开展了暖侨关爱工程,旨在通过社区志愿者与独居困难侨界人士结对关爱,缓解独居困难侨界人士的社区生活困难,解除海外亲属的后顾之忧,努力凝聚海内外侨心。2014年,街道进一步在各社区推进开展"关爱工程——暖侨敬老行动"。具体举措如下:第一,申报实事项目。2014年初,街道统战部门将"关爱工程——暖侨敬老行动"申报为街道实事工程,项目运作经费为5万元,主要用于志愿者关爱和项目总结。第二,建立帮困数据库。在街道历年侨情调查的基础上,整合街道侨联分会、各社区"侨之家"资源,梳理排摸帮扶对象119名,建立帮扶人员库。第三,成立志愿者队伍。依托街道各类志愿者资源,建立一支由30名侨界爱心帮扶志愿者组成的队伍,做好日常结对关爱工作。利用街道"心灵扬帆工作室"专业心理志愿者队伍,为重点帮扶对象定期进行心理疏导和慰藉。第四,整合街道服务资源。近年来,街道在社区服务,特别是为老服务设施建设上下了大功夫。通过资源整合,利用街道生活服务中心、"康乐家"社区服务中心、卫生服务中心等平台为帮扶对象突发"急、难、愁"困难提供及时有效的无偿、低偿和有偿支撑服务。街道为高龄、早期归侨提供"五送"服务。一送免费牛奶,强身健体;二送免费家庭病床,送医上门;三送免费老年报,丰富精神生活;四送爱心午餐,解决后顾之忧;五送理发、扦脚,提高生活品质。第五,发挥社区"侨之家"作用。依托街道侨联分会、特色"侨之家",开展各类谈心、学习和健身娱乐活动,丰富侨界空巢老人的社区生活。

---

① 2013年国务院侨办从"全国社区侨务工作示范社区"中精心挑选了15家社区进行"关爱工程——暖侨敬老行动"试点,黄浦区的瑞金二路街道是上海市3家入选试点单位之一。

(二) 老人享受侨界为老服务的现状及评价

1. 对侨界开展的为老服务知晓率和享受率都比较高,主要知晓文体活动、体检和生活照料三项活动,主要享受文体活动和体检两项活动

抽样调查数据显示,77.2％的侨界空巢老人知道侨界开展的为老服务,服务内容知晓率最高的是文体活动(60.8％),体检(47.4％)和生活照料(42.6％)分列第二、第三位,"安康通"、陪聊也占了一定比例;74.3％的侨界空巢老人享受过侨界开展的为老服务,享受过的主要服务内容是文体活动(51.6％),其次是体检(35.9％),其他服务内容享受的比例相对较低(见表7)。

表7 黄浦区侨界空巢老人对为老服务内容的知晓和享受情况(多选)

(单位:％)

服务内容	知晓率	享受率
文体活动	60.8	51.6
体检	47.4	35.9
生活照料	42.6	10.9
"安康通"	34.3	13.6
陪聊	25.9	18.5
就医绿色通道	19.9	6.5
建立健康档案	17.1	8.2
其他	1.6	3.3

2. 享受为老服务的主要场所是侨之家,为老服务人员主要是社区工作人员

如图7所示,侨界空巢老人享受为老服务的场所中,侨之家的比例最高(58.3％),其次是社区文化中心(46.0％),社区卫生服务中心也占据一定的比例。享受服务的地点与享受服务的内容密切相关。文体活动主要在侨之家或社区文化中心举行,体检、建立健康档案、就医绿色通道等服务主要在社区卫生服务中心进行,生活照料、"安康通"服务主要在家里展开。

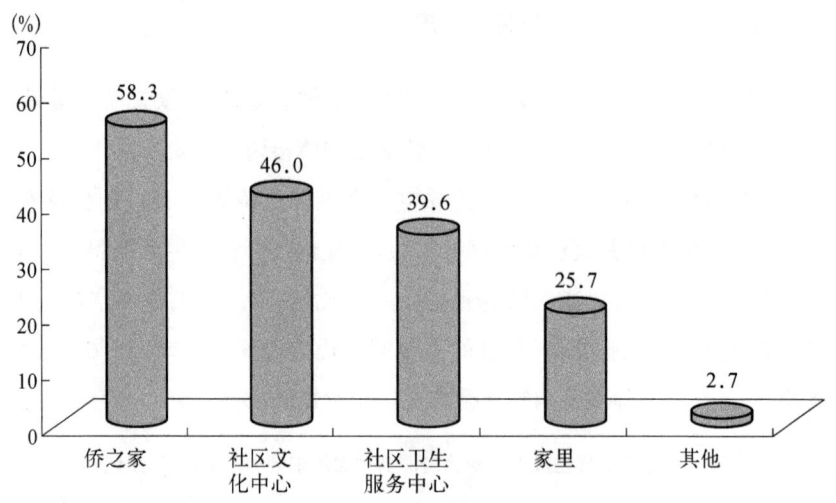

图7　黄浦区侨界空巢老人享受为老服务的场所(多选)

如图8所示,为老服务人员的组成中,社区工作人员比例最高(71.4%),侨联工作人员(46.4%)和侨界老年志愿者(44.4%)也是重要组成部分;相对而言,侨界青年志愿者和一般志愿者比例不高。

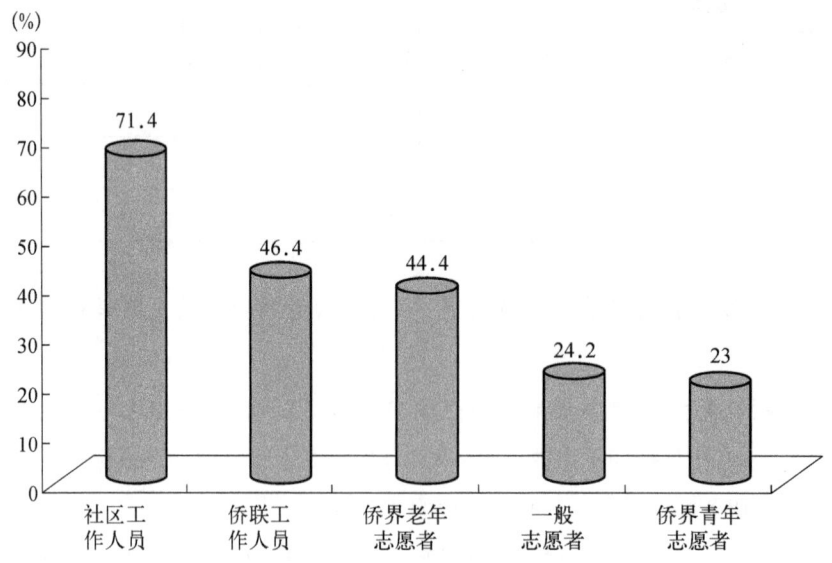

图8　黄浦区为老服务的服务人员构成(多选)

3. 对享受的为老服务尤其是文体活动、"安康通"服务满意度高

如表8所示,侨界空巢老人对享受过的为老服务总体感到满意,其中"非常满意"占13.3%,"满意"占59.4%,"一般"占27.3%,没有不满意、非常不满意的评价;其中文体活动、"安康通"满意度最高,分别为83.3%、90.0%。

表8　黄浦区侨界空巢老人对不同为老服务的满意度　　　（单位：%）

服务内容	非常满意	满　意	一　般	合　计
生活照料	21.4	28.6	50.0	100.0
文体活动	14.1	69.2	16.7	100.0
陪　聊	6.9	58.6	34.5	100.0
体　检	8.0	60.0	32.0	100.0
建立健康档案	15.4	53.8	30.8	100.0
就医绿色通道	10.0	60.0	30.0	100.0
"安康通"	20.0	70.0	10.0	100.0
合　计	13.3	59.4	27.3	100.0

课题组调研过程中认识了一位王阿姨,75岁,心脏不太好,女儿20世纪90年代就去日本了,几年前老伴也去世了。街道侨办分会了解情况后,安排了同一个小区的志愿者结对帮扶,经常关心她、与她聊天,让老人非常感动。另外,社区文体活动也比较丰富,王阿姨现在生活得很充实。上午到社区侨之家练习2个小时的毛笔字,下午和小姐妹搓搓麻将,晚上还去参加姐妹舞蹈班。尽管王阿姨不能跳也不会跳,但看姐妹们跳也能感受到乐趣。

三、黄浦区侨界空巢老人养老服务供需面临的挑战

尽管黄浦区侨界空巢老人服务工作取得了很大的成效,但相对于日益增多的侨界空巢老人养老服务需求来说,养老服务供给还严重不足。

(一) 侨界空巢老人养老服务需求大

1. 生病照料服务需求大

（1）绝大多数侨界空巢老人患有慢性病

如图9所示,89.1%的侨界空巢老人患有常见的慢性疾病,其中高血压

比例高达 61.0%，心脏病（30.7%）、骨关节炎（27.8%）也占有较高的比例，其中有的老人还同时患有多种疾病；与全市空巢老人相比，侨界空巢老人患病比例高且图中所列的慢性病比例都高。这与侨界空巢老人高龄化年龄特征有关，抽样数据也表明，随着年龄的增加，侨界空巢老人心脏病、骨关节病患病率上升，其中 80 岁及以上高龄老人患这两种病的比例分别达到了42.2%和 36.3%。

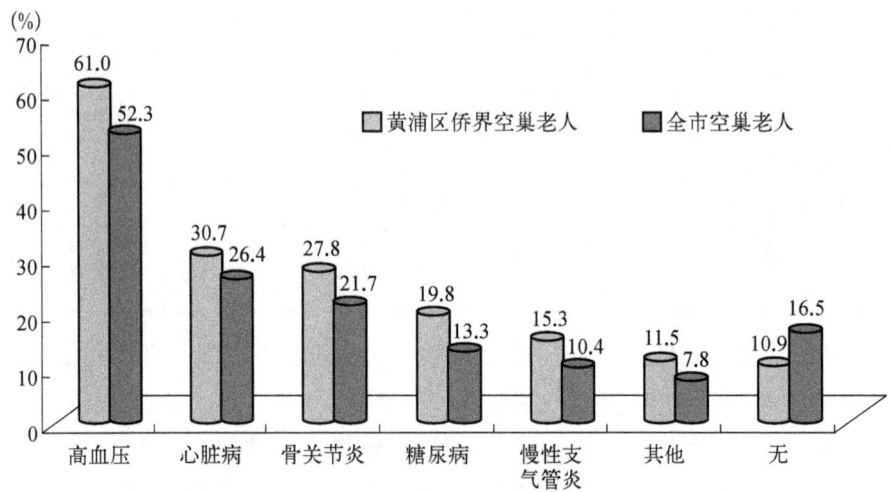

图 9　黄浦区侨界空巢老人与全市空巢老人患病情况对比（多选）

（2）看病和住院的比例高

因为大多数侨界空巢老人都患有慢性疾病，需要经常看病甚至是住院。抽样调查数据显示，86.5%的老人最近半年看过病，平均看病次数 8.4 次，最少 1 次，最多 72 次，平均每个月要看 12 次；12.4%的老人最近半年住过院，平均住院天数 21 天，其中最短 1 天，最长 100 天。

（3）住院时有近一成老人无人照料

侨界空巢老人住院时的主要照料者是配偶（51.0%），其次是保姆（21.6%），子女大多数在国外因而照料有限，志愿者照料尤其少，另有 9.8%无人照料，这些无人照料者主要是 60—69 岁的低龄老人；另外，随着年龄的增加，配偶照料的比例下降，而保姆照料的比例上升（见表 9）。

表9 黄浦区侨界空巢老人住院主要照料者　　　　　　（单位：%）

主要照料者	60—69 岁	70—79 岁	80 岁及以上	合　计
无人照料	28.6	4.8	0.0	9.8
配　偶	64.3	52.4	37.5	51.0
保　姆	7.1	19.0	37.5	21.6
子　女	0.0	14.3	12.5	9.8
志愿者	0.0	4.8	0.0	2.0
其　他	0.0	4.8	12.5	5.9
合　计	100.0	100.0	100.0	100.0

在调研中我们发现，老人最怕的就是生病，担心急病突发无人知晓、慢性疾病无人关心、就医排队无人陪同、住院无人照料。

2. 日常生活照料服务需求大

(1) 生活部分不能自理、完全不能自理的侨界空巢老人比例高

如表 10 所示，超过四分之三的侨界空巢老人能够生活自理，但生活部分不能自理的比例也超过了五分之一，比全市空巢老人高 13 个百分点。如表 11 所示，随着年龄的增长，侨界空巢老人身体状况每况愈下，逐渐丧失自理能力，部分不能自理、完全不能自理的比例上升。

表 10 黄浦区侨界空巢老人生活自理能力与全市空巢老人的对比　（单位：%）

自理能力	黄浦区侨界空巢老人	全市空巢老人
完全能自理	75.7	89.2
部分不能自理	22.2	9.0
完全不能自理	2.1	1.8
合　计	100.0	100.0

表 11 分年龄组黄浦区侨界空巢老人生活自理能力　　　（单位：%）

自理能力	60—69 岁	70—79 岁	80 岁及以上	合　计
完全能自理	95.7	73.5	55.4	75.7
部分不能自理	3.5	24.8	40.6	22.2

自理能力	60—69 岁	70—79 岁	80 岁及以上	合　计
完全不能自理	0.9	1.7	4.0	2.1
合　计	100.0	100.0	100.0	100.0

（2）日常生活中存在诸多困难

对于部分不能自理、完全不能自理的老人来说，日常生活中存在三大困难——"外出购物难"（48.1%）、"打扫难"（41.8%）和"孤独寂寞"（40.5%），另外也存在洗澡难、做饭难等难题；总体而言，老人年龄越大，这些难题越突出（见表12）。这些老人的子女在国外，身边无人照顾，如遇到恶劣天气，外出买菜购物等生活需求都成了突出问题；同时，随着身体机能的衰退，打扫、洗澡、做饭一一成为难题；子女长期不在身边，也让老人倍感孤独寂寞。

表 12　分年龄组黄浦区侨界空巢老人日常生活存在的主要困难（多选）

（单位：%）

	60—69 岁	70—79 岁	80 岁及以上	合　计
外出购物难	33.3	56.2	43.9	48.1
打扫难	33.3	43.8	41.5	41.8
孤独寂寞	50.0	37.5	41.5	40.5
洗澡难	16.7	15.6	34.1	25.3
做饭难	16.7	12.5	29.3	21.5
其　他	6.3	7.6	12.3	8.9

（3）近一成侨界空巢老人缺乏日常生活照料者

如表13所示，当日常生活存在困难时，帮助侨界空巢老人的主要是保姆（33.3%）和配偶（32.1%），子女、社区干部和志愿者起的作用有限，且有8.7%的老人无人照料；与全市空巢老人相比，黄浦区侨界空巢老人无人照料和由保姆照料的比例较高，志愿者和社区干部照料的比例也较高，而配偶、子女照料的比例则较低，这也与侨界空巢老人丧偶比例高、平均子女数少且子女多在国外等基本特征有关。另外，抽样调查数据显示，随着年龄的增加，配偶照料的比例下降，保姆照料的比例上升。

表 13 黄浦区侨界空巢老人生活主要照料者与全市空巢老人的对比（单位：%）

	黄浦区侨界空巢老人	全市空巢老人
无人照料	8.7	1.3
保　姆	33.3	8.3
配　偶	32.1	46.5
子　女	14.8	38.1
志愿者	4.9	0.7
社区干部	3.7	0.7
其　他	2.5	4.4
合　计	100.0	100.0

我们在调研中发现,有些街道侨界空巢老人日常生活照料问题尤其突出。如在南京东路街道,社区仅16%的高龄空巢老人有配偶、子女照顾,其余大部分老人都需要依靠志愿者和钟点工进行日常照顾。社会的养老体系尚未健全,对于侨界空巢老人来说生活困难重重。

3. 社会化养老服务需求大

（1）九成以上侨界空巢老人希望今后在上海养老

如表14所示,90.9%的老人希望在上海养老,希望子女回国的占6.1%,到国外子女那里去的仅为1.8%;大部分老人即使自理能力下降,也希望自己能在上海养老并希望子女回国。可见,绝大多数老人希望在上海养老,并不受自理能力的影响。

表 14　黄浦区侨界空巢老人希望养老的地方　　　　（单位：%）

类　　别	在上海	希望子女回国	到国外子女那里	其　他	合　计
完全能自理	91.0	4.9	2.5	1.6	100.0
部分不能自理	93.1	6.9	0.0	0.0	100.0
完全不能自理	85.7	14.3	0.0	0.0	100.0
合　计	90.9	6.1	1.8	1.2	100.0

（2）近三分之一的侨界空巢老人希望今后社会化养老

如表15所示，67.9%的老人最希望选择的养老模式是家庭养老，选择社区居家养老、机构养老的也分别占到了17.5%、14.6%，后两者合计32.1%；总体上，随着自理能力的下降，老年人选择家庭养老的比例在下降，而选择机构养老的比例在上升，其中生活完全不能自理的老人选择机构养老的比例达到了42.9%。可见，多数老人选择传统家庭养老，但选择社区居家养老和机构养老的老人也不少，总的来说，自理能力越低越倾向于选择机构养老。

表15　黄浦区侨界空巢老人希望养老的模式　　　　　（单位：%）

类　　别	家庭养老	社区居家养老	机构养老	合　　计
完全能自理	69.0	16.6	14.4	100.0
部分不能自理	68.7	22.4	9.0	100.0
完全不能自理	42.9	14.3	42.9	100.0
合　　计	67.9	17.5	14.6	100.0

在与侨界空巢老人深入交谈后，我们了解到，许多老人都曾在国外定居过一段时间，但因为语言不通、生活习惯存在巨大差异等倍感孤独寂寞，再加上习惯上海的生活方式、感觉上海发展也比较好、朋友社交圈都在上海、叶落归根思想等原因都又回国定居。如调研中有一位老先生，因为照顾孙子在美国生活了10多年，等孙子读高中不需要照顾后就立刻回上海了。正如他所说，"美国好山好水好无聊"。回到上海后，老先生每天锻炼锻炼身体、打打桥牌，感觉生活有味道、很开心。这位老先生已经和老伴规划好了，等年龄大了了每个月花1万元住高端的养老院去。还有一位83岁的孙阿姨，有三个子女且都在国外。她在国外生活多年，后因思乡心切回到了上海，除了偶尔到国外子女那里小住一段时间外，多数时间都在上海，且不打算到国外子女那里去养老。孙阿姨现在身体比较健康，平时唱唱昆曲、搓搓麻将，还自己做饭，只是请了一个钟点工帮忙打扫卫生。

（二）养老服务供给不足

1. 投入不足且投入不均衡

（1）投入不足

在调研中我们发现，目前黄浦区侨务部门和基层社区并没有专门用于侨界空巢老人养老服务的经费支出,主要依托各社区的民政和卫生系统统筹安排来服务社区老人,国侨办暖侨敬老行动的少量经费只能做一些精神上的慰藉。社区侨界空巢老人服务工作缺乏有力的资金支撑,在一定程度上制约了该项工作的开展。

（2）投入不均衡

在调研中我们发现,社区侨界空巢老人服务投入在街道、居委两个层面存在投入不均衡问题。在街道层面,有的街道可以拿出部分统战工作经费慰问部分空巢家庭,有的街道每年党工委下发固定经费用于社区侨联自主运转,遇到大型活动则实行年初预算制,保证侨界活动经费充足;而在居委层面,却没有专项经费,有的居委是在精神文明建设经费中开支,有的居委几乎没有经费投入,仅靠居民自发关心。

2. 志愿者服务人员不足

（1）总量不足

目前各街道虽都配备了一定数量的侨界志愿者用于侨界困难家庭的帮扶,他们也做了大量的工作,发挥了较大的作用。但总量不足的问题始终存在,有些志愿者一个人可能要照顾 6 个老人,难以使每个需要帮护的侨界空巢家庭,尤其是 80 岁以上的侨界空巢家庭得到必要的帮助。对黄浦区侨界 40—59 岁空巢人士志愿活动参与情况及意愿的抽样问卷调查数据显示,不愿意参加的主要原因是没有时间(56.4%)和没有精力(35.9%);即使在愿意参加者中,也有很多人担心自己没有时间(40.7%)或者没有精力(23.7%),从而参加不了。

（2）分布不均

有的居民区有专门的侨帮侨志愿者服务队伍,有的居民区还没有。

（3）年龄偏大

目前为侨服务的志愿者年龄多在 50 岁以上,本身也要处理事务、照顾家庭,且或多或少都有点慢性病,这使得志愿者们在照顾老人时常感到心有余而力不足。

（4）不够规范

目前的志愿服务队伍均提供属非专业的无偿服务,很难建立有效的管理和评估机制。队伍成员素质参差不齐,活动开展不够规范,因而工作持续性及效果很难进一步提升。

(三) 养老服务供需存在结构性矛盾

1. 最希望享受的服务内容是生活照料,就医绿色通道和体检需求也很迫切,与已享受的服务差距较大

在老人"今后希望享受的为老服务内容"中,生活照料比例最高(53.8%),比已经享受的比例高 40 多个百分点;就医绿色通道(48.9%)、体检(48.0%)的比例也非常高,分别比已经享受的比例高 42.4 个、12.1 个百分点;另外希望组织旅游的比例也占到 34.0%;而文体活动的需求不高,比已经享受的比例低23.9 个百分点(见表 16)。

表 16　黄浦区侨界空巢老人希望享受和已经享受的为老服务内容对比(单位:%)

服务内容	已经享受	希望享受	差　距
生活照料	10.9	53.8	-42.9
文体活动	51.6	27.7	23.9
陪　聊	18.5	22.5	-4.0
体　检	35.9	48.0	-12.1
建立健康档案	8.2	16.7	-8.5
就医绿色通道	6.5	48.9	-42.4
"安康通"	13.6	18.5	-4.9
电脑手机培训		13.4	
组织旅游		34.0	
其　他	3.3	1.2	2.1

在调研中,一些侨界空巢老人也反映希望能够加强对侨界独居、空巢人士生活上的关心,在就医、生活照料、精神慰藉等方面提供更多的服务平台。另外也有部分老人指出,现代社会信息科技发达,但是自己却很难通过现代化的手段与远在海外的子女沟通联系,希望能够开设一些培训课程教授基本的视频聊天、微信聊天等电脑、手机软件的使用技巧,拉近与国外子女的距离,同时也有

利于了解外面的世界,缓解心理空巢的症状。

2. 最希望享受服务的场所是家里,与已享受的服务场所差距大

在"今后希望享受的为老服务场所"中,老人选择家里的比例最高(56.7%),比已经享受服务场所的比例高31个百分点,这与他们对生活照料的迫切需求有关;侨之家(43.0%)也是一个重要需求场所,比已经享受服务场所的比例低15.3个百分点;相较而言,老人对社区文化中心、社区卫生服务中心的需求与现状差距不大(见表17)。

表17 黄浦区侨界空巢老人希望享受和已经享受的为老服务场所对比

(单位:%)

场 所	已经享受	希望享受	差 距
家 里	25.7	56.7	-31.0
"侨之家"	58.3	43.0	15.3
社区文化中心	46.0	42.4	3.6
社区卫生服务中心	39.6	39.9	-0.3
其 他	2.7	1.2	1.5

3. 最希望为老服务人员仍然是社区工作人员和侨联工作人员,但对侨界青年志愿者的需求也比较迫切

在老人"今后希望提供为老服务的人员"中,社区工作人员的比例最高(52.4%),但比现有的低19个百分点;侨联工作人员的比例也非常高(51.5%),比现有的比例高5.1个百分点;侨界青年志愿者的比例也较高(41.7%),且比现有的比例高18.7个百分点(见表18)。

表18 黄浦区侨界空巢老人希望享受和已经享受的为老服务人员对比

(单位:%)

服务人员	已经享受	希望享受	差 距
侨联工作人员	46.4	51.5	-5.1
侨界老年志愿者	44.4	41.7	2.7

服务人员	已经享受	希望享受	差　距
侨界青年志愿者	23.0	41.7	－18.7
社区工作人员	71.4	52.4	19.0
一般志愿者	24.2	28.5	－4.3
其　他	0.0	3.6	－3.6

四、提升黄浦区侨界空巢老人养老服务能力的对策建议

在坚持"一视同仁、不得歧视，根据特点、适当照顾"的原则前提下，针对侨界空巢老人养老服务供需矛盾，本文提出如下提升侨界空巢老人养老服务能力的对策建议。

（一）进一步重视侨界空巢老人养老服务工作

侨界空巢老人养老服务工作值得进一步重视主要有三个方面的理由。

一是侨界空巢老人对养老服务需求具有自身的特点。相对于一般空巢老人，侨界空巢老人因为丧偶者多、子女少且多在国外而造成家庭照料资源的严重匮乏，再加上年龄偏大、患病率偏高、自理能力偏弱，他们对生病照料、生活照料、精神慰藉等需求更迫切。

二是侨界空巢老人自身也是为侨服务志愿者的来源之一。如前所述，侨界空巢老人参与社区志愿者活动的热情非常高，四成的老人参加过志愿者活动。抽样调查数据显示，65.4％的侨界空巢老人愿意参加志愿者活动，而且年龄越低意愿越强烈，其中60—69岁低龄老人愿意参加志愿者活动的比例高达79.3％。等这些社区活动志愿参与者年龄大了、需要帮助的时候，理应得到回报。

三是对侨界空巢老人养老服务的关心和帮扶是为侨服务工作的重要组成部分。提升侨界空巢老人养老服务的能力，让社区空巢老人安享晚年，减少海外子女的后顾之忧，对于更好地凝聚侨心、汇聚侨智、发挥侨力具有重要作用和

现实意义。

（二）夯实侨界空巢老人养老服务工作的基础

1. 建立重点服务空巢老人的信息库

高龄、独居、生活不能自理、经济困难、老弱多病等特殊侨界空巢老人是最需要关心、帮助的重点人群。在已有侨情数据库的基础上，各街道、居委要通过摸底排摸，建立这一重点群体的"一人一表"电子档案。档案中，不仅要包括老人的基本信息（性别、年龄、曾侨居国、联系方式）、主要家庭海外关系（子女姓名、侨居国、联系方式），还要包括老人健康状况、兴趣专长、主要困难、养老服务需求等情况。同时及时更新，动态掌握他们的变化，使得服务对象更加明确，也为以后提供更有针对性的服务工作打好坚实的基础。

2. 完善养老服务工作的制度

侨界空巢老人养老服务工作的开展、资金的使用、人力的保障等都需要制度来支撑。现有的各项制度应该根据实际情况定期调整、完善，以更好地为侨服务。

（三）加大侨界空巢老人养老服务工作的资金投入

1. 纳入侨务部门的专项资金预算

把加大侨界空巢老人养老服务工作的资金预算作为专项资金纳入区侨务部门年度财政支出预算，并且随年度财政支出的增长和养老服务需求的增长而增长。同时根据服务老人的规模及需求，在街道、居委层面合理配置资金。

2. 建立助侨关爱公益基金

组织社会各界热心侨务工作人士、海外侨胞、侨界空巢老人子女募捐，建立助侨关爱公益基金，为助侨关爱活动和项目提供资金保障。

（四）加强侨界空巢老人养老服务工作的资源整合

1. 充分利用社区资源

充分利用已有的社区文化活动中心、社区生活服务中心和社区卫生服务中心等社区资源，积极做好侨界空巢老人养老服务工作。

2. 整合涉侨部门资源

侨务部门要加强与卫生局、社保局、民政局等相关部门在政策、财力、人力等方面的养老服务资源的协调、整合。如加强与卫生医保部门协调，进一步关心侨界空巢重病大病人群，在社区内为他们提供迫切需要的医疗卫生服务，开展心灵安抚、病症咨询等服务，同时为重点服务老人提供方便看病、配药的优先通道。再如加强与民政局的合作，为重点服务老人提供一些助餐、助洁、助聊等服务，以及优先安排入住养老院等服务。

（五）完善侨界空巢老人养老服务工作的社会参与机制

1. 放宽服务项目招投标对资质的要求

目前，一些侨界空巢老人养老服务项目已经跨出了与社会组织/企业合作的步伐，但承接政府服务项目一般要求社会组织/企业具有非营利性资质。这就把一些想参与侨界空巢老人养老服务项目的营利性社会组织/企业拒之门外。在市场经济条件下，对于侨界空巢老人养老服务项目，政府可以向符合服务资质的营利性社会组织/企业开放，从而扩充侨界空巢老人养老服务的社会力量。

2. 引进和扶持专业社会组织/企业

针对参与侨界空巢老人养老服务项目的社会组织/企业，明确相应的扶持和补贴政策，如营业税、公共事业费、社保补贴等，从而吸引专业的家政服务公司、餐馆、健康护理站、旅游公司、计算机技术培训公司等资源作为服务实体加入侨界空巢老人养老服务行业，拓宽服务内容，提升服务档次。

（六）加强侨界空巢老人养老服务工作的志愿者队伍建设

1. 鼓励青年人士加入

组织开展为侨服务青年志愿者招募活动，大力倡导志愿者精神，积极鼓励社会青年骨干、在校学生、侨界青年人士投入侨界志愿者服务，树立服务整个社会和人民的责任意识,培养他们奉献、友爱、互助、进步的志愿者精神,帮助社会中需要帮助的侨界空巢老人。

2. 组织专业退休人士加入

积极组织、动员已经退休的医疗、康复、心理咨询等方面的专业人士,鼓励老人"老有所为",加入志愿服务队伍中来。

3. 加大志愿者优秀事迹的宣传

不断深入挖掘社区志愿者的先进典型和优秀事迹,充分利用报刊、电视、网络等媒体加强宣传报道,扩大榜样的影响力,吸引更多社会团体、个人参与志愿者服务队伍。

4. 适当补贴并做好服务时间储蓄

对黄浦区侨界 40—59 岁空巢人士志愿活动参与情况及意愿的抽样问卷调查数据显示,尽管大多数(51.8%)志愿者做公益活动不需要回报,但也有部分(18.7%)希望给予适当的补贴,也有部分(16.5%)希望累积服务时间,自己年老时可以得到相应的志愿者服务回报。今后,应给予志愿者适当的交通费、餐费、通讯费及误工费补贴。同时,做好志愿者服务时间、内容、对象等信息的记录并保存,使得志愿者今后可以优先得到服务回报。这样才可以使得志愿者服务活动长久延续。

5. 建立良好的志愿者工作运行机制

对志愿者进行统一的管理、统一的安排,制订规范性的要求,使志愿者工作机制能健康、有效的运作,发挥其更大效应。

(七) 丰富侨界空巢老人养老服务的方法方式

1. 聘请专职养老服务人员

侨务部门拿出专项资金,在社区内聘请部分有能力、有时间、肯为老人服务的待岗、早退人员,为有特殊需要的老人提供住院照护、陪同看病、配药、打扫、烧饭等服务,按时计算,给予相应的补贴。由政府购买时间,为侨界特殊老人服务,使侨界困难老人真正感受到政府对他们的关心和照顾。

2. 制作和分发"爱心卡"

将一些口碑较好的服务单位的服务内容与联系电话制作成卡片,发放到每位侨界空巢老人家中,让老人们足不出户就可以浏览各种服务信息,只要一个电话就可以把服务送到家中。

3. 做大做强服务品牌

"侨帮侨"低龄老人关爱结对帮扶高龄老人行动、"子路厨房负米送餐"活动、"关爱工程——暖侨敬老行动"等服务项目已经形成了品牌,且具有良好的社会效应。在总结这些服务品牌发展经验的基础上,复制推广,做大做强这些服务品牌,让更多的侨界空巢老人享受到这些服务。

4. 引入"家庭医生制"服务模式

借鉴他区"家庭医生制"服务模式,与独居、空巢老人结对,提供上门医疗保健服务。每月上门一次,进行健康护理检查,在生活保障、日常照料等方面为独居、空巢老人提供温馨家庭式服务。

网络时代侨务工作方法创新研究

戴丽娜　唐巧盈　叶雪枫*

摘要：近年来，从各级侨务办公室门户网站的建立，到电子侨务、侨务信息化的推广，再到"智慧侨务"战略的实施，侨务实践中的网络应用不乏可圈可点之处。本文以上海市人民政府侨务办公室为例，从上海市侨办信息化和网络媒介使用现状入手，分析了其在全国"互联网＋侨务"发展中所处的位置，并对网络时代的侨务工作方法创新提出了一些应对策略。

关键词：互联网时代　侨务工作　方法创新

自 1994 年中国接入国际互联网，已有 20 余年历史。如今，互联网已经深刻影响到了政治、经济、社会、文化等方方面面。中国侨务工作与互联网的正式联姻可追溯到 1999 年中国侨联和侨界基金会网站的创建，至今也有近 20 年的历史。从各级侨办信息门户网站的建立，到电子侨务、侨务信息化的推广，再到"智慧侨务"战略的实施，侨务实践中的网络应用不乏可圈可点之处，如海燕博客（上海，2006）、"智慧北京侨务"（北京，2014）、侨务信息管理系统（苏州，2014）和"侨联通"APP（中国侨联，2015）等。2016 年 9 月 25 日，国务院下发了《关于

* 作者简介：戴丽娜，上海社会科学院新闻研究所副研究员；唐巧盈，信息安全与通讯保密杂志社编辑；叶雪枫，上海社会科学院新闻研究所研究生。

加快推进"互联网＋政务服务"工作的指导意见》,进一步为"互联网＋政务服务"建设提供更为具体的顶层设计和政策保障。当前,海外华侨华人总数逾6 200万人,分布在全球198个国家和地区,国内归侨侨眷3 000多万人,他们是推进中国和平发展、实现"中国梦"的独特力量。侨务工作作为连接海内外华侨华人的重要桥梁,是上海进一步建设国际化大都市的重要工作之一。如何更好地将侨务工作与互联网有机结合,是在新时期开展好侨务工作的关键。在此背景下,本文以上海市人民政府侨务办公室互联网应用为例探讨网络时代侨务工作方法创新的策略。

一、上海市侨办信息化及互联网应用情况分析

(一) 信息化发展概况

上海市侨办是省级侨办中信息化基础较好的单位之一。基于信息安全的考虑,其在2009年完成了政务内网和外网两套系统的建设,并针对侨务工作的重点人群和相关活动建立了数据库。

(二) 官方网站运营分析

相较于近年方兴未艾的各级侨办微信、微博或APP(手机应用客户端),各级侨办官方网站应用历史更长,运营也相对稳定。在现阶段的侨务工作中,网站仍是使用率最高的互联网媒介形式。但可以预见,随着智能手机等移动终端的普及,微信、微博等互动性更强的媒介形式普及率会逐渐加快,必会成为侨务工作与互联网相结合的创新发展方向。就现阶段而言,PC(个人电脑)端官网虽日渐式微,但它长期积累下的认知度和用户基础仍能发挥不小的影响力,在一段时间内仍会是线上侨务工作的主要窗口和侨办自身形象的展示平台,同时,亦可借其来推广移动端应用。

为了解上海侨务"互联网＋"发展的现实情况及其在全国范围内所处水平,我们将上海侨办官方网站与浙江、江苏、广东、福建等省级侨办的官方网站和国务院侨办官网及中国侨联官网进行了比较研究。

从首页设计基本可以判断出网站的主要功能和风格。上海市侨办官方网

站(http：//qwb. sh. gov. cn)与其他网站的首页布局大致类似,都包含"动态新闻"、"线上业务受理"、"政府信息公开"、"友情链接"等板块。而在主标题下的目录中,各地侨办官网设计了不同的主栏目(详见表1)。

表1　部分省市及国务院侨办、侨联官网基本情况

单　位	网站名称	网　址	主色调	主栏目	语言及偏好设置
上海市人民政府侨务办公室	上海侨务	http：//qwb. sh. gov. cn	蓝	首页;政府信息公开;涉侨信息;便民服务;互动平台;网上办事	简体中文;繁体中文;English;无障碍浏览工具
浙江省人民政府侨务办公室	浙江侨网	http：//www. zjqb. gov. cn	蓝	首页;新闻中心;浙江时政;政务公开;经济科技;联络交流;华文教育;国内侨政;网上办事;华讯视点;机关建设	简体中文;繁体中文;English;设为首页;加入收藏
江苏省人民政府侨务办公室	江苏侨网	http：//www. jsqb. gov. cn	蓝（红色背景）	首页;主任致辞;省海协会;江苏概况;政策法规;投资环境;人才政策;产业规划;机关工作	无
广东省人民政府侨务办公室	广东侨网	http：//www. qb. gd. gov. cn	蓝	新闻中心;信息公开;网上办事;地方侨务;法规政策;公众互动;视频音频;侨务访谈;侨乡报道;投资创业;华社新闻;港澳动态;华文教育;慈善公益;专题专栏;图片中心	首页;旧版入口;English version;手机版;信息无障碍;航班时刻;世界天气;简体;繁体
福建省人民政府侨务办公室	福建侨网	http：//www. fjqw. gov. cn	蓝	网站首页;侨办介绍;信息公开;网上服务;公众参与;专题专栏;华侨文化;帮助中心	订阅;手机门户;个性化门户

单　位	网站名称	网　址	主色调	主栏目	语言及偏好设置
国务院侨务办公室	国务院侨务办公室	http://www.gqb.gov.cn	蓝	首页;侨办领导;主要职能;组织机构;海外联谊;文化宣传;华文教育;经济科技;国内侨务;政策法规;地方侨务;侨爱工程;海外乡亲;定点帮扶;通知公告;法律法规;课题研究;年度报告;视频专题;中国侨网	设为首页;工作邮箱
中华全国归国华侨联合会	中华全国归国华侨联合会	http://www.chinaql.org	蓝	首页;侨联概况;海外侨讯;侨联要闻;通知通告;海外联谊;侨史研究;经济科技;法律服务;亲情中华;各地侨讯;领导讲话;权益保障;组织建设;工作交谈	无

综合分析,我们得出以下结论。

1. 呈现宣传、展示特色鲜明的总体特征

相关省市侨办网站保持着政府网站一贯的严肃风格,主色调也以蓝色为主,展示性功能突出。各网站基本都将政府和领导干部活动的相关新闻放在了最重要的位置,便民服务类信息则相对靠下;相较于服务功能,更突出自身的宣传功能。各网站的信息时效性普遍较好,2016 年 7 月 23 日截止统计,各网站更新均在 7 月 20 日之后。社交媒体公号的信息更新则相对较为懈怠,因而可以断定,官网在侨务工作的媒介使用中仍处于主流地位。在移动端公号运作成熟后,一部分服务功能可能会被分流,届时 PC 端官网的"展示"功能可能更加凸显。

2. 与华侨华人具有一定互动性

除宣传功能外,网站承担了大量华侨华人相关业务的咨询功能。但仅"上海侨务"一家在首页设置了"结果反馈"栏目,对用户的"网上咨询"给出了明晰的反馈,同时在相关页面,网站也将用户的咨询业务进行编号,并以表格形式给出办理结果,该项服务领先于全国。但其对受众诉求的反馈未形成有规律的周期,或可与微信、微博相结合,利用移动网络回复便捷、及时的特点,实现在移动端输出反馈不同渠道的诉求,以加强上海市侨办线上工作的互动性。

3. 语言版本应用方面上海相对领先

除江苏侨网和中华全国归国华侨联合会外,各网站都有不同语言或偏好的设置。其中,上海、浙江、广东三家有英文版设置,满足了第一语言非汉语的用户的需求,且英文版在版式和内容上都做了相应调整,而不是将中文版直接翻译过来,更加人性化。上海、福建、广东三家都有不同形式的偏好设置,上海更是在每段信息前设置了相应的音频。可见在语言、偏好等人性化设计上,"上海侨务"相对领先。

4. PC 端与移动端衔接较弱

各侨办网站都有对应的同级微信和微博账号,但这在拥有更广泛用户群的 PC 端网站上却几乎没有体现和宣传,仅广东侨网在首页给出了"广东侨务微信公众号"的二维码,福建侨网在首页给出了"手机门户"链接。作为同一个机构的不同媒体形态,应互为推广平台,无缝衔接,这一点上海侨务网站尚需提升。

5. 在线业务办理可提升空间较大

在侨务业务办理方面,各网站以办理流程和相关法规的文字介绍为主,并没有实际的线上业务办理服务。这可以作为上海侨务工作进一步"互联网化"的突破口,即与实际承接侨务业务办理工作的"上海市华侨事务中心"相统筹,将一些现场业务转移到网站进行线上办理。《关于加快推进"互联网+政务服务"工作的指导意见》对网上办事提出了明确要求,指出"推进服务事项网上办理,做到政务服务事项'应上尽上、全程在线'"。目前上海侨务在发展网上政务方面还有较大提升空间。

6. 侨团社区平台作用待进一步发掘

华侨华人群体具有特殊性,他们中的许多人居住在海外,无法实地参与侨务部门在国内开展的各类活动。因此,侨务网站除现有的互动性栏目外,或可创建自己的网上"社区文化",较之网站单向地发布文化性讯息,这可以更好地凝聚一地华侨;或可设置"华文教育"一栏,提供形态更为丰富的华文教育资源,进一步提升网站影响力和凝聚力。

目前,上海市侨办官网的内容较为充实,但受制于政府部门的性质,"宣传"重于"服务"。今后,或可在确保信息安全的基础上,推进线上业务办理功能,也可以考虑设置网上调查活动和华人线上社区板块。在未来微信、微博、手机应用等移动端的推进下,PC端官网仍可以发挥自身固有的优势和影响力,切实成为一地侨务工作形象展示的窗口和线上业务办理平台。

(三) 社交媒体公共号应用分析

1. 微博应用分析

侨办及侨务工作微博使用较为广泛,但呈现整体不活跃、发展不均衡的状态。国务院侨务办公室并未开通官方微博,其直属单位《华声报》创办的"@中国侨网"粉丝数尚未过万,最新更新时间是 2016 年 2 月。就省级侨办而言,仅上海、广东开通了省级官方微博,但转发量和评论量寥寥。如表 2 所示。

表 2 部分省市侨办及侨务工作微博使用情况比较①

单位	官方微博	粉丝	微博数	转发量(最多)	评论量(最多)	最近更新时间	其他相关官方微博
上海市人民政府侨务办公室	上海侨务	36 603	304	4	1	2016. 2. 25	上海侨务经科信息、虹口侨务、浦东侨务、海燕微博_白领天地

---

① 统计时间截至 2016 年 7 月 21 日。

单位	官方微博	粉丝	微博数	转发量（最多）	评论量（最多）	最近更新时间	其他相关官方微博
广东省人民政府侨务办公室	广东侨务	66 651	2 570	3	2	2016.7.18	广东侨办共青团、江门外侨、南海外侨、佛山外事侨务港澳局、侨乡恩平、中山外事侨务港澳局、茂名市外事侨务局、开平外侨、湛江市外侨局、四会外侨发布、台山侨务
华声报	中国侨网	2 826	4 053	96	153	2016.2.18	无
浙江省人民政府侨务办公室	浙江侨办未开通官方微博	无					湖州外侨、杭州市侨办、金华市外侨办、浙江侨声报
福建省人民政府侨务办公室	福建侨办未开通官方微博	无					厦门外事侨务办公室
江苏省人民政府侨务办公室	江苏侨办未开通官方微博	无					南京市侨办、苏州市侨办、扬州市侨办、淮安外侨办、兴化市侨联外侨办
中华全国归国华侨联合会	中国侨联未开通官方微博	无					广东省侨联团委、汕头市侨联、清远侨联、佛山市侨联、温州侨联、江苏南通侨联、高邮侨联、江门侨联、四会侨联发布
国务院侨务办公室	国务院侨办未开通官方微博	无					

　　地方侨务微博相对较为活跃。浙江、福建、江苏等省侨办虽并未开通官方

微博,但都有相应的地方侨办官方微博。广东除了"@广东侨务"保持日常信息更新之外,省内其他地区开通了@广东侨办共青团、@江门外侨、@南海外侨、@佛山外事侨务港澳局、@侨乡恩平、@中山外事侨务港澳局、@茂名市外事侨务局、@开平外侨、@湛江市外侨局、@四会外侨发布、@台山侨务等十余个官方微博,形成地方与省市的侨务微博互联互通。

侨办内部机构的微博也在兴起。如@上海侨务经科信息、@海燕微博_白领天地、@浙江侨声报、@广东侨办共青团等。这些组织或个人微博因机构发展和侨务工作需要而产生,别具特色。

上海市侨办的微博使用情况处在同类微博的中游水平。在当前微博发展活跃度下降阶段,可以从以下几个方面进行进一步的拓展与尝试。

其一,找准微博定位。明确开通微博的目的与意义,在充分了解受众群体、受众偏好等基础上,发布其关注的信息,做好内容服务。

其二,提升官方微博的活跃度。依据自身定位从日常更新、内容选择与编辑、线上运营与线下活动相结合等方面入手,拉近与受众之间的距离。

其三,促进与区县侨办微博互通。如将上海各区的侨务微博内容进行整合,做到权威信息权威发布,突出重点,通过互相转发、评论、点赞等形式扩大微博内容的传播范围,形成一定的影响力。

其四,依托上海的平台和品牌优势,开展特色侨务工作。如建设有特色的组织内部微博,树立亲民的形象,切实为受众做好实事。

2. 微信应用分析

各地侨办基本已开通官方微信公众号。国务院侨办、广东侨办、中国侨联、中国侨网等均已开通官方微信,开通时间集中在 2014—2015 年。微信发布数基本过百。国侨办虽开通两个官方服务号,也有相应的微信号组织框架,但其中内容至今无法查看。具体使用情况如表 3 所示。

部分侨办内部机构也开通了官方微信,这一方面的典型如上海侨务经科信息、上海市海外交流协会、江苏侨办的华人之窗等。以上海侨务经科信息为例,它是样本侨办中开通时间最早的内部机构官方微信号,但其并未进行官方认证,日常更新也不稳定,导致传播力和影响力都有限。

表 3　部分省市及国务院侨办、侨联侨务工作微信公众号使用情况比较①

单位	官方微信	类　目	内　　　容
上海市人民政府侨务办公室	上海市华侨事务中心	开通时间	2015.5.29
		功能介绍	上海市华侨事务中心是直属于上海市人民政府华侨办公室的事业单位,是连接政府与广大侨胞的桥梁与纽带。
		关注语	为侨服务,从心开始! 感谢您关注上海市华侨事务中心,如您有任何问题欢迎给我们留言,或者拨打侨务热线 86-21-52800270 进行咨询。
		发布数	56
	上海侨务经科信息(未认证)	开通时间	2013.1.14
		功能介绍	上海市人民政府侨务办公室经济科技处为海外及在沪发展的华侨华人提供来沪投资、科技交流、创新创业、人才引进和上海侨务引智引资等服务信息。
		关注语	欢迎加入"关注上海"微信! 上海市人民政府侨务办公室经济科技处为海外及在沪发展的华侨华人提供来沪投资、科技交流、创新创业、人才引进和上海侨务引智引资等服务信息。
		发布数	157
	上海市海外交流协会	开通时间	2013.9.3
		功能介绍	广泛联系华人华侨、港澳同胞和国际友人等海外人士及其社团,发展友好往来与合作,促进海内外经济文化交流。本平台主要为海内外朋友提供各类信息服务和互动交流。
		关注语	您好! 欢迎关注"上海市海外交流协会"。为了更好地为大家服务,我们提供的有些信息将只针对相应对象。因此,海内外华侨华人和社团(包括海外交流协会理事等)请回复告知您的真实姓名、身份(社团、单位),以便于我们更有针对性地提供服务;如果是国内企业或单位(有意与海外交流合作)也请告知真实姓名,企业单位名、职务,以便于我们有针对性提供服务信息。本微信平台部分信息将只发送给特定对象,未知身份者将只能收到日常公共信息。如果您有什么意见建议请直接回复,我们会尽快答复您。谢谢!
		发布数	145
	上海地区其他官方微信	松江侨务、杨浦侨务(未认证)	

① 统计时间截至 2016 年 7 月 21 日。

单位	官方微信	类 目	内 容
广东省人民政府侨务办公室	广东侨务（未认证）	开通时间	2015.7.1
		功能介绍	广东省侨办宣传侨务、推介广东、联系侨情、服务侨胞的平台和窗口，致力为海内外侨胞提供更加便捷高效的广东侨务资讯和服务。
		关注语	你好，欢迎关注 gdszfqb
		发布数	8
	广东地区其他官方微信	中国侨都江门外侨、侨乡恩平、南海外侨、佛山外事侨务、深圳侨务（未认证）	
江苏省人民政府侨务办公室主办的《华人时刊》	华人之窗	开通时间	2015.4.28
		功能介绍	《华人时刊》是江苏省人民政府侨务办公室、江苏省海外交流协会主办，经国家新闻出版总署特批的综合性期刊。华人时刊杂志社官方公众号，一个天下华人、华侨、华商、华裔合作共赢的平台。
		关注语	"上帝为你关上一扇门，一定会为你打开一扇窗。"MY GOD! 华人之窗不是上帝，这里是一个让海内外华人合作、交流、共赢的平台。我们给自己贴了华人之窗、牛人、新事儿、华侨、华人、华商、社会、老外、旅游、吃喝玩乐等标签，承诺以最快、最丰富、最好看的标准梳理每天的华人时讯。话不多说。让我们一起来体验奇妙世界吧～～
		发布数	267
	江苏地区其他官方微信	太仓特写、南京侨务	
浙江省人民政府侨务办公室	未开通官方微信		
	浙江地区其他官方微信	温州外侨、瑞安侨务、宁波侨务、青田侨办、丽水外侨、湖州外侨、衢州外事侨务、义乌外侨（未认证）、温岭外侨、天台外侨	
福建人民政府侨务办公室	未开通官方微信		
	福建地区其他官方微信	宁德外事侨务、莆田外事侨务、厦门外侨	

单位	官方微信	类　目	内　　　容
国务院侨务办公室	网上侨之家（服务号）	开通时间	2015.12.17
		功能介绍	服务新侨
		关注语	无
		发布数	无
	侨宝（服务号）	开通时间	2015.9.3
		功能介绍	侨微门户、涉侨资讯、为侨服务等。
		关注语	无
		发布数	3
	国务院侨办其他官方微信		国侨办团委、国侨党建
中华全国归国华侨联合会	侨联通平台	开通时间	2015.7.21
		功能介绍	侨联通是一款中国侨联专有底层构架、底层代码和算法的 APP 工具，面向华侨华人约 6 000 余万人，这款 APP 将成为全球华侨华人互联互通、创业引智的平台。
		关注语	欢迎关注侨联通！下载侨联通 APP 请输"1"，或者留言"下载"。
		发布数	194
	侨联系其他官方微信		中国侨联青年委员会、上海侨联、浙江侨联、广东省侨联宣传文化中心、闽侨通、江苏省侨联机关党委（未认证）
华声报（电子版）社	中国侨网	开通时间	2014.7.6
		功能介绍	全球华人的网上家园
		关注语	相似的人终会相遇！欢迎关注中国侨网官方微信，你想了解的涉侨信息，这里都有。
		发布数	676
	其他官方微信		无

　　同样，在地方侨办的官方微信使用中，地市级微信更为活跃。如在浙江地区，浙江侨办并未开通官方微信公众号，但浙江市县级地区有十余个认证微信，如温州外侨、瑞安侨务、宁波侨务、青田侨办、丽水外侨、湖州外侨、衢州外事侨

务、温岭外侨、天台外侨等。

在微信公众号的内容设置上有清楚明确的组织框架的,主要有上海侨务经科信息、广东侨务、华人之窗、中国侨网等。

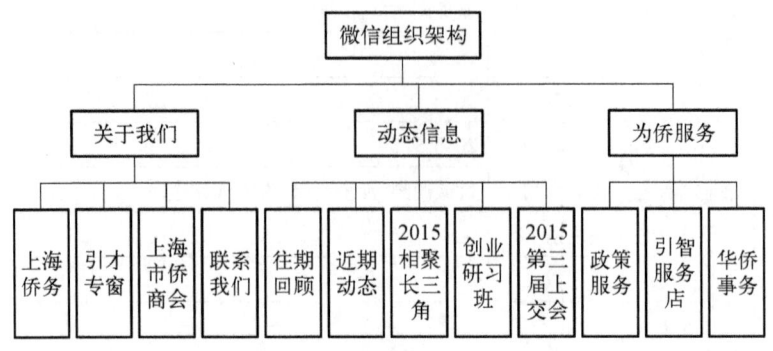

图1　上海侨务经科信息官方微信组织架构

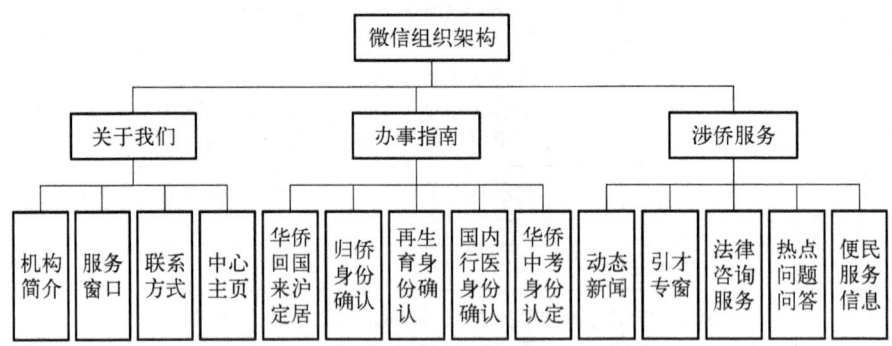

图2　上海市华侨事务中心官方微信组织架构

上海市侨办在微信使用和服务方面可以在借鉴和学习其他平台的基础上,结合自身实际和特色,从以下几方面进行调整。

第一,明确受众定位,结合工作实际,了解受众需求,为其提供所需信息。

第二,整合公众号内容架构。目前,上海市侨办微信账号的内容设置分类相对比较混杂,需进一步整合。同时,发布的内容与形式应符合新媒体的阅读习惯,进一步加深亲民、为民的形象。

第三,根据工作实际,搭建微信框架内容。可参考广东侨务官方微信的相关内容,开设宣传侨务、推介上海、联系侨情、服务侨胞的平台和窗口。

第四,组建微信矩阵,提升上海侨务的总体影响力。将上海侨务相关的内部机构微信和区县级微信纳入官方微信的栏目之中,通过互相推荐等形式推动微信内容的传播深度和广度。

3. APP 应用分析

目前,涉及侨务信息的 APP 有侨联通、侨宝、吃遍全球和华侨帮等。侨联通、侨宝具有官方背景,内容主要涉及华侨信息和电子政务;而吃遍全球和华侨帮则主要涉及商业服务。从功能上来看,上海市侨办可把新媒体应用主要放在微信层面的开发和服务,不必急于开发新的 APP,借助自身的侨务特色,在现有基础上开设板块,补充信息内容,发挥上海特色,凸显平台的作用,增强影响力。

表 4　侨务工作相关的 APP 情况①

单　位	APP	上线时间	功　能　介　绍
中国侨联	侨联通	2015.7.28	旨在为海外华侨华人架起一座集"领事保护、应急呼叫、应急救援、侨情播报、在线交流、信息互通"等功能于一身的坚固、畅通、便捷的桥梁,华侨华人可在该平台了解侨务信息,实现应急救助,互通侨商侨资信息。
国务院侨务办公室	侨宝	2016.1.1	客户端围绕"资讯、服务、互动"三大中心功能,通过视频、图文、推送、短信等多种信息传播方式,使广大侨胞能随时随地获取最新涉侨资讯,并享受贴心、周到的为侨服务,同时可通过活动、侨友圈等功能促进侨胞间的交流与沟通。"侨宝"开设"侨务"、"资讯"、"侨友"、"我的"四大功能板块。"侨务"部分设置"涉侨活动"、"华助中心"、"生活服务"、"文化教育"、"信息查询"、"在线咨询"六个二级栏目,为侨胞提供优质、便捷、高效的服务;"资讯"部分设置"要闻"、"华人"、"侨讯"、"文化"四个二级栏目,为侨胞及时提供全面的涉侨资讯;"侨友"内设消息推送等功能,为侨胞打造专属的"侨友圈";"我的"提供了个人信息、更多设置等功能。

---

① 统计时间截至 2016 年 7 月 21 日。

单　　位	APP	上线时间	功　能　介　绍
浙江侨联	吃遍全球	2016.6.28	建立海外中餐馆的智能电视推广平台,打造以食为媒,以海外中餐馆为载体的中华美食文化传播交流平台,同时也为餐厅业主等提供推广平台,为各国消费者提供文化艺术学习品鉴平台。
深圳前海深度电子商务服务有限公司	华侨帮	2016.1.21	华侨帮是为海外华侨量身定制的一款集新闻资讯、金融投资理财为一体的全方位、高端智能、安全可靠的新一代服务终端。

二、用户侨务媒介使用情况调查分析

为更好地了解上海侨务办公室服务对象的媒介使用习惯,并对以往侨办新媒体的用户满意度有一个全面了解,我们开展了相应的问卷调查。

(一) 调查样本概况

本次调查对象中,年龄在 18—45 岁的占大多数,其中 18—35 岁的占全部调查对象的 43.44%,35—45 岁的占 33.61%,整体年龄相对较轻。因问卷发放渠道以微信为主,调查对象的这一年龄分布也符合新媒体的主流受众年龄段。在受教育水平方面,研究生学历或研究生在读占大多数,为 68.85%;本科学历或本科在读次之,为 22.13%;本科以下为 9.02%。调查对象总体受教育水平较高,这可能与调查对象中的留学生人数较多有关。性别方面,男女比例大致为 6∶4,较为均衡。68.03%的受访者长期居住在上海,4.92%(6 人)分别定居在国内的郑州、哈尔滨、长沙、杭州、成都等 5 地,其余 27.05%(33 人)分别定居在法、英、美、加、日、澳等国。调查对象的第一语言除一位是日语外,其余均为汉语。本次调查对象的 44.26%为归国留学生,华人、华侨、归侨和海外留学生分别约占 10%,侨眷占 4.92%,另有一位香港居民。

总体而言,本次调查的对象具有以下几个显著特征:中青年为主、受教育程度较高、有海外留学经历的较多、大部分受访者长期居住在上海等。

(二）媒介使用习惯及偏好

在媒介使用习惯方面,调查对象获取侨务信息的渠道集中在"侨联组织的微信、微博"上(45.08%),亲朋好友次之(37.7%),政府侨务网站及其微信、微博再次之(均为29.51%)。可见,调查对象更习惯通过侨联组织的微信或亲朋好友获取侨务信息,政府侨办的新媒体渠道影响力较弱。

除"亲朋好友"这一渠道外,调查对象偏爱的侨务信息获取渠道与其目前使用的渠道基本呈正相关关系:"侨联组织的微信、微博"的用户占有率过半(53.28%),政府侨务微信、微博次之(37.79%),政府侨务网站再次之(25.41%)。可见,调查对象更偏爱的侨务信息获取渠道依然是侨联组织的微信、微博。

在侨办新媒体可能涉及的5类功能中,调查对象对网站、微博、微信的功能诉求趋势相同,但各有侧重。如图3、图4、图5所示,61.48%的调查对象认为网站"提供资讯"这一功能很重要,67.21%的调查对象认为微信中这一功能也很重要,但认为微博这一功能很重要的仅占40.16%。总体而言,绝大部分调查对象都认为"提供资讯"是很重要的新媒体功能。

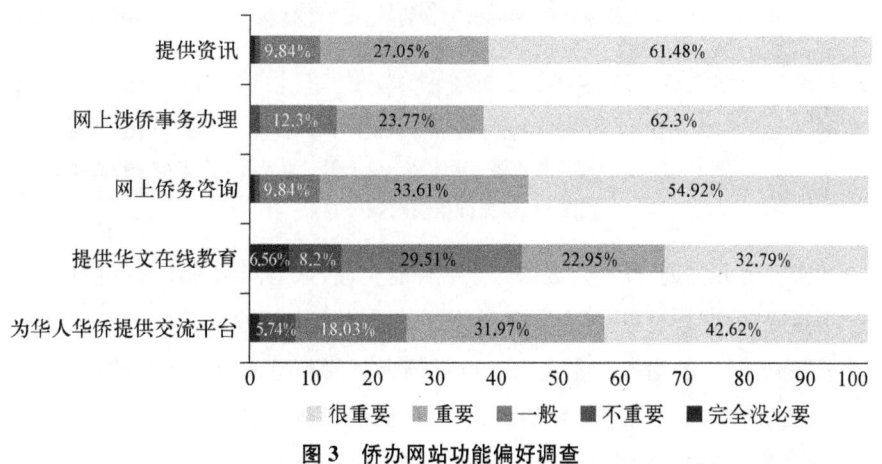

图3　侨办网站功能偏好调查

关于"网上涉侨事务办理",调查对象认为"很重要"的,网站为62.3%;微信为53.28%;认为微博需具备这一功能的仅占28.69%,而认为"一般的"最多,为36.07%。可见调查对象普遍认为侨办网站和微信提供"网上涉侨事务办理"是很重要的,对微博则没有这方面的强烈诉求。

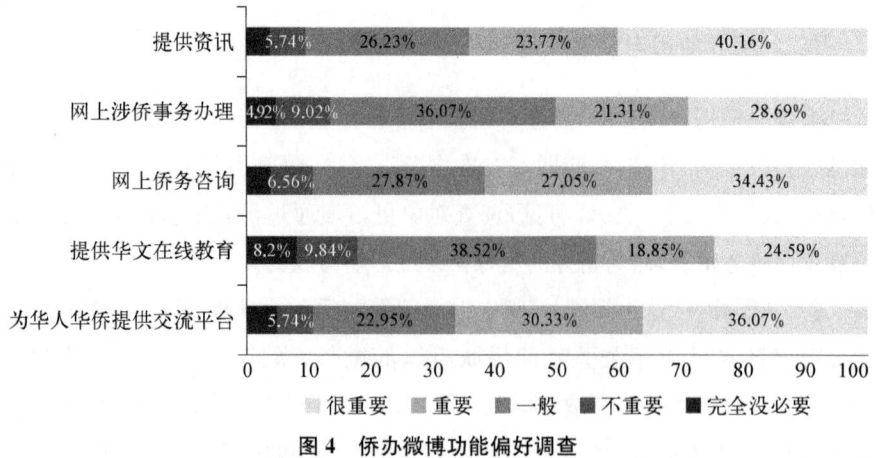

图 4　侨办微博功能偏好调查

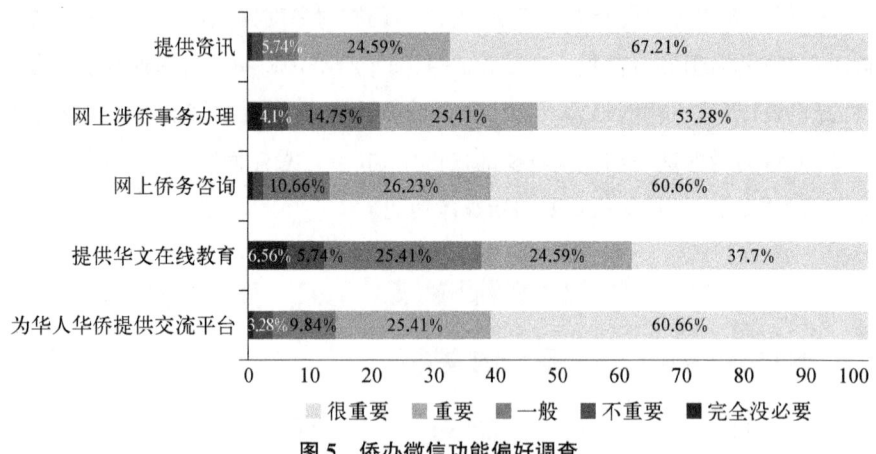

图 5　侨办微信功能偏好调查

"网上侨务咨询"的调研数据与上一功能类似,认为网站和微信提供这一功能"很重要"的调查对象分别占 54.92% 和 60.66%;而微博仅为 34.43%,认为"重要"和"一般"的均占 20% 有余。可见调查对象普遍认为侨办网站和微信提供"网上侨务咨询"很重要,对微博没有这方面的强烈诉求。

关于"提供华文在线教育",调查对象对网站、微信、微博都没有强烈诉求,选择"很重要"、"重要"、"一般"的调查对象相差无几。

关于"为华人华侨提供交流平台",网站方面,选择"很重要"和"重要"的调查对象分别为 42.62% 和 31.97%;微博的趋势与之类似,分别为 36.07% 和 30.33%;微信选择"很重要"的则占 60.66%。可见,比起网站和微博,调查对象对微信提供这一功能的诉求更为强烈。

如图6所示,调查对象对微信公众号"海燕博客"的使用度和熟悉度最高,占24.59%,其次为微信公众号"上海市华侨事务中心"(19.67%),第三为微信公众号"上海市海外交流协会"(16.39%),第四为微博"海燕微博_白领天地"(14.75%),第五为微信公众号"中国侨网"(11.48%),其余均未达10%。值得关注的是,有36.07%的调查对象没有常用或熟悉的侨务新媒体账号或APP。

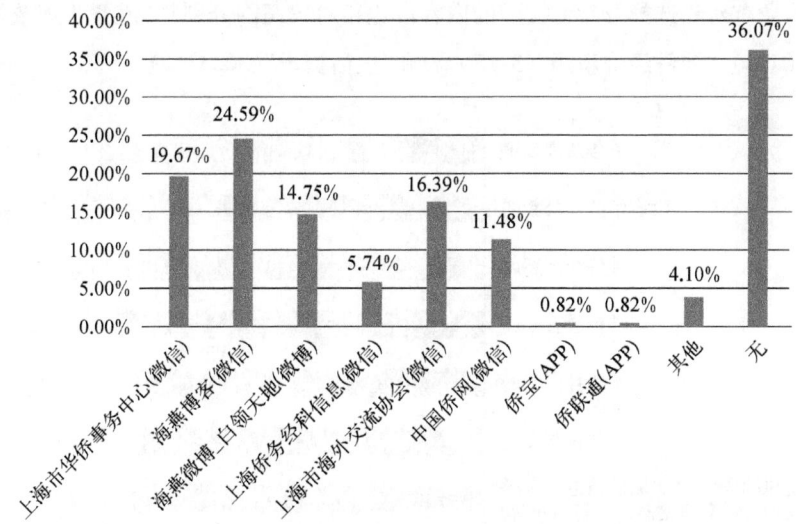

图6 受众较常用或熟悉的侨务新媒体账号或APP调查(多选)

由图7可知,调查对象最常用的社交媒体平台是微信(97.54%),其次是微

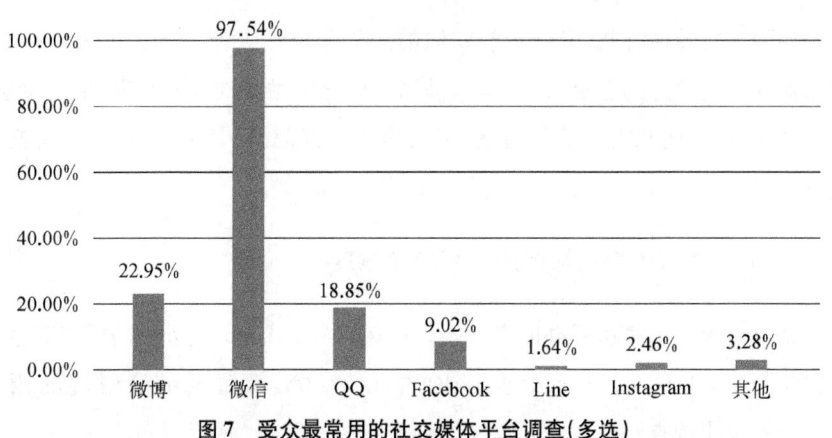

图7 受众最常用的社交媒体平台调查(多选)

博(22.95%),再次是 QQ(18.85%)。相对而言,QQ 的社交方式比较私人化,故而微信、微博才是侨办新媒体发展应该继续拓展的渠道。

(三) 信息需求偏好

如图 8 所示,我们将调查对象关注的涉侨信息分为 7 类,各类信息"偶尔关注"的占比都在 50%左右,可见涉侨信息总体上并不是调查对象最关注的信息。其中,调查对象选择"经常关注"的内容占比相对较高的分别是"侨务法规政策"(36.07%)、"涉侨经济新闻"(32.79%)和"生活资讯"(30.33%)。

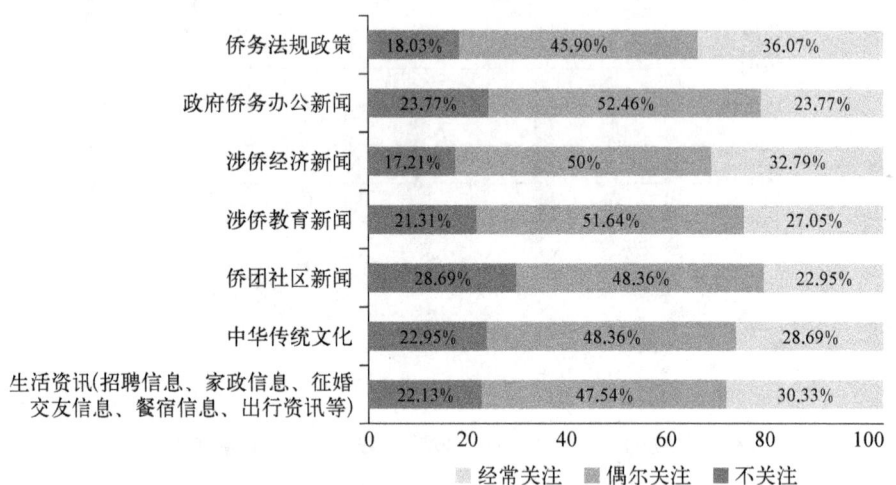

图 8　受众主要关注的涉侨信息类别调查

如图 9 所示,我们将受众希望获取的海外华侨华人信息分为 6 大类,调查对象对这 6 类信息的需求相对均衡。其中相对有较强需求(表现为"十分希望"选项占比较高)的几类信息分别是"华人华侨经济信息"(53.28%)、"涉侨文化教育信息"(48.36%)以及"海外生活资讯"(42.62%)。

(四) 上海市侨办新媒体应用用户满意度

调查对象对上海市侨办的官方网站(http：//qwb. sh. gov. cn)表示"非常满意"的占比 13.93%,表示"满意"的占比 27.05%,而表示没用过的则占 44.26%,说明调查对象对侨办官网的熟悉度普遍不高。

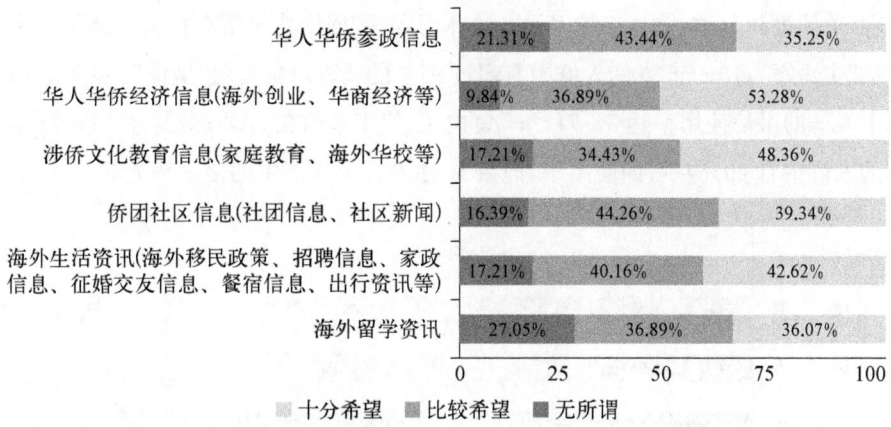

华人华侨参政信息　21.31%　43.44%　35.25%

华人华侨经济信息(海外创业、华商经济等)　9.84%　36.89%　53.28%

涉侨文化教育信息(家庭教育、海外华校等)　17.21%　34.43%　48.36%

侨团社区信息(社团信息、社区新闻)　16.39%　44.26%　39.34%

海外生活资讯(海外移民政策、招聘信息、家政信息、征婚交友信息、餐宿信息、出行资讯等)　17.21%　40.16%　42.62%

海外留学资讯　27.05%　36.89%　36.07%

十分希望　比较希望　无所谓

图9　受众更希望获取的海外华人华侨信息类别调查

调查对象"知道并偶尔使用"上海市侨办为侨服务的微信公众号"上海市华侨事务中心"的占比 24.95%，"知道但没使用过"的占比 20.49%，而表示"不知道"的则占 46.72%，说明调查对象对侨办微信公众号的熟悉度普遍不高。

通过调查对象对上海市侨办网站作出的评价可知，其对侨办官方网站的熟悉度普遍不高，所有特点选择"不知道"的均超过 45%，而选择"一般"的其次，均为 30%左右。

通过调查对象对上海市侨办微博作出的评价可知，其对侨办微博账号的熟悉度普遍不高，所有特点选择"不知道"的均超过 54%，而选择"一般"的其次，均超过 27%。

通过调查对象对上海市侨办微信作出的评价可知，其对侨办微信公众号的熟悉度普遍不高，所有特点选择"不知道"的均为 55%左右，而选择"一般"的其次，均超过 21%，其中"信息攻击与需求匹配"项占比最高，为 30.33%。

综上所述，与提升受众满意度相比，上海市侨办的新媒体更需要提高自身的知名度。调查对象更倾向获得"涵盖各种功能的综合服务型"新媒体，占比为 40.98%，其次是"以涉侨事务为主的综合办公型"，占比为 23.77%，其余类型占比均未超 10%。

（五）年龄与媒体使用习惯

如图 10 所示，调查对象年龄越大，对单一媒介的关注更集中；反之，越年轻,关注度越分散,关注点越多元。总体而言,微信依然是所有社交媒体平台中的"主力军",18—55 岁的人群中有超过 97％的调查对象常用"微信",56 岁及以上人群的微信使用率达 85.71％;QQ 次之,使用率约在 20％;微博在 18—55 岁的人群中有 20％左右的使用率,但在 56 岁及以上人群中的使用率为 0。

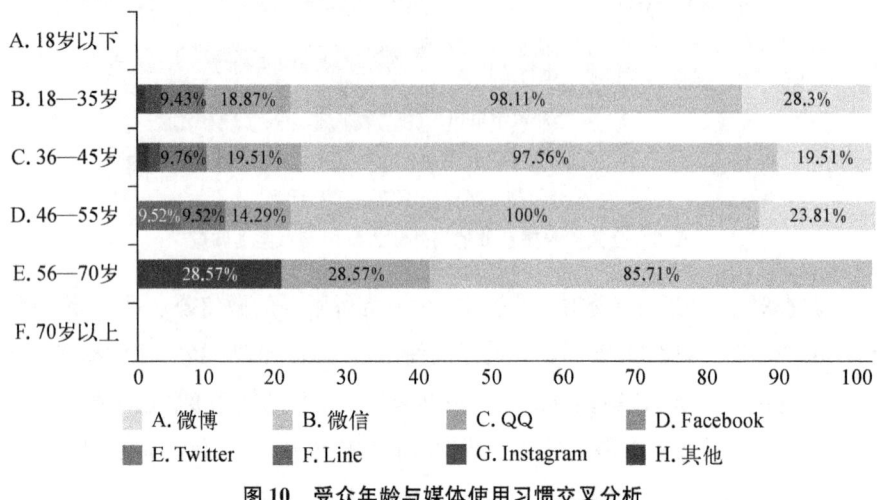

图 10　受众年龄与媒体使用习惯交叉分析

(六) 年龄与侨务信息获取渠道

如图 11 所示,占总调查人数 43.44％的 18—35 岁的人群更倾向使用侨联组织的微信、微博(49％),其次为政府侨务的微信、微博(40％);36—45 岁的人群同样倾向于使用侨联组织的微信、微博(66％),政府侨务的微信、微博则跌至

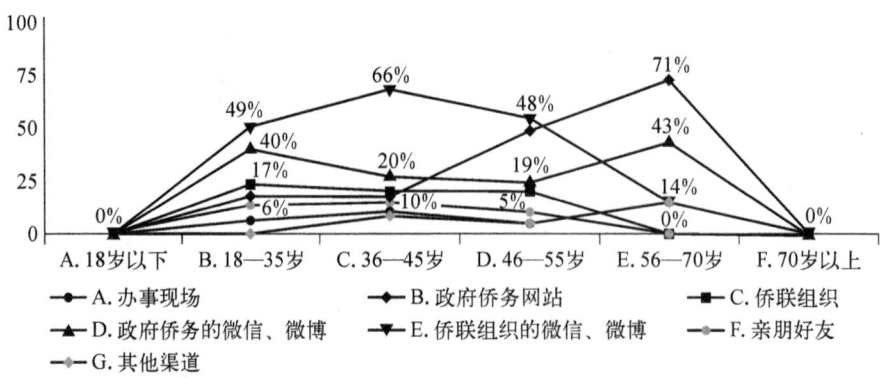

图 11　受众年龄与侨务信息获取渠道交叉分析

20％；46 岁及以上的人群，年龄越大，越倾向于使用政府侨务网站。可见，年龄增长与移动化的媒介使用习惯呈负相关关系。在调查对象中占绝大多数的年轻群体是侨办未来的服务对象，媒介使用的移动化是必然趋势；同时也不能忽略年长者的需求，在网站建设上应更侧重他们的实际需求。

通过调查我们发现，上海市侨办新媒体的受众群呈年轻化、高学历的特点。与此相关，受众的媒介使用习惯趋向移动端，而占相对少数的年长者则倾向使用 PC 端网站。虽然"微信"已经取代"微博"成为受众最普遍使用的新媒体和最乐于接受的信息获取渠道，但网站的力量仍不容小觑，值得进一步挖掘。或可在持续发展以"微信为主，微博为辅"的移动端新媒体的同时，以年长者为目标受众建设 PC 端网站，继续发挥官方网站的品牌力量，使二者各司其职，更好地为受众服务。

上海市侨办新媒体的建设相对完备，但调查对象普遍持"不关注"、"不知道"的态度，且相比政府新媒体，受众更常使用作为社会组织的侨联的新媒体。因而，如何进一步宣传上海市侨办的新媒体，提高自身的知名度和影响力成为当务之急。

在针对受众的信息需求和新媒体功能需求的调查中，我们发现"提供资讯"、"涉侨事务办理"、"为华人华侨提供交流平台"是受众相对更为需要的新媒体功能，而"涵盖各种功能的综合服务型"则是受众最希望获得的侨办新媒体类型。从受众需求来看，"服务"、"信息"、"社交"应是未来一段时间内上海市侨办新媒体建设的"关键词"。

三、网络时代侨务工作方法创新对策与建议

根据《关于加快推进"互联网＋政务服务"工作的指导意见》的要求，结合互联网发展趋势与上海市侨办"互联网＋"建设现状和存在的问题，建议相关部门从以下几个方面实现"互联网＋"升级。

（一）制定"互联网＋侨务"发展规划

《关于加快推进"互联网＋政务服务"工作的指导意见》提出如下目标要求：

2017年底前,各省(区、市)人民政府、国务院有关部门建成一体化网上政务服务平台,全面公开政务服务事项,政务服务标准化、网络化水平显著提升。2020年底前,实现互联网与政务服务深度融合,建成覆盖全国的整体联动、部门协同、省级统筹、一网办理的"互联网+政务服务"体系,大幅提升政务服务智慧化水平,让政府服务更聪明,让企业和群众办事更方便、更快捷、更有效率。要达成这一目标,时间较为紧迫,因此上海市侨办应加快制定、部署和实施"互联网+侨务"发展规划。目前,由于缺乏顶层设计,上海市侨办信息化进展较为缓慢;优良的基础设施条件无法发挥效用;各部门信息、数据共享度低;社交媒体应用呈初始自发状态。制定"互联网+侨务"规划,确立各阶段发展目标和实施步骤,一方面,便于上海市侨办与政府门户网站前端整合;另一方面,可以加快推进上海市侨办内部各职能部门信息有序融合、共享、共进,全面、整体升级。

(二)对现有网络平台进行升级改造

充分利用上海市侨办已开发的网络传播平台,在"一网一线一号一手册"信息服务平台基础上,夯实"一网两微"的电子侨务平台系统,使之成为上海为侨公共服务及政侨交互沟通平台,实现"咨询、服务、交互"三大功能。"一网"指"上海侨务"网,对其进行升级改造,改变以提供静态信息为主的现状,提升交互性,拓展"网上办事"项目的广度和深度,借助互联网提升侨务工作效率。"两微"指上海市侨办在微博和微信上的服务账号,加强两个公号的联动,充分利用和发挥两个平台的信息传播特征与优势,实现从静态信息供给平台到互动交流平台的转型。根据互联网移动化和社会化发展趋势,同时,为解决当前3个部门级微信公号传播效果不佳问题,建议将其整合为一个"上海侨务"公号,并制订明确的发展目标、计划、功能定位等,确立负责人,形成传播合力,避免自发、无序发展状态。

另外,虽受众整体以使用微信为主,但不同年龄层人群的信息使用习惯还是略有不同,年长者倾向于使用网站和微信,而年轻人则倾向于使用微信和微博,故在"一网两微"的建设中应根据不同受众群的特点进行设计。

(三)加快侨务工作信息化发展进程

首先,应利用现有平台,实现上海市侨办各部门之间的信息和数据共享。

其次，进一步完善和丰富数据库建设，助力引资引智，建立上海侨务基础数据库。按照"数据支撑，业务驱动"的思路，侨务基础数据库以人员、社团、地理位置三个基本要素为核心，根据侨务工作具体业务需要，拟建海外侨团数据库、海外华商数据库、海外参政华人数据库、海外华文媒体数据库、海外华文教育数据库、归侨侨眷数据库、涉侨政策法规数据库等数据库；充分发挥互联网"超链接"的特点，不同数据库间的信息实现充分对接、互为补充。目前可重点完善"三重"（重点国家地区、重点社团、重点人物）、"三新"（新华侨华人、华裔新生代、社团新骨干）数据库。

（四）确保涉侨信息、数据的安全

在现有的政务内网和政务外网基础上，完善信息安全系统建设。侨务数据涉及国家机密、部门信息安全和个人隐私，如果安全保密工作不到位，那么后果将十分严重，甚至可能产生不良的国际影响。因此，上海侨办发展"互联网＋"过程中，要始终树立信息安全意识。"互联网＋"相关措施推广过程需要同步落实涉密信息网络分级保护和非涉密信息系统信息安全等级保护的相关要求。将安全、保密措施与业务应用紧密结合，制定安全保密责任制度，形成技术上实现自主可控的信息安全和保密解决方案，并组织专人定期开展信息安全风险评估工作。

（五）利用互联网拓展侨务外宣和华文教育

在侨务外宣方面，丰富信息供给，突出沟通与服务理念，弱化宣传色彩，坚持"以服务凝人心"理念。在华文教育方面，以建立上海华文教育资源和侨务文化统筹协调机制为基础，发展"互联网＋华文教育"，实现华文教育管理、华文教育资源共享、华文教育资讯发布、华文教育综合信息分析功能，提升全球华文教育信息化水平，实现线下互动与线上分享有机结合。以微博、微信、网络社区等多种媒体方式推广"文化中国"活动，促进中外人文交流，提升各国对中国的认同感。

（六）提升办公人员网络素养和新媒体使用能力

上海市侨办已具备一定的信息化系统建设基础。因此，提升办公人员整体的网络素养和新媒体使用能力是十分必要的,需定期开展互联网工作的内部交流和经验分享活动,培养各部门间利用互联网实现资源共享和工作联动的观念,有利于推动上海侨务"互联网＋"有序、可持续发展。

政策比较与经验借鉴

英美日保护其海外公民权益举措之比较研究

张志宏[*]

摘要： 全球化的浪潮使得国际间交流成为非常寻常的现象，海外公民的合法权益保护问题紧迫而重要。就"保护海外公民权益"这一课题而言，当前国外学界，尤其是西方发达国家，出于自身的需要，对这一问题的研究较为领先和系统，并且已经在相关立法和实践中进行了具体的尝试，摸索出了各自不同的、适应本国情况的法律和政策。对发达国家在这一领域取得的研究成果和具体政策法规进行梳理、研究和对比，有利于我国保护海外华侨华人权益的具体举措的制订和完善。

关键词： 政府　保护　海外公民　权益

一、序论

随着科技的进步、社会的发展，尤其是交通工具的不断更新换代，人们工作、生活以及交流活动的范围越来越大，已经不仅仅限于居住地。全球化的浪潮使得国际间交流成为非常寻常的现象，海外公民的合法权益保护问题紧迫而重要。尤其是进入 21 世纪以来，国际社会对海外公民的问题更加重视。联合

---

* 作者简介：张志宏，上海社会科学院哲学研究所副研究员。

国甚至于 2003 年在日内瓦专门成立了移民委员会，以便于这一问题的研究和相关工作的开展。

长期以来，我们更多地考虑华侨和侨眷国内权益的保护，却较少研究海外华侨的权益保护问题。出现这种情形的一个重要原因在于，华侨在国外的权益问题大多可以通过侨居国的法律法规来解决，但随着社会发展和全球化进程加快，华侨在侨居国遇到的越来越多的问题是其本人乃至当地华人社团的力量所无法解决的，这就需要祖国作为其坚强后盾给予援助。

有关数据显示，由于意识形态和国际环境以及我国外交政策的影响，从 1949 年至 1978 年，我国出境总人数不到 28 万人次。当时我国在海外只有七个领事馆，同外国签订的领事条约也只有三个。① 在这一时期，我国侨务工作的重心在国内，鲜有海外护侨的案例。自 1978 年改革开放以来，我国的对外交流日益增多，旅居海外的华侨华人也呈几何倍数增长之势。1979—1989 年，中国公民因私出境者约 110 万人次，这十年的出境总人数是前三十年的近四倍。而 1990—2000 年，我国因私出境者已增至 1 050 万人次，这十年的出境总人数比起前十年又增长了近十倍。到 2004 年，我国公民因私出境人数已超过 2 300 万人次，而到了 2009 年，这一数据已超过 5 739 万人次。

随着人数的急剧增长，海外华侨的合法权益保护研究日益凸显其紧迫性和重要性。单就"保护海外公民权益"这一课题而言，当前国外学界，尤其是西方发达国家，出于自身的需要，对这一问题的研究较为领先和系统，并且已经在相关立法和实践中进行了具体的尝试，摸索出了各自不同的、适应本国情况的法律和政策。对发达国家在这一领域取得的研究成果和具体政策法规进行梳理、研究和对比，有利于我国保护海外华侨华人权益的具体举措的制订和完善。

二、英美日等西方发达国家在保护本国海外公民权益方面的具体举措

国际社会历来都很重视对本国海外公民权益的保护。尤其是英美日等西

---

① 数据来源于《您了解中国领事保护和服务吗？》，人民网，http：//www.people.com.cn/GB/paper39/9412/871581.html。

方发达国家,由于经济和科技实力等优势以及自身在这方面的需要,海外公民权益保护工作起步较早,已经积累了相当的理论基础和经验,其很多具体做法值得我们学习借鉴。

(一)成立多个相关部门专门开展保护其海外公民的具体工作

作为曾经的殖民大国,英国拥有大量海外公民,因而英国非常重视海外公民权益保护工作。英国在 190 多个国家设立了 250 多个领事馆和高级专员公署开展领事保护工作,并专门设立了外交与联邦事务部(Foreign and Commonwealth Office,简称 FCO)作为领事主管部门以具体指导这些领事馆与公署的护侨工作。有了强大的部门机构的支持,英国不仅可以在平时保护其海外公民,面对突发情况也能够及时由相关部门拿出相应的应急预案,并由对应的部门执行。如 2001 年美国发生"9·11 事件"和 2005 年特大龙卷风袭击美国新奥尔良州时,英国政府立即要求外交与联邦事务部及时了解在世贸大楼遇难和在灾难中丧生的英国公民情况,并监督指导相关部门在最短时间内做出妥善处理。

作为世界上最大经济体的美国,和英国一样,也成立了多个专门的部门开展保护其海外公民的具体工作。美国国务院宣称要把保护美国海外公民的安全与利益作为最优先考虑的问题,并为他们提供全方位的服务。[①] 更为专业和直接的部门则是美国国务院下设的领事事务局和外交安全局,这是美国用以专门负责保护海外公民利益的最重要的机构。外交安全局下面还专门设有海外安全顾问委员会(The Overseas Security Advisory Council,简称 OSAC)。该委员会旨在促进美国国务院与美国政府其他机构,如国际发展局、商会、商务部、财政部等政府部门,以及全球范围内的美国企业之间的安全合作。该委员会目前在美国拥有 100 多名专业顾问、2 700 多个下属组织、600 个协会。这些机构不仅为美国的海外公民和公司提供信息和帮助,也同时为美国的国家安全与国际战略提供咨询服务。此外,美国还在世界各地建立了庞大的领事保护网络。

日本是一个善于学习的国家,一直以来不断向海外派出使者学习先进经验

---

① 详情可参见美国国务院网站(www. state. gov)。

和技术。随着日本国力的不断增强,海外旅游人数日益增长,每年出国的人数都在不断增加。据统计,日本目前大约有 1.3 亿人口,每年出国人数已经超过了 1 700 万人次,这一数据超过了日本总人口的 10%。在海外居住的日本公民也逐年增加,截止到 2009 年的统计数据显示,在海外居住的日本人达到了 111 万。① 因此,如何对数量如此巨大、分布在世界各地的日本公民进行安全保护就成了日本政府的工作重点。日本政府于 1869 年设立了外务省,负责对外事务。之后又在外务省之下设置了领事司,专门负责海外公民权益保护工作。该司是外务省中规模最大、人员最多和经费最充足的一个司。由此可见日本政府对于其海外公民权益保护工作的重视程度。另外,为了保护工作的主动性和针对性,日本外务省专门成立了国际情报局,负责收集日本海外公民的居住动向、各国政府的护侨信息并制定保护海外公民权益的政策。在领事司下设海外公民安全科和海外公民恐怖主义对策室等机构,负责开展有关护侨工作。这些机构每年都会联合其他研究机构和团体进行大量的调查和研究,对海外日本公民的安全状况进行统计分析,在此基础上逐步完善海外公民保护体系,确保公民能够拥有安心、安全的海外生活。

(二) 利用网络等途径向其海外公民进行宣传教育和信息发布

网络因其广泛性、及时性和信息量大、低成本等特点,成为许多政府进行宣传教育和信息发布的重要手段。

英国政府利用外交与联邦事务部网站(http://www.fco.gov.uk)及时发布海外信息,这些信息包括世界上一百多个国家的安全提示与几乎世界上每个国家和地区的旅游建议,内容涉及当地政治局势、社会矛盾、投资经商机会、法律法规、风俗习惯、自然灾害、犯罪情况、恐怖活动等。这些信息来自国家情报部门、使领馆、旅行社和研究院所等,经过分析筛选,即时更新。英国海外公民可以及时上网获取这些信息或者通过注册方式接收英国外交和联邦事务部网站提供的相关电子邮件提醒服务。一旦发生紧急情况,英国外交与联邦事务部会通过邮件或者紧急电话的方式及时与其海外公民取得联系。

---

① 日本外务省:《外交青书》,2009 年版,第 190 页。

为建立保护侨民的预防机制、应急机制等具体保护机制，主管海外公民安全工作的美国国务院领事事务局设立了专门的领事信息网站（CIP 网站），国务院外交安全局下属海外安全顾问委员会也设立了信息网站（OSAC 网站）。这两个网站既为美国海外公民提供世界各国的基本状况、近期安全问题和隐患等"旅行警告信息"，又为美国海外公司提供海外商业安全近况、世界各地动乱或恐怖活动、各国企业应对突发事件情况等"特别信息"，并进行多方面的有效"指南"，还向公众介绍预防和应对各种危急事件的基本知识。如美国国务院网站设有"紧急和危机事件"专栏。该栏目的信息分三大块，分别告诉美国企业、家庭和孩子应该如何应对各类风险。美国政府注重提醒所有公司事先做好应对各种危机和紧急事件的方案并给海外美国公民提出建议：美国公民在出国之前应与所在社区的社区联络办公室或家庭联络办公室联系，获取一份关于紧急情况下如何撤离的小册子；到目的地后应立即通过电话、传真或亲自到使领馆登记；如果在国外发生涉及大量美国公民的危急事件，如自然灾害、交通事故、局势动荡或恐怖事件等，美国国务院和大使馆会利用各种渠道和美国公民联系，包括互联网，因此在海外的美国公民应关注美国国务院和驻外使领馆网站的内容；注意收听 VOA 和 BBC 的报道；在国外的美国公民遭遇危急情况，应立即和家人联系，他们在国内的亲属和朋友可以通过美国公民服务和危机处理办公室直接跟美国国务院联系，也可以与美国驻外使领馆直接联系。除此之外，美国的网站宣传上还包括了在海外的医疗保险、携带药品注意事项、免疫、在国外购买不动产注意事项等，可谓事无巨细，充分体现了政府工作的细致性和为民众安全考虑的周到性。

除网络之外，美国政府还通过免费电话的方式为不方便上网的海外公民提供最新的旅行和安全信息资料。除了联邦假日外，电话从星期一到星期五每天早 8 点到晚 8 点都保持畅通。在美国国内拨打该电话免费，在国外拨打则按正常标准收取话费。

（三）出版一系列用来帮助其海外公民的读物

除网络宣传之外，英国外交与联邦事务部还出版了以《帮助海外英国公民》《安全旅行简明指导》为代表的一系列出版物，包括一些小手册，供公民随身携带,确保其在没有网络等现代通讯设备的情况下能够了解世界各国的大致情况。出版物内容涉及出入境要求、当地政治局势、恐怖活动、犯罪活动、不同方式旅行的安全性、自然灾害、有无流行疾病、当地风俗习惯、法律法规,甚至包括对同性恋的态度、信用卡和自动取款机的使用说明等。

美国国务院和其他政府部门也为本国公民印刷了一系列出国宣传手册,为出国公民提供各种信息和建议。如美国国务院领事事务局有专门的"领事信息计划",为有出国计划的公民提供海外安全信息服务并发布旅行警告。该计划由领事信息手册(Consular Information Sheets)、旅行警告(Travel Warnings)和公告(Public Announcement)三部分组成。其中,领事信息手册介绍了世界各个国家和地区的主要情况,包括出入境要求、政治局势、治安状况、卫生状况以及距离最近的美国使领馆的地址电话等。针对那些局势动荡或有恐怖活动,或因美国和该国没有外交关系而在协助公民摆脱险境方面有困难的国家,国务院会发布旅行警告,建议美国公民暂缓前往该国。国务院网站上还列有美国公民应避免前往的国家名单。公告的内容主要是关于一些国家出现的特殊情况,例如恐怖威胁、政治动荡或自然灾害等有可能威胁到美国公民安全的短期特殊情况的提醒。这些预警材料不仅作为宣传手册供公民免费领取,还可以在国务院的网站上查阅并下载。

美国政府的相关出版物还有很多。《对居住在国外的美国公民的提示》介绍了世界各地的美国使领馆的详细情况以及能够为美国公民提供的各项服务;《背景记录》是介绍性读物,介绍世界上所有与美国有外交关系的国家的社会状况、风土民俗、自然地理、历史、政治状况、法律法规及其与美国的关系等。此外,美国政府印刷办公室还针对不同的国家和地区出版了一系列专题性读物供公民免费领取,例如《中国旅行提示》、《加拿大旅行提示》、《加勒比旅行提示》、《中南美洲旅行提示》等,内容涉及这些国家和地区的进出关规定、货币政策、海关规定、进出口控制、双重国籍和拍照限制等方面的信息。另外还有一些科普类的介绍安全旅行知识的宣传册,如《国外旅行》、《对美国老年人的旅行提示》、《海外安全旅行》、《海外危机——美国国务院的行动》、《海外公民服务》、《国外入境要求》、《海外妇女单独旅行提示》、《学生旅行提示》等。这些专题性宣传册为特定的人群提供了专业且有针对性的指导意见和建议。

（四）政府和非政府机构合作，通过多种渠道和方式对其海外公民进行保护

与非政府机构合作也是英美日等发达国家在其海外公民保护过程中的通行做法，收到了很好的效果。

英国政府与非政府组织的合作渠道主要包括以下几种。第一，与本国的海外公司建立合作关系，这样可以更加全面地收集相关国家的情况，并在发生紧急情况时利用这些海外公司的人脉和网络资源。第二，外交与联邦事务部通过与 BBC 等公众电台、电视台合作，介绍英国政府对海外公民的保护政策及公民在海外遇到权益侵害事件时应如何应对、如何获得帮助。此外，该部还印刷了很多介绍此类内容的小手册，公民在申请护照时可获免费赠送，也可从英国外交和联邦事务部网站上下载，还可在公共图书馆和机场免费获得。第三，为了降低行政成本，英国外交和联邦事务部积极与旅行社和保险公司合作，以减少在此方面的开支，并通过这些专业公司的具体工作降低相应的风险。第四，英国外交和联邦事务部还不定期与一些非政府机构和相关部门合作组织一些活动，以促进民众对于海外公民安全的了解和认识。例如 2001 年 6 月，英国外交和联邦事务部在英国全国范围内发起了一场大规模的活动，主题为"先了解后出行"（Know Before You Go），其目的是让民众养成出行前先通过浏览英国外交和联邦事务部网站等途径了解目的国的旅行建议和安全提示等信息的良好习惯。此次活动邀请了 140 多家专业旅行社和保险公司参与，建议民众选择经验丰富的旅行社出行，并且要买保险。这次大规模的宣传活动被多个电视节目以各种形式报道，取得了很大的成功。除此之外，英国外交和联邦事务部还时常组织一些小规模的专题性宣传活动，例如在海外自驾游的注意事项，徒步游的注意事项，如果应对抢劫、盗窃等刑事犯罪，如何警惕毒品陷阱，在海外观看体育赛事期间的安全问题等。第五，英国政府不仅与一些非政府组织合作，还鼓励其为海外英国公民提供咨询和帮助。例如，英国一个非政府组织建立了一个名为"World Wise"的网站，该网站提供了许多指导公民在海外安全旅行的录像以及世界各主要国家的安全旅行注意事项材料等。

美国政府也积极与非政府组织开展各种形式的合作，其中最主要的合作形式是在美国国务院外交安全服务局下设海外安全顾问委员会。该委员会虽然是美国国务院外交安全服务局的下属机构，但却由外交安全局局长和一位来自美国私营机构的代表共同主持工作。这就体现了其政府与非政府组织合作的性质。该委员会下设若干附属委员会，如安全意识和教育委员会，负责研究、培训和出版刊物，帮助所有在国外旅行和经商的美国公民了解海外安全方面的信息；信息技术保护委员会，通过帮助美国公司的通讯免受外国政府和公司的监控来加强美国企业的海外竞争力；国家顾问支持委员会，负责促进美国驻外使领馆和在国外运营的美国私人机构就安全风险问题进行有效沟通；跨国犯罪和恐怖主义委员会，负责收集和发布关于跨国犯罪和恐怖主义活动的信息。此外，在美国商务部的支持下，海外安全顾问委员会于1997年建立了研究和信息支持中心。该中心由9位国际安全专家组成，就美国公司及其雇员的安全问题与美国公司、外交安全局、其他联邦机构以及美国驻外使团保持联系。目前，该中心能够通过网络为任何在海外运营的美国公司提供最新的安全信息服务。多年来，海外安全顾问委员会和国际安全管理协会（ISMA）、美国工业安全协会（ASIS）、警长国际协会（IACP）和英国海外商业安全信息服务中心（SISBO）等机构建立了战略合作伙伴关系并展开了密切合作。海外安全顾问委员会有7份出版物，为在海外运营的美国公司提供安全指导。任何一家非营利性组织或在国外做生意的美国公司都可以申请加入海外安全顾问委员会。

美国政府还会同高校、科研院所等机构开设培养公民和企业安全意识、增加安全知识的课程，并举办有关的研讨会。如美国外交学院（Foreign Service Institute）与海外安全顾问委员会一起设置了面向公众的、专门为在国外工作的人员培训安全意识的培训课。在美国驻外使领馆或其他驻外机构工作的人员都必须参加一个名为"雇员及其家庭海外安全"的培训项目，该项目包括"在使馆工作"和"海外安全讨论"两门课程，为期4天，旨在培养个人安全意识，帮助他们更好地保障个人安全的同时做好工作。此外，外交学院还定期举办"私人机构海外安全研讨会"，每年举行2到3次，每次两天。

美国政府也鼓励非政府机构向海外美国公民提供相关的海外安全信息。美国国务院向公民建议，了解一个国家最好的方法就是向曾住在该国的人询问情况。如果某个国家有大量的美国人住在那儿，肯定会有美国商会或联系两种文化的组织和俱乐部,这些组织都是获取信息的来源。如果在该国居住的美国人比较少,可以通过当地的国际俱乐部了解情况。美国大使馆的领事部或领事馆可以协助美国公民与这些组织取得联系。

日本通过建立由政府和非政府组织构成的领事保护机制来保护海外侨民的权益。每当发生突发事件或侨民需要救助时,政府和民间组织都会相互配合,多管齐下,共同展开救助。海外安全官民合作会议就是其中非常著名的一个机制。这个会议的初衷是为了促进在海外活动的民间企业、团体与外务省之间广泛交换信息和意见,力图为日本人创造更加安全的海外生活居住环境、对于共同关心的问题进行讨论而召开的会议。这个会议最初开始于1992年6月。2003年9月,该会议进行全面改组,强化了讨论更加多样化和复杂化的海外危机问题方面的机能,成为一个规范的会议形式。海外公民安全协会在这个会议中发挥了重要作用。为了使会议顺利进行并追踪会议协议和讨论的成果,外务省海外公民安全科和海外公民安全协会共同充当秘书处的角色,支持会议的进行。组成这个会议的日本企业和团体包括日立制作所、三菱电机、松下、丰田汽车、三井物产、住友商事、伊藤忠商事、鹿岛建设、日本航空国际、全日空、索尼、丸红、JTB、阪急交通社、海外公民安全协会、日本在外企业协会、日本旅行业协会、国际合作机构、日本贸易振兴机构等。日本海外安全官民合作会议由领事局长主持,下设秘书处,负责常务工作。每年举行一次由领事局长和企业、团体工作人员参加的正式会议,每两个月举行一次在实务层面对正式会议进行支持的干事会议。正式会议的主要内容有:对于当下面临的海外安全问题广泛交换意见、共享海外安全意识、必要时对干事会议讨论的内容进行指示。干事会议则主要讨论与海外安全有关的种种课题,并交换意见。海外安全官民合作会议对日本海外安全保护的影响很大,一方面民间的代表可以直接把在国外面临的问题反映给外务省相关机构,另一方面外务省可以通过讨论意见改进海外安全保护的不足之处。每年的会议年度报告中都会涉及海外安全网站的修改意见,定期发布海外安全意识的调查报告,不管是在理论研究方面还是在海外保护实践方面,海外安全官民合作会议都发挥了官民桥梁的作用。

日本的非政府护侨组织还有很多,政府主导下的非政府组织,如日本和平风组织、日本纷争预防中心等;具有半官方性质的非政府组织,如日本红十字会、难民救助会、日本国际义务中心等;纯民间组织,如日本特定非营利活动法人和日本救援协会等。日本还成立了"日本在外企业协会"。该协会是为了普及海外投资活动,在日本经济团体联合会等国内主要经济团体的一致同意之下于1974年设立的。之后随着国际形势的不断变化,为了应对日本企业在海外发展中遇到的问题,展开了多方面的活动。日本企业为了向海外进军,必须克服许多问题,比如对投资国社会、经济、政治环境的把握,对社员的国际化教育,国外社员的雇用、安排、配置和培养,对所在国家的贡献,海外工作人员家庭安全的确保和子女的教育等,这些问题广泛而复杂。日本在外企业协会针对这些问题,学习先进企业的专门技术,不断进行调查、研究,为日本企业在海外的发展作出积极的努力。

近年来,日本在外企业协会开始举办"海外安全危机管理人资格考试",并将其作为一个新的工作重点。这项工作沿袭了协会一直以来的事业使命,试图为培养出担负日本企业海外安全和危机管理重任的人才作出贡献。日本在外企业协会在海外子女教育、海外公民保护、海外安全对策、医疗和国际养老金制度等领域,为政府和相关机构提供改善建议,取得了丰硕的成果。

(五) 日本"官民并举"的模式特点

日本的海外公民保护是一个全方位的综合保护体系,由官方领事保护、官民合作机构保护和民间组织保护三个层次构成。其中,官方领事保护是这个综合保护体系的核心部分,在保护的强度、范围和影响力上都发挥着最大的作用。其次是官民合作机构保护,这类合作机构最大的特点就是亦官亦民,能够在需要的时候以不同的身份出现,变通性比较大,具有一定的灵活性。日本海外公民安全协会即是这类合作机构中最具规模和代表性的组织。还有民间组织保护,这类机构的特点是可以快速、便捷地对突发事件作出反应,覆盖面广,操作性、灵活性强,反应机制迅速。

此外,日本的海外公民权益综合保护体系强调人本身的积极作用,注重培育公民自己保护自己、自己救助自己的意识,最大限度地发挥公民自身能动性,同时配合官方领事保护、官民合作机构保护和民间组织保护三个层次的保护机制,从而形成全方位的综合立体保护体系。在这个保护体系中,公民自身是主要角色,政府和非政府组织都只是提供平台、信息和途径等帮助的次要角色,经过多年的思想培育,这一观念在日本已经深入人心。日本外务省于 2006 年 10 月实施的"外交相关民意调查"数据显示,尽管认为政府提供援助和保护十分必要的日本公民达到近 90%,但其中也有超过 40% 的公民认为,海外日本公民的安全保护和支援问题"应该由公民个人或派遣员工的企业、团体来应对,不能解决的情况下政府应提供援助"。[1] 由此,日本海外公民的保护机制形成了"官民并举"的模式,成为一个全方面的综合保护体系,更加能够调动全社会的积极性,从而更加高效和有序。

三、我国当前保护海外华侨合法权益的不足之处

随着我国经济实力的迅猛发展,越来越多的国人迈出国门,走向世界。截至 2009 年底,中国大陆公民和法人对全球 122 个国家和地区的 2 283 家境外企业进行投资,累计投资金额达 2 200 多亿美元,在外管理、技术或劳务人员达 150 多万;经国务院批准,中国公民前往外国旅游的目的地国家已达 100 多个,成为亚洲地区最大的客源输出国。[2] 现在,中国侨民已遍及世界 160 多个国家和地区。随着中国侨民人数不断增加,海外侨情出现了新变化:一方面,中国侨民经济实力不断增强,他们在国际上的地位不断提高;另一方面,大量中国侨民在国外客观上加大了他们人身权、财产权受侵害的风险。2006 年,我国驻外使领馆处理的各类领事保护案件就达 3 万余起。[3]

旅居海外的华侨在成为各个国家之间沟通的使者和桥梁的同时,因为地域、文化背景的不同,必然会出现生活习惯、处事方式、文化等方面的差异甚至冲突。因此,深入了解住在国的社会背景以更好地融入当地,成为摆在华侨华人面前的一项重要课题。而对于国家来说,只有更加了解华侨华人在海外的生存状况,才能更加合理、有效地采取切实措施以保护他们的合法权益。

---

[1] 日本外务省:《外交青书》,2009 年版,第 190 页。

[2] 《2009—2010 年中国公民出境旅游发展趋势分析与未来预测研究报告》,中国市场调研网,http://www.docin.com/p-18666621.html。

[3] 《中国领事保护案件年均 3.7 万起》,网易新闻,http://news.163.com/10/0921/12/6H3S63I700014AED.html。

为了切实保护海外华侨的合法权益,我国政府制定了一系列政策和行之有效的举措,主要包括外交保护（Diplomatic Protection）、领事保护（Consular Protection）、华人社团组织维权和华人个人维权等。虽然我国在形式上已经建立起了一套与西方发达国家类似的海外公民权益保护系统,但在具体细节上还存在诸多不足之处,需要我们进一步建设和完善。

在政府职能部门方面,虽然我国成立了以外交部为主的保护海外华侨的政府职能部门,并且在世界许多国家和地区建立了使领馆,但不论是数量和规模,还是从业人员素质,都与西方发达国家相差甚远。当前,我国已与170多个国家建交,设有240多个驻外机构,有2 000多名外交领事机构人员常驻海外。这些机构和人员的日常工作之一就是保护华侨生命财产安全,维护华侨在海外的合法权益。这些工作随着我国综合国力的日益增强而不断加强。2006年5月29日,外交部在领事司内设立了领事保护处,这是我国首次专设一个部门用于维护海外中国公民的合法权益。2007年8月23日,领事保护处升格为领事保护中心,通过整合资源,提升预警、处置、宣传和立法等方面的协调行动能力,以更好地应对日益增多的海外中国公民的权益保护需求。这些政府职能部门的设置和发展都体现了我国对海外公民的重视和保护,但从日益增加的华侨人数来说,我们需要做的工作还有很多。

在宣传途径方面,尽管我国通过外交部网站(http：//www. fmprc. gov. cn)以及商务部、教育部等相关职能部门的网站,不定期发布各种出国提示,建议公民避开局势动荡、治安混乱的国家和地区,并对一些高危国家实行安全公告制度,但和英美日等发达国家网站在详细性、及时更新性、内容的切实有效性方面仍存在较大差距。而且,英美日等西方发达国家的公民可以通过多种渠道获知所需的国外信息,内容涉及范围广,且事无巨细,时常更新。目前,我国关于领事保护和国外安全的信息主要通过外交部和驻外使领馆的网站发布,但我国还是个发展中国家,有条件上网或有上网习惯的公民是少数,对于大部分人来说,报纸、电视才是他们日常接触最多的获取信息的渠道。英国就采取了在公共电视频道的特定时段反复播放出国安全提示与介绍领事职责和权限的内容,这种简单有效且直接的途径值得我们学习。

在出版印刷品宣传方面,虽然我国政府也通过印制发放《中国境外领事保护和服务指南》等小册子让出国人员了解我国政府为海外公民所提供的一系列安全保障服务,但一方面发放范围小,大部分出国人员无法得到;另一方面内容单一,缺乏针对性和专题性。若能学习英国的做法,在向公民颁发护照时附上宣传材料,并且推出针对特定国家或者特定人群的安全宣传手册,效果会更好些。

我国目前的海外公民权益保护大多由政府承担,很少与非政府组织进行合作,更不必说完全交由民间组织来完成。这样一来,不仅增加了政府部门的工作量和行政成本,也容易出现工作疏漏。我们可借鉴发达国家的做法,大力培育民间力量,抓大放小,应该由政府承担的职责就由政府来承担,可以合作的就与非政府组织合作,或者鼓励民间组织参与,发挥他们的能动性和作用。

看到我国近年来在海外公民保护机制建设方面取得成就的同时,也不能忽视其中的不足之处。借鉴英美日等发达国家的成熟举措和经验,发展我国海外公民权益保护,是当前的重要工作。

四、国外经验对我国的启示和对策建议

根据英美日等发达国家保护本国海外公民权益的经验,结合我国当前工作中存在的不足之处,我们认为,我国应该从两个"结合"的角度来完善海外公民权益保护工作。

(一) 将政府、非政府组织和公民个人相"结合",构建立体保护网络

当前我国保护海外公民的网络是从中央到地方、从境内到境外的机构网络,基本形成了中央、地方和驻外使领馆"三位一体"的工作格局。其中,从中央层面来看,2004 年底创建了境外中国公民和机构安全保护工作部际联席会议机制,其成员包括 26 个国务院机构和军方有关部门。在实际工作中,外交部还常常与一些不是部际联席会议成员的部门,如国务院侨办、全国工商联等保持密切联系。地方政府也成立了一些专门机构,如广东、福建等省的外办设立了"涉外安全处",专门负责协助外交部处理涉及本省海外公民的领事保护案件。部分省级以下城市的外办也设立了类似机构,如温州市外办设立了涉外安全处,

协调、指导处理温州市在境外公民和机构安全保护的相关事务。① 这些措施主要强调政府承担,忽略了与非政府组织的合作,忽视了公民个体的主观能动性和积极性。如果能够有效调动非政府组织和公民个人的积极性,可以在很大程度上缓解政府工作的压力,降低行政成本,提高工作效率,完成很多只靠政府无法完成的事情。例如鼓励、扶持一些民间的同乡会、专业协会或商会等组织参与到我国海外公民权益保护系统中来,发挥他们的特点和优势,将政府、非政府组织和公民个人"结合"起来,从不同角度、不同层面发挥各自的不同作用,形成一个以政府保护为主导的综合的立体网络,最大限度地保护海外公民的权益。

从政府组织机构角度讲,应该更加完善机构建设,在世界范围内做到合理布局,合理规划。这里所说的机构建设不仅仅指使领馆的建设,还包括相关从业人员的合理配备、科学分工,更包含相关部门经费的合理配置等。同时,我们也应该注重培育非政府组织在这一体系中的作用。例如注重国外华人社团的力量,支持并指导其建设完善,以发挥积极作用。许多华侨对于经济上的纠纷、人格上的侮辱以及一些轻微的肢体冲突,都因为语言问题、对陌生环境的畏惧感、对所住国家法律不了解以及"多一事不如少一事"的心态而选择了隐忍退让。这在一定程度上助长了侵权行为的加深和再次发生。在调查中我们发现,许多华侨权益受到侵害时首先想到的是寻求朋友——包括当地友人或华人朋友的帮助,而很少想到中国使领馆。这种情况的出现,不仅源于对相关政策的不了解,更是因为寻求朋友帮助有其便利性。因此,华侨应当加强社团建设,定期以社团等民间组织的形式联谊交流,团结起来维护自己的合法权益。当然,社团也应该定期组织一些介绍住在国风土人情、法律法规、宗教民族禁忌的讲座活动,帮助成员更深入地了解住在国的社会背景,更好地融入当地生活,尽可能减少因为不了解所产生的隔阂甚至误解;还可以开展权益保护讲座,普及维权知识和技能,以提高大家的维权意识,增强华人华侨的维权能力。

从政策制度角度讲,应该不断完善保护侨民权益的法律和制度。许多发达国家都与周边国家及有密切来往的国家建立了双边保护协定,保护本国公民在对方国家的合法权益。我国也签订了类似的协议,但总体来说数量太少,涉及

① 夏莉萍:《中国政府在保护海外公民安全方面的制度化变革及原因初探》,《国际论坛》2009 年第 1 期。

的国家也有限。因此,政府应该更加积极主动开展外交工作,争取与更多的国家签订更加详尽的双边保护协定。此外,还应该进一步完善外交和领事保护制度,完善侨民登记制度。近年来,西方发达国家对海外侨民普遍实行登记制度。实践证明这对于掌握本国侨民在海外的分布以及工作、生活等基本情况,以便更好地保护海外侨民权益是非常有帮助的,尤其是面对突发事件时,能够及时准确地联系到人,从而把损失降至最低,这同样值得我们借鉴和学习。

从文化软实力角度讲,应当继续加强文化"走出去"战略。许多华侨都曾经谈到,只有我们国家的经济、军事、科技、文化等实力都增强了,他们在海外才能够得到更多的认可和尊重。出国多年的老华侨在这方面更加有体会。他们切身感受到,伴随着祖国的日益昌盛,自己在海外感觉"腰杆也越来越挺得直了"。其中,经济、军事和科技等都属于"硬实力",而文化则属于"软实力"。正是因为文化拥有"软"的特性,所以容易被人民所忽略。但是,文化软实力对于一个国家的综合国力,对于海外华侨的文化认同以及文化自豪感来说,是至关重要的。近年来我们在这方面进行了一些尝试,如"孔子学院"的推广,在世界范围内取得了良好的效果。随着"孔子学院"走向世界,我们向世界展示的绝不仅仅是孔子思想,也不仅仅是儒家文化,而是包括中国传统文化在内的中国的价值观、世界观,让世界更加了解改革开放以来中国的发展情况,更加理解中国,从而减少国际社会对我们的担忧、误解甚至是敌视。所以,加大对外宣传,让我们的文化"走出去"的工作应该继续加强。

从公民个人角度讲,应该积极行动起来保护自己的合法权益。政府应该鼓励海外华侨学习自我预防的知识,学习自我保护的技能,增强维护自身权益的意识。保护公民合法权益的首先应该是公民自己。因此,不论是预防还是应对突发事件,都要从自身做起,进而寻求各种有效途径,甚至是国家外交、领事层面的帮助。海外华侨要积极参加当地的各种社团组织,包括华人社团、当地的社团以及当地的行业性团体,比如中餐业协会、纺织品协会等。这样一来,一方面可以与当地同行建立联系,增进相互之间的了解和理解,及时解决存在的问题,有利于华侨华人事业的稳定和发展;另一方面,一旦权益受到侵害,可以寻求更多人的帮助。生活在海外,要想有效地维护自己的合法权益,需要走出狭隘的华人圈子,融入当地社会。除了要遵守当地法律以及风俗习惯之外,更要积极参与当地社会的各种有益的活动,树立华人的良好形象;同时利用已经获得的正当权力,为广大华侨华人谋取更多的合法权益。

（二）将预警、预防机制与突发事件处置相"结合",最大限度地保护海外公民的合法权益

过去,我们多将保护海外公民的合法权益单纯地定义为对已经发生的侵权行为进行追偿、索赔等。这些年来,这一狭隘思维已经得到了彻底改变。在保护海外公民合法权益的机制建设中,将预警、预防机制与突发事件处置相"结合",最大限度地起到保护作用。

从预防角度讲,应该通过多种途径普及相关知识。对于生活在异国他乡的人来说,对所在国家越了解,就越知道该如何避免犯错,越知道如何最大限度地避免权益遭受侵害。因此,政府或民间组织应该通过网络、电视、广播、报纸等新闻媒体以及公众活动等方式普及海外出行的注意事项和维权途径等知识。此外,还应当针对海外华侨宣传我国维护华侨权益的政策和途径,以便他们遇到权益侵害问题时及时寻求我国政府的保护。因此,我国驻外使领馆应该变被动为主动,积极关心华侨的生活,例如可以定期开展权益保护讲座,使更多的人了解我国维护华侨权益的各项具体举措。长此以往,华侨权益受到侵害时,就能够拿起合理的制度武器维护自己的合法权益。

从预警角度讲,应当建立海外安全状况的信息平台。网络的发展使人们可以迅速便利地获取各种信息。我们应该利用这一便捷有效的工具,完善外交部或者驻外使领馆的网络平台,或者开设专门网站,及时公布海外安全状况信息。例如及时发布各国的社会治安状况以及经商、旅游、留学、劳务等政策信息,对其安全状况进行动态评估;跟踪、分析涉及华侨的政策信息等。同时可以根据实际需要发布预警信息,使中国侨民尽快了解情况,掌握信息,以便作出选择。遇到紧急情况,公布政府正在采取的救援措施和华侨应该怎样做,以便更有效地组织救助。当然,信息平台还可以集中整理、公布各国政治、经济、法律以及风土人情、宗教信仰等信息以供华侨参考。值得一提的是,信息平台上的信息应当及时更新,绝大多数的信息都不应该是一劳永逸的。在飞速发展的现代社会,如果信息更新不及时,那么那些过时的信息不仅起不到提醒、警示的作用,反而有可能误导人们的判断和认知。

从突发事件处置角度讲，应当建立联动机制。普通的刑事案件或者经济纠纷，我国海外公民完全可以通过住在国的司法程序解决。若因为某种原因无法通过正常的司法途径解决，则可以通过寻求当地朋友、社团组织帮助，甚至是领事保护、外交保护的方式解决。但是，一旦发生住在国政治局势动荡、恐怖袭击或是严重的自然灾害、疾病蔓延等危机事件，则需要我国政府、非政府组织与公民个人联动起来，将损失降到最低。这就需要我国使领馆掌握在当地的我国公民的联系方式。目前，我国驻外使领馆实行中国公民自愿登记制度。根据外交部目前执行的"谁派出，谁负责"原则，在海外的中国公民的联系由其国内的派出单位负责。这样做的一个弊端是在紧急状况下，通过国内相关单位联系远没有当地的使领馆联系起来直接快捷。此外，我国目前实行的是外交部办公厅值班室 24 小时值班制度，一旦接到涉及海外中国公民安全问题的电话，值班人员必须第一时间汇报。我国驻各国的使领馆应该借鉴 24 小时电话值班制，有利于更加快捷、迅速地处理各种突发事件。

总之，保护我国海外公民的合法权益，不仅要处理好突发事件，更重要的是防患于未然，做好预防和预警工作。在这方面，我国还处于刚刚起步的阶段。在建设和完善这一机制的过程中，了解和借鉴英美日等发达国家的成熟做法和经验，结合实际情况加以利用，对于我国更好地保护海外公民的合法权益无疑是大有裨益的。

参考文献

［1］钟龙彪. 保护中国公民海外安全与权益研究综述［J］. 求知，2011(11).

［2］毛竹青. 加强领事护侨工作的若干思考［J］. 华侨大学学报(哲学社会举科学版)，2011(3).

［3］包运成. 海外公民权益的自力救济［J］. 社会科学家，2011(3).

［4］史晓娇. 21 世纪初日本海外公民综合保护体系研究——兼论对中国海外公民保护的启示［D］. 外交学院，2010.

［5］廖小健. 海外中国公民安全与领事保护［J］. 南洋问题研究，2009(3).

［6］夏莉萍. 20 世纪 90 年代以来主要发达国家领事保护机制变化研究——兼论对中国的启示［D］. 外交学院，2008.

［7］颜志雄. 日本领事保护制度研究——兼论中日领事保护制度的差异［D］. 外交学院，2006.

［8］钱其琛. 世界外交大辞典［M］. 北京：世界知识出版社，2005.

外国保护本国侨民教育权益政策的比较研究

——以日、美为例

裘晓兰*

....

摘要： 全球化浪潮促进了教育的国际化，凸显出构建海外侨民教育保障机制的必要性，对海外侨民的教育保障随之成为衡量教育发展程度的重要指标。从世界范围看，在拥有了相对稳定的政治、经济的基础上，国外主要发达国家都非常重视海外侨民的教育问题，主要通过制定支援措施、构筑保障体系等方式积极维护海外侨民的教育权益。本研究立足教育权益保护的视角，聚焦海外侨民的教育问题，通过梳理日本和美国侨民教育的历史沿革和现实情况，剖析两国侨民教育政策的发展轨迹；根据我国侨民教育的实际发展状况，参考日美两国构建境外侨民教育体系的经验，从政策制定及具体实施层面探索我国发展海外侨民教育的可行性路径。

关键词： 侨民教育 华文教育 教育权益

保护海外侨民的权益是主权国家的基本职责，教育权益保护是其中的重要组成部分。从世界范围看，在拥有了相对稳定的政治、经济的基础上，国外主要

---

* 作者简介：裘晓兰，上海社会科学院社会学研究所助理研究员。

发达国家都非常重视海外侨民的教育问题,主要通过制定支援措施、构筑保障体系等方式积极维护海外侨民的教育权益。本研究通过梳理日本和美国侨民教育的历史沿革和现实情况,剖析两国侨民教育政策的发展轨迹,进而比较日本、美国与中国侨民教育政策的差异,并分析各自的特征,以期对我国的侨民教育予以参考和借鉴。

一、日本的侨民教育和侨民教育政策

(一) 日本侨民教育和侨民教育政策的发展沿革

在日本,跟随父母在其他国家和地区居住生活的日本籍学龄儿童被称为"海外子女";以上述儿童为对象实施的教育被称为"海外子女教育"。因此,针对海外子女的教育保障构成了日本侨民教育的主体。总体来看,日本侨民教育大致可分为四个阶段。

1. 20 世纪 50 至 60 年代:准备阶段

20 世纪 50 年代以后,日本经济的快速增长为大批日本人在海外工作和生活提供了条件,海外子女的教育问题作为一个社会问题日益凸显。从历史发展看,在海外子女人数及教育需求增长的初始阶段,政府并未过多介入,一般依靠家庭力量进行个别应对,也有部分海外派遣人员较多的企业会自行实施诸如教育咨询、学校情报提供等教育支援活动。[①] 进入 60 年代,政府开始逐步关注海外子女教育问题,并采取了一些具体的应对措施。如外务省从 1962 年起向海外日本人学校派驻教师;文部省自 1967 年起制作《海外家庭学习指导手册》、《海外子女教育要览》等资料向海外日本人家庭免费派送等。此外,文部省于 1965 年实施了针对海外派遣人员的动态调查,1966 年又实施了针对海外派遣人员分布状况的调查[②],这两次调查可以看作是文部省正式着手海外子女教育政策的准备。

总体而言,这一时期属于海外子女教育发展的初始阶段,政府虽然开始关

①　海外子女教育史编辑委员会:《海外子女教育史》,海外子女教育振兴财团 1991 年版,第 42 页。
②　日本文部省文化局国际文化课:《海外子女教育要览》,1968 年版,第 94 - 104 页。

注海外子女的教育问题,并实施了一些小规模的资助、派遣等支援项目,但尚未形成系统的侨民教育政策和侨民教育支援体系。

2. 20 世纪 70 年代：发展阶段

20 世纪 70 年代,随着海外直接投资的完全开放,日本向海外拓展的企业急剧增长,这带动了企业外派员工等日本人海外居住的发展,海外子女的数量也随之不断上升。1971 年时海外子女数量为 8 662 人,1975 年时达到 16 316 人,1980 年时更增至 27 465 人。[①] 随着人数的增加,政府小范围小规模的援助已经无法满足需求,迫切需要出台国家层面的应对措施。

1972 年,日本中央教育审议会报告书提出了"培养在国际社会生存的日本人"目标,将海外子女教育列为重要任务。[②] 1973 到 1978 年的五年间,日本国会针对海外子女教育问题进行了 29 次探讨,最终形成了通过"官民协力"努力保障海外学龄儿童义务教育阶段的教育权益的共识。在此背景之下,这一阶段的日本海外子女教育政策有了实质性的进展,主要体现在以下四个方面。

一是官民携手共筑支援体系。1971 年,在文部省、外务省以及财经界、企业界的支持下,海外子女教育振兴财团正式成立,主要负责管理和应对海外子女教育相关的各类事宜,推进日本海外子女教育的发展,财团的活动经费来自政府国库补助和会员的会费收入。自此,海外子女教育振兴财团成为日本实施和推行海外子女教育的主要阵地。

二是对海外日本人学校的资格认定。根据日本旧《学校教育法实施规则》,进入高中学习,必须拥有国内或国外 9 年小学、中学的受教育经历。然而,因为海外日本人学校的特殊性,一般无法得到所在国的正规学校认定,这也就造成了海外子女在回国升学时的障碍。为此,1972 年文部省特别修改了《日本学校教育法实施规则》,在高中入学资格中新增了"经由文部大臣指定的,与国内中学课程相等的在外教育设施中修完相关课程者",并将海外所有全日制日本人学校列为对象学校。政府的这一举措不仅解决了归国子女的升学问题,同时也

---

① 数据来源于日本外务省各年度《在留邦人子女数调查》。
② 日本中央教育审议会：《教育、学术、文化的国际交流》,文部省 1975 年版,第 57-58 页。

将海外日本人学校纳入了管辖范围,为规范和监督提供了条件。

三是扩大对海外日本人学校的教师派遣。对海外日本人学校的教师派遣从 20 世纪 60 年代就已经开始,但规模和范围相当有限。1975 年,外务省全面修订了《在外邦人子弟教育设施教师派遣规则》,进一步规范派遣规则的同时,对派遣教师的待遇作了大幅提升,有力地促进了派遣事业的发展。

四是加大对海外子女教育机构财政援助。首先是大幅提升对日本人学校的经费援助,数据显示,20 世纪 70 年代海外日本人学校运营经费的 55% 来自日本财政资助,45% 由教育受益者负担。① 其次是扩大了援助范围,将援助对象从日本人学校扩展到了补习学校,并制定了明确的援助基准(如年实施教育天数、课程数量等)。

3. 20 世纪 80 年代:充实阶段

20 世纪 80 年代,日本海外子女人数进一步上升,至 1985 年,海外学龄儿童已达到 38 011 人,1990 年更是增至 49 336 人。② 随着人数的上升,政府对于海外子女的教育应对也更为具体、规范和充实。

1981 年,文部省在学术国际局下新设"海外子女教育室",这是政府部门首次独立设置海外子女教育的专门部署,政府的支援力度也有了进一步扩大。以海外派遣教师的政府预算为例,1972 年的时候仅为 1.3 亿日元,1980 年增至72.4 亿日元,1989 年更是涨到了 146.2 亿日元。这一阶段,政府稳定有力的支持也极大地促进海外子女教育机构的发展。数据显示,1971 年时海外日本人学校为 26 所,补习学校为 22 所;到 1989 年,海外日本人学校达到了 84 所,补习学校也升到了 136 所。③

20 世纪 80 年代后半期,政府把政策关注点转向质的提升方面。1988 年,文部省把"海外子女教育室"上升为"海外子女教育课",并着手了一系列旨在改善和提升海外子女教育机构教育质量的措施,如通过指定海外子女教育研究学校和增派指导教师等方法规范和改革日本人学校、补习学校的教育课程和指导

---

① 海外子女教育振兴财团:《海外子女教育》第 2 号,1971 年版,第 9 页。
② 数据来源于日本外务省各年度《在留邦人子女数调查》。
③ 数据来源于日本文部省各年度《海外子女教育现状》。

方法;进一步保障归国子女升学、转学通道的顺畅等。

在这一阶段,政府对于海外子女教育并没有出台什么崭新的政策,主要是在原有基础之上的扩展和充实。至此,日本已基本形成了一个以政府为基本保障和主导的系统的海外子女教育支援机制。

4. 20世纪90年代以后:改革与摸索阶段

20世纪90年代以后,日本海外子女的数量保持增长趋势,1996年时人数为49 740人,到2001年时突破5万大关,达到了50 792人。[①] 进入90年代,日本社会以及国际社会也发生了巨大的变化。首先,日本"泡沫经济"破灭,许多企业被迫重新制订发展计划,缩小海外雇用。其次,从世界范围看,全球化进程的加剧对国家和个人产生了深刻影响,也为海外子女教育带来了新的挑战。20世纪50年代开始的海外子女教育政策,从根本上看是立足于"同化主义"和"国民教育",也就是说,海外子女教育原则上是日本国内教育的延长。90年代以后,伴随着社会的多元发展,这样的施政宗旨开始受到质疑和批判,要求在尊重海外子女多元文化特征的基础上,灵活实施教育的声音逐渐显现。因此,政府开始摸索和尝试新的海外子女教育政策和教育方针。

1996年,中央教育审议会报告提出,要"鼓励日本人学校在部分课程中灵活使用当地的教材和语言,进一步促进对居住地的理解方面的教育"。2000年,教育改革国民会议提交的教育改革建议中明确提到要"立足于全球化的教育视角,对海外子女教育等进行改革"。2001年,文部科学省把"海外子女教育课"更名为"国际教育课",这也意味着,政府在海外子女教育中正式引入更为广泛的多元文化共生的视角,开始了新一轮的改革和摸索。在此背景下,海外日本人学校也开始了一系列新的摸索和尝试。如部分教育课程使用当地语言教学,与当地的学校协同组织开展课程和课外活动,提供多元化升学指导等。

---

① 数据来源于日本文部省各年度《海外子女教育现状》。

（二）日本侨民教育和侨民教育政策的发展现状

1. 新时期侨民教育政策的发展

目前，文部科学省对海外子女教育工作的基本方针是，政府"为了方便居住在国家主权之外的国家和地区的日本人学龄儿童得到和日本国民一样的适宜的教育，根据宪法规定的教育机会均等原则以及义务教育法规定的免费宗旨，以振兴海外子女教育为目的构筑各类有效的措施和政策"。[①] 在此方针下，形成了以文部科学省为主导、外务省协同的政府推行机制，其主要工作除了相关法令政策的制定之外，还包括针对海外子女教育的政府支援，具体可以分为三类。

（1）针对海外教育设施的支援

一是师资派遣。文部科学省每年向海外日本人学校和补习学校派遣教师，参与学校的教学和管理。派遣分为两种，一种是国内各类义务教育学校的现职教师，派遣时间为 2 至 4 年，2015 年的派遣数量达到了 1 084 人。另一种是拥有管理经验的学校退休教职员，派遣时间视具体情况而定，2015 年的派遣数量为 87 人。

二是师资培训。组织开办各类教师研修会、学习会，邀请海外教育机构的教职员参加；或是派遣专家赴海外进行巡回指导。

三是教材设备的支援。这部分工作主要委托海外子女教育振兴财团具体实施。

四是对海外教育机构的安全指导和管理。具体包括制作并向海外教育机构分发危机管理、健康安全对策等资料，定期实施指导等。

五是资金援助。除了人力和物力援助之外，对海外子女教育机构的资金援助也是政府工作的主要内容之一。从目前的情况看，日本人学校约六成的运营经费、补习学校约三成的运营经费来自政府补贴。

（2）针对海外子女的支援

包括委托海外子女教育振兴财团向海外子女免费发放义务教育阶段的教科书，开办各类针对海外子女及其家庭的教育讲座、语言学习班，实施函授教育，组织海外子女文艺比赛，提供各类教育信息，出版相关刊物等。

---

① 日本文部科学省：《在海外学习的日本人学龄儿童》，2011 年版，第 1 页。

（3）其他支援活动

政府主导建立了专门的网站向海外子女提供各类教育情报信息；在国立大学内设置了海外子女教育的专门研究机构——东京学艺大学国际教育中心，主要负责与海外子女教育相关的理论研究以及各项调查的实施等。

2. 海外侨民教育的专业管理机构——海外子女教育振兴财团

海外子女教育振兴财团设立于 1971 年，原本隶属于文部科学省，2011 年改制为公益财团法人后受内阁府领导。海外子女教育振兴财团的设立目的是通过官民协力，振兴海外子女以及归国子女的教育，其宗旨是通过向"海外子女"和"归国子女"提供必要的教育和研修支援、咨询服务、情报信息以及实施相关调查等，促进在海外工作生活的日本人的生活安定，并为进一步推进日本与海外的国际交流作出贡献。[①] 海外子女教育振兴财团具体执掌的范围相当广泛，涉及海外子女教育的各个层面（参见表 1）。

表 1 海外子女教育振兴财团的组织构成与主要职能

总务部	总务组	总务、人事、评议会、理事会、学校募捐等
	财务组	财务
	会员、宣传组	会员宣传、介绍
	关西支部	主管关西地区的教科书发送、教育咨询、亲子教室、外语保持教室、函授教育、财团刊物贩卖等业务
事业部	支援组	在外各类教育设施的资金援助、教材配置、医疗补偿制度、学校伤害保险、教职员介绍等
	函授教育组	函授教育
	教室事业组	出国前配偶讲座、亲子教室、出国前（儿童）英语教室、外语保持教室、海外子女文艺作品比赛等
	信息服务组	教育信息服务、调查实施、信息收集、教科书发送、举办演讲会、学校协议会、财团刊物编辑及发行
	教育咨询事业组	提供教育咨询服务

资料来源：笔者根据日本海外子女教育振兴财团官网信息制成。

---

① 海外子女教育振兴财团，http://www.joes.or.jp/gaiyo/index.html，2017 年 10 月 25 日登入。

3. 海外侨民教育的现状

根据外务省的统计,2016 年日本海外子女数量为 79 251 人。[①] 从分布情况看,亚洲、北美和欧洲是海外子女的主要聚集地,约九成的海外子女居住在此。目前,在日本人学校就读的海外子女为 20 001 人,在当地学校就读的同时在补习学校学习的有 20 682 人,在当地学校就读的有 32 568 人。[②] 从整体倾向看,亚洲、中东的海外子女就读日本人学校的比例较高,超过了 60%,而北美、欧洲和大洋洲的海外子女就读当地学校,同时在补习学校学习的比例较高。日本的海外子女教育机构主要有以下三种类型。

(1) 日本人学校

日本人学校,指针对海外居住的日本人子弟开设的,遵循文部科学省制定的学校课程标准,参照日本国内的学校实施教育活动的全日制教育机构。[③] 日本人学校的设立主体一般为当地的日本人会或是日侨协会等组织。截至 2016 年,在世界的 50 个国家、地区共开设有 89 所日本人学校。从总体分布看,亚洲最多,有 36 所;欧洲次之,有 21 所;中南美有 14 所。日本人学校以义务教育阶段,即小学和初中教育课程为基本,一般不涉及学前和高中阶段的教育活动。随着海外子女的增多及其教育需求的提升,2011 年,中国上海的日本人学校首次开办了高中部。日本人学校须得到文部科学省的认定,教育课程及各项活动安排都按照日本的学校教育课程标准执行,教科书、教材设备等也都参照国内的基准;在此基础上,学校会在教学内容中适当增加一些当地的语言、文化等内容。日本政府是海外日本人学校的主要财政保障,学校约六成的经费来源于政府的资助。

(2) 补习学校

补习学校,指针对在当地学校或是当地国际学校就学的海外子女,利用周末或平时放学后的时间,实施日本国内的小学、中学部分教育课程(以国语为中心,适当增加数学、理科和社会等课程)的教育机构。与日本人学校一样,其运营主体一般为当地的日本人会等组织。至 2016 年,在 55 个国家开设有 205 所

[①]　日本外务省,http://www.mofa.go.jp/mofaj/toko/tokei/hojin_sj/,2017 年 10 月 25 日登入。
[②]　日本文部科学省:《在海外学习的日本人学龄儿童》,2017 年版,第 2-3 页。
[③]　海外子女教育史编辑委员会:《海外子女教育史》,海外子女教育振兴财团,1991 年版,第 6 页。

补习学校,共有 2 万多人在读。从总体分布看,北美最多,有 88 所;欧洲次之,有 64 所;亚洲有 21 所;大洋洲有 11 所。补习学校约三成的经费来源于日本政府的资助。

（3）私立在外教育设施

私立在外教育设施,是指日本国内的学校法人等机构在海外设立的全日制教育设施,至 2016 年在世界各地共有 8 所,得到文部科学省的认定,与日本国内的小学或中学实施同等的教育课程。

二、美国的侨民教育和侨民教育政策

(一) 美国侨民教育和侨民教育政策的发展沿革

美国是移民输入大国,事实上,也有众多美国人居住在其他国家和地区。居住在海外的美国人大致可以分为两大类：在海外工作和学习的美国人;美国的海外驻军和随军人员。当然,其中也不乏学龄儿童,而针对这部分海外学龄儿童的学校教育构成了美国侨民教育的主要内容。美国的海外学校主要分为两类：一类是独立学校,由企业、团体或个人运营,其中一部分受到美国国务院的援助;一类是非独立学校,由美国国防部运营。本研究主要以上述两类海外学校为对象,对美国的侨民教育以及侨民教育政策的发展沿革进行梳理、分析。

1. 独立学校的发展沿革

第二次世界大战之前,美国海外学校的发展相当迟缓。虽然存在一些个人或是企业开办的独立学校,但数量很少,政府对其基本"不闻不问"。二战后,随美国经济的发展,许多政府机构和私人企业开始积极向海外拓展,公司外派人员数量直线上升;与此同时,选择在海外生活的美国人数量也有了快速增长。根据统计数据,1950 年时海外美国人的总数已经超过了 48 万,1960 年达到了137 万。[①]

---

① 《400 万美国人迁居海外》,新浪网 2005 年 4 月 25 日,http://news.sina.com.cn/w/2005 - 04 - 25/02445738165s.shtml。

美国公司一般鼓励外派人员携带家属随行,公司也会为此积极创造条件,其中,为员工子女提供教育就是重要的方面。20 世纪 50 年代以后,由企业设立的海外学校逐渐增多,这些学校除了向本企业的员工子女提供教育服务之外,也会向当地其他的美国人学龄儿童开放。与此同时,在一些地区,家长也自发设立学校为子女提供教育机会。然而,由于资金、师资等方面的限制,海外独立学校在教育过程中会面临各种问题,为了稳定和持续地发展,迫切需要来自美国政府的有力支持。

在此背景下,20 世纪 60 年代以后,美国政府开始主动参与援助和扶持海外独立学校的教育活动。1961 年,肯尼迪总统执政期间,通过《富布赖特—海斯法案》成立了教育和文化事务局,通过援外法案成立了美国国际发展机构。根据相关规定,上述两个机构都可以给予十二年义务教育一定的资助。1963 年,美国对外服务法案规定,允许对执行美国政府任务的海外人员子女给予一定的援助。上述法案的出台和执行,为美国政府援助海外学校提供了法律依据,据此,美国国务院于 1964 年成立了海外学校办公室,负责联络和管理政府的海外学校援助计划项目,具体包括对教师的培训、对教育课程的评估、提供安全保障、推进海外学校的认证、提高海外学校的教育质量等多个方面。至 2017 年,美国国务院共向 135 个国家的 193 所独立学校提供了教育援助。[1] 其中,绝大多数援助是通过项目募集方式进行的,即国务院公开发布各项援助项目计划,由海外独立学校根据自身实际情况选择是否参加。

2. 非独立学校的发展沿革

生活在海外的美国人中,军人是一个特殊而庞大的群体。非独立学校指的就是由美国海外驻军在驻地内外开办的学校,其教育对象一般是随军学龄儿童。

1821 年,国会通过法案,允许美国的海外军事驻地开办和运营学校,但之后政府对这些学校的态度一直反反复复,没有形成一个较为明确的政策支持。二战后,美国的军事基地几乎遍及全球,这也为军方非独立海外学校的发展提供

---

① 美国国务院,https://www.state.gov/m/a/os/c6971.htm,2017 年 10 月 27 日登入。

了条件。1946年,美国陆军在德国、奥地利和日本建立了第一批军方出资的学校,教育内容参照美国国内的标准。到1949年,美国陆军、海军和空军在世界各地运营的学校达到了近100所。

1964年,国防部部长下令将不同军种运营的学校合并,整合成三个管理区:欧洲、非洲和中东区(由陆军运营);太平洋区(由空军运营);大西洋区(由海军运营)。这一时期,在国防部的大力推动和整合下,非独立学校得到了快速的发展,数量超过了300所,在校注册人数(十二年制)达到了16万人。[①]

1976年,众议院参议院联合会议委员会公告三军海外子女学校的运营由国防部接管,这标志着这些学校正式归属国防部。为此,五角大楼还特别成立了一个新的部门——海外子女教育办公室,专门负责学校的管理。1979年,上述学校被命名为国防部子女学校(DODDS),并沿用至今。同年,国防部子女学校原先的三个管理区被重新划分成六个分区:大西洋、德国北部、德国南部、地中海、巴拿马和太平洋;1983年,德国北部和德国南部合并为德国区,六个分区缩减至五个分区。[②] 至此,国防部对海外子女学校的直辖领导机制基本完成。

20世纪90年代冷战结束,随着美国海外驻军的削减,国防部子女学校的数量也开始减少。1992年,国防部成立了国防部教育活动部门(DODEA),将海外子女学校与美国国内驻军子女学校的管理权合归旗下,位于弗吉尼亚州阿灵顿的国防部子女学校总部成为国防部教育活动部门总部,全权负责对国防部子女学校和国内驻军子女学校(小学、中学)的组织、管理和指导工作。从资格认证看,国防部子女学校得到了美国北中部学校和学院协会的认证,课程设置等也都依照协会标准执行。至2016年,国防部共在16个国家和地区建立了约165个国防部子女学校。[③]

(二) 美国侨民教育和侨民教育政策的发展现状

1. 新时期侨民教育政策的发展

从美国的侨民教育发展来看,国防部和国务院是海外学校的主管部门和主

---

① 美国国防部,http://www.dodea.edu/,2017年10月26日登入。
② 美国国防部,http://www.dodea.edu/,2017年10月26日登入。
③ 美国国防部,http://www.dodea.edu/,2017年10月26日登入。

要推进机构。非独立学校,即国防部子女学校,从属于军方,由国防部负责组织和管理运营,在此不予赘言。下面就政府对个人、企业和团体组织运营的独立学校的态度及其支援措施进行考察和分析。

对海外独立学校的推介和援助,主要由国务院负责和实施。美国国务院实施海外学校援助计划基于两个主要目的。[①] 第一是出自保障美国公民教育权益的视点,为海外美国公民的子女提供高质量的教育机会,因为这些美国公民中有相当一部分是为了美国政府的利益和项目而远赴海外的;第二是源于文化传播的视点,希望通过推进海外学校的发展,展示美国教育的思想、原则和方法,进而增强美国和其他国家之间的相互理解和沟通。因此,绝大多数的独立学校除了面向美国人子弟之外,也向当地国家和第三方国家的学生开放。

国务院下属海外学校办公室负责具体实施海外学校支援。海外学校办公室成立于 1964 年,主要负责联络和管理美国国务院的各项海外学校援助计划。(参见表 2)

表 2 美国国务院援助海外学校计划

目　　的	具　体　措　施
为海外美国公民的子女提供高质量的教育机会	· 帮助海外学校培养专业的有资质的教职员。 · 帮助海外学校培养称职的管理层以建立和维持学校运营。 · 鼓励海外学校开展对教学计划的持续性评估。 · 促进、支持海外学校保持现行的美国式教育实践和程序。 · 提供财政资源保障以保证美国政府海外雇员的学龄子女享有高质量的教育机会。
展示美国教育的思想、原则和方法,增强美国和其他国家之间的相互理解	· 促进海外学校中所在国和第三国教师对美国教育理念和教育实践的理解。 · 鼓励美国本土学校和海外学校交换教师和教学计划。 · 向所在国社区展示美国的教育方法和教学实践。

资料来源:笔者根据美国国务院网站所示海外学校办公室目的功能制成。

除了上述内容之外,海外学校办公室还在以下几个方面为推进和支持海外

---

① 美国国务院,http://www.state.gov/m/a/os/,2017 年 10 月 26 日登入。

独立学校作出了积极贡献。[①]

一是推进海外学校的认证。根据美国的相关规定,学校的认证过程中需要学校不断地进行自我学习和评估,这对于身处海外的学校而言无疑具有一定困难性。在海外学校办公室的推动下,目前美国的六个区域认证协会中已有四个通过制订特别的自我评估方法等途径帮助海外学校取得认证资格,而海外独立学校也都已获得上述至少一个协会的资格认证,这为独立学校的毕业生进入美国本土以及其他英语圈国家升学提供了方便。

二是建立区域教育协会。为了更为有效地推进海外学校的发展,海外学校办公室建立了八个区域教育协会,为国务院支援的海外学校提供各种服务,分别是:南美洲协会,中美洲、加勒比和墨西哥协会,非洲协会,中欧、东欧协会,东亚协会,欧洲协会,地中海协会和东南亚协会。

三是保障海外学校的安全。保障海外就学儿童的安全是国务院在推进海外学校发展时的首要考虑之一。迄今为止,国务院累计提供了超过1亿美元资金,资助全球500多所有美国政府职员和美国公民就学的学校加强安全保障措施,具体项目涉及抗粉碎窗膜、广播系统、紧急无线电通讯、围墙和围栏、灯箱、大门、警卫室、闭路电视、围墙照明等。同时,海外学校办公室还编写了《紧急情况应对手册》和《国际学校安全指导》等资料分发给海外学校,用以提高防范意识。

此外,海外学校办公室还主持实施了全国杰出校长计划、区域协会执行董事培训计划、海外学校董事培训、前瞻教学教师培训计划、特殊儿童学院、虚拟学校、家长援助计划等诸多教育项目,以提升海外学校的质量,推进海外子女教育的进一步发展。

2. 海外学校咨询委员会

1967年,美国国务院成立了海外学校咨询委员会(Overseas Schools Advisory Council,OSAC),目的是通过与商界、基金会以及教育界的紧密合作,保障以海外美国学龄儿童为主要对象的美国人学校(主要指独立学校)的教育质量,促进海外美国人教育的发展。

---

① 美国国务院,http://www.state.gov/m/a/os/,2017年10月26日登入。

OSAC 是联邦政府中历史最长的常设咨询委员会之一，根据联邦咨询委员会法，咨询委员会成员的任期为两年，主要由美国商界和企业的高级管理人员组成。OSAC 的主要任务包括为美国海外学校提供政策咨询、财政和人力支援，帮助海外学校提升教育质量，改善海外学校的教育环境，以吸引更多的美国公民（适龄儿童）入学。

OSAC 运作资金的基本来源是美国的企业、基金会和个人捐赠。迄今为止，OSAC 已资助完成了 131 个海外学校教育援助项目，总金额达到了 390 万美元。具体包括向海外学校提供教学录影带、幻灯片、计算机软件等教学设备，向学校、学生提供各项学习指导，制作学生和教师手册，制作各类辅助教学手册、教案，培训教师和工作人员，提高学校董事会成员的素养，开发和更新教育课程，为残疾学生和有天赋的学生制订个人学习计划，帮助学生培养领导技能等。其中，"改善国外接受教育机会"的长期教育援助计划已经持续了 30 年，每年提供约 15 万美元的资金资助因为经济原因无法进入美国人学校的海外学龄儿童，迄今已有 135 个国家 193 所学校的 13.7 万名学生获得了该项资助。①

3. 美国侨民教育的现状

根据美国国务院的统计数据，2016 年有 870 万美国籍公民在美国以外的国家和地区生活或学习，其中，学龄儿童的人数超过 20 万，绝大多数在美国的海外学校学习。② 目前，美国海外学校的发展情况如下。

（1）非独立学校

非独立学校由美国国防部全权负责管理，其教育体系亦被称为国防部海外子女学校。2000 年，约有 25 万美国学龄儿童常住海外，其中大多数在非独立学校就读。随着美国海外驻军的缩减，军方学校注册人数逐渐减少，国防部直辖的非独立学校数量也呈减少趋势。如今，由国防部教育活动部门管理的非独立学校共有 165 所，学生人数为 7.1 万。

非独立学校由国防部提供资金并全面负责组织和运营。从具体情况看，在

---

① 美国国务院，https：//www. state. gov/m/a/os/c6971. htm，2017 年 10 月 27 日登入。
② 美国海外居民协会，http：//www. aaro. org/about-aaro/6m-americans-abroad，2017 年 10 月 26 日登入。

当地没有足够的军方子女生源的情况下,军方会将学校运营费用支付给当地的美国独立学校,利用其为军方子女提供教育服务;反之,如果附近有军方的非独立学校,一部分私人企业也会通过支付学费的方式让员工子女进入其中享受教育。此外,在名额有空余的情况下,非独立学校一般也会招收来自军方以外的学生,独立学校也是一样。

(2)独立学校

独立学校由个人、企业或团体等主持运营,其中一部分学校获得了美国国务院的援助。冷战结束以后,美国非独立学校的数量呈下降趋势,海外独立学校则呈上升趋势。现今,世界范围内共有独立学校逾1 000所,分布在116个国家和地区。

美国海外独立学校基本采取从幼儿园到十二年级的学制,主要通过私人企业、教会、家长组织以及政府机构的援助实施教育活动。学校一般采用美国的教学课程,获得美国区域教育协会的认证,以英语教学为主,几乎所有的学校都会按照当地的节假日习惯调整学年安排。同时,大多数海外独立学校会获取当地的学校资格认定(如国际学校资格等)。这意味着学校必须同时遵循美国的认证标准和所在国的法律规定。

从学校治理的角度看,美国本土学校受所在州和联邦的监督,而海外独立学校则略有不同,往往给予家长直接参与教育管理的机会,并要求所有股东和利益相关者参加教育决策。当然,大部分的独立学校还是和美国本土的学校非常相像,因为在这些学校就读的学生大多数最终会返回本土的学校升学。从目前情况看,独立学校中美国公民的子女已成为少数。数据显示,国务院通过海外学校办公室迄今共援助了13.7万名学生,其中26％是美国公民,30％是当地公民,44％是第三国公民。事实上,虽然学校的教学课程需要满足美国的认证标准,但从教育内容和教学宗旨看,海外学校正表现出更为多元化的趋势。

三、日本、美国侨民教育政策的比较及其对中国的启示

(一)日美侨民教育政策比较

梳理日本和美国的侨民教育政策,我们发现,两国存在诸多相似之处,如对

日益增长的海外侨民教育需求的重视；如培训教师，研发、赠送教材等具体支援措施的实施；如面临资金困难、优质师资缺乏等实际问题。同时，日本和美国的侨民教育政策也有着各自的特点，主要体现在以下四个方面。

1. 政府推进侨民教育的目的

日本侨民教育政策开始起步的 20 世纪六七十年代，日本社会曾对政府是否应该承担海外子女的教育职责、政府主导实施海外子女教育是否会涉及其居住国的主权、宪法规定的国民教育权益保障的范围等问题进行过广泛而深入的讨论。最终达成共识，认为政府应该基于义务教育的宗旨，努力保障海外子女义务教育阶段的教育权益。以文部科学省为主导的海外子女教育工作正是建立在上述宗旨之上，即"根据宪法规定的教育机会均等的原则以及义务教育法规定的免费的宗旨，以振兴海外子女教育为目的构筑各类有效的措施和政策"。因此，对海外子女教育权益的保障是日本政府推进侨民教育的基本出发点，培养日本国民是日本侨民教育的主要目的。

美国的情况稍有不同。从美国侨民教育政策的发展看，二战以后政府对于侨民教育的基本态度可以归纳为两点：一是为海外美国公民的子女提供高质量的教育机会，保障其教育权益；二是展示美国教育的思想、原则和方法，增强美国和其他国家之间的相互理解。美国的侨民教育政策也是围绕上述两点出发和构建的，即保障海外子女教育权益的同时，注重文化和思想的传播、交流以及美国教育实践的展示。

2. 教育对象

日本的海外子女教育对象较为集中和单一，基本为在海外居住的义务教育阶段的学龄儿童。与此相比，美国海外学校的教育对象更为多元化。从美国政府推进海外侨民教育的目的可以看出，其不仅致力于保障美国海外子女教育权益，也在努力向世界宣传和传播美国的精神、文化、价值观，因此，美国海外学校的教育对象设定相对广泛，除了美国人子女之外，当地的学龄儿童乃至第三国的学龄儿童都可以入学。从目前的情况看，军方运营的非独立学校中美国人子女仍占据绝大部分，而在民间运营的独立学校中，美国人子女已经沦为了少数派。

3. 教育内容

日本的海外子女教育以文部科学省制定的义务教育阶段学校课程标准为基准实施,不仅教学内容与日本国内的学校保持一致,使用的教科书以及教学方式等也都参照日本的学校,教学语言一般为日语;即便是补习学校,也以日本国内小学、中学国语(语文)、数学、理科和社会等部分课程为主要教学内容。美国的海外学校分为两类,军方背景的非独立学校完全根据美国国内的法令和标准实施教育活动;民间背景的独立学校则相对宽松。一般独立学校会使用英语和当地主流语言进行双语教学,课程设置在遵循美国认证标准的基础上根据所在国的法令以及实际需要加入当地的语言、文化等内容,体现出多元文化特征。

4. 管理体制

总体而言,日本和美国政府对于侨民教育的管理都较为积极有力。日本的海外子女教育属于日本国民教育的组成部分,中央教育行政机构文部科学省对海外子女教育有着全面的管辖权;海外日本人学校须接受文部科学省的资格认定,其运营经费大部分来源于国库资助。美国的非独立学校,即国防部子女学校属于美国的国民教育,国防部对学校有全面的管辖权,学校运营经费来源于国库资助;独立学校体现出双重特征,一方面,美国国务院对海外独立学校有着推进和援助的职责,另一方面,接受当地政府资格认定的独立学校在其归属和管理体制上也受到所在国教育法令、政策的管制。

(二) 日美侨民教育政策对我国的启示

1. 中国侨民教育的发展特征

随着综合国力增强,中国在国际社会的影响和世界舞台的作用越来越大,与各国合作越来越紧密,参与的国际事务也越来越多,这些都为海外华侨华人的生存和发展创造了良好条件,同时也有效地促进了华侨华人对民族语言和中华文化的重视,为海外侨民教育的发展提供了基础。根据官方公开的推测数据,现在全世界有各种类型的华文学校两万多所,各类在职华文教师数十万名,在读的青少年学生达数百万人,20 世纪 80 年代迄今的 30 余年是华文教育历史上发展最为迅速的时期。推进海外华文教育是新时期侨务工作的重点,以国务院侨务办公室为主导的政府部门和社会为支持和推动海外侨民教育做了大量的工作,并取得了显著的成效。

中国的各类海外华文教育机构与日本的海外子女教育机构以及美国的海外独立学校一样,都是由海外侨民团体或是个人、企业组织设立的;但在政府推进目的、教育对象、教育内容以及管理体制方面与日美存在着一定的差异。目前,我国的海外华文教育呈现出以下特征。

首先,我国对于华文教育的基本认识和定位是文化传承与文化传播。20世纪五六十年代以来,因为世界以及国内形势的变化,海外华侨教育完成了向华文教育的基本转化。自此,华文教育一般被界定为海外华侨华人兴办的以中华语言和文化为特征,以文化传承与传播为目的的教育活动。政府对海外侨民教育的施政原则也立足于此。其次,从教育对象看,华文教育设定的对象极为广泛,除了华侨华人子弟外,对中华语言、文化感兴趣的非华裔人士也包括在内,具有高度开放性。再次,从教育内容看,华文教育以中文以及中华文化、历史为主要内容,但在具体教学中中文也并非唯一教学语言。最后,从管理体制看,绝大部分的华文教育机构已经被纳入当地的教育体系,属于所在国教育的组成部分,受所在国教育法令、政策的管制;华文学校的经费大多秉承受益者承担的原则;中国政府把海外华文教育视为侨务工作的一部分,对其发展持支持态度,但并不主导实施组织和运营,只是予以辅助和支援。

总而言之,中国和日本、美国的侨民教育政策各具特色。中国的侨民教育政策具有宽松、限制小,侨民教育发展更为多元化等特点。日本的侨民教育政策表现出严谨和针对性强、专注于义务教育、对海外侨民的限制较大等特点。美国的侨民教育政策分为两大部分,由国防部主持运营的非独立学校与日本海外子女学校的性质相似,国家对其的政策也呈现与日本侨民教育政策相类似的特征;另一方面,针对个人、企业、团体等开办的独立学校的政策则接近中国的侨民教育政策。

2. 日美侨民教育政策对我国的启示

(1) 从教育权益保护视角构建海外侨民教育体系

对比中、日、美现阶段的侨民教育政策,可以看到中国的侨民教育政策存在一个明显的短板,即缺乏对海外侨民教育权益保护的视角。

以国务院侨办为主导的侨务职能部门为支持和推动海外华文教育的发展做了大量实际而有效的工作,值得高度评价。然而,其工作的前提是文化传承与文化传播,再加上中国的教育职能部门未能把海外侨民的教育纳入职责范围,最终造成了目前的侨民教育中缺乏学历教育这一部分的保障。

一般认为,受教育权是宪法确认和保障的一项基本人权。我国宪法规定每一位公民享有受教育的权利和义务,国家拥有保障公民受教育权的责任。同时,《义务教育法》第二条规定,国家实行九年义务教育制度。义务教育是国家统一实施的所有适龄儿童、少年必须接受的教育,是国家必须予以保障的公益性事业。从教育权益保障角度看,建立完善、有效的海外子女教育保障体系,尤其是填补学历教育这一部分的空缺,保障海外中国籍侨民享有同等的教育权益,是今后需要解决的问题。长期以来,旅居海外的华侨为国家的繁荣和发展作出了重要贡献;在新的历史时期,他们不仅是我国实现国际化的重要力量,也是实施人才强国战略,推动公共外交开展的有力保证。华文教育并不等同于华侨教育,重视海外中国公民的教育问题,既是法律赋予国家的责任和义务,也是国家战略发展的需要。因此,在新的时期,我们需要对侨民教育进行新的定位。

（2）构建推进和开展侨民教育的专业组织机构

从日本和美国的侨民教育政策经验看,构建一个专业的组织机构推进和开展侨民教育的援助和管理是今后发展的主要方向。

目前,中国的侨民教育主要归国务院侨办下属文化司主管。从侨民教育的性质、其所肩负的责任以及实际的发展情况看,目前的设置远远不能满足海外华文教育对于援助和管理方面的需求。日本和美国都拥有专业的海外侨民教育管理机构,如日本的海外子女教育振兴财团、美国的海外学校办公室和海外学校咨询委员会。上述机构配合政府的指导方针,在海外子女教育的援助以及推进过程中发挥了积极而有效的作用。有鉴于此,我国可以参考日美的经验,构建一个专业的组织机构推进和开展侨民教育的援助和管理。具体可以参照美国海外学校办公室的方式,在政府体制内如国务院侨务办公室或其他相关部门下面设立一个专业组织机构负责推进和开展侨民教育的援助和管理;也可以参照日本官民共建的方式,构建一个非营利性团体(由政府提供资金保障,民间负责具体实施)主要负责推进和开展侨民教育的援助和管理,这也符合现代社会政府职能转换的大方向。

(3) 建立多渠道专业性海外华文教育师资培养机制

师资的缺乏是海外华文教育面临的共同困境。现今华文教育师资来源主要分为三大部分:华文学校毕业生、有中文学习经历的当地教师和拥有国内中小学教育经验的新移民教师。如此多元化的教师组成虽是华文教育的一大特色,但也带来了许多实际问题。华文学校毕业生熟悉华文教育运作机制,对华文教育充满激情,但存在普通话发音不标准、缺乏语言教学专业知识背景的问题。有中文学习经历的当地教师通晓本地的教育体制但多不精通中文。新移民教师虽然拥有丰富的教学经验,可面对众多以当地语言为母语的学生,教学效果并不理想。与此同时,各教师群体由于成长环境的不同,在对教育理念的理解和具体教学的落实上存在差异,这也造成日常教学工作中沟通和协调的矛盾,进而影响教育水准。

因此,构建多渠道、专业性师资培养机制势在必行。参考日本和美国的经验,可以考虑以下几个方面的应对措施。第一,国务院侨办主导,联合国内高等教育机构,设置专门培养海外华文教师的专业机构,保障优秀专业教师的供给。第二,建立针对现任华文教师的专业培训机构,采取"请进来"、"走出去"、"网络函授"等多元化方式提升现有华文教师的语言水平和教学能力。尤其注意要结合国别性和地区性,有针对性地开展教师培训。第三,设立华文教师专业资格评估和认证体系,并配套出台《华文教师标准》等文件,给予海外华文教师一个专业的认证平台。第四,建立优秀教师奖励机制,如设立优秀华文教育教师专项基金等,吸引和保障优秀人才的投入。

(4) 充实和规范华文教育援助机制

对华文教育的援助是我国侨民教育政策中的重要部分,具体项目包括提供师资培训、组织华裔学生文化体验、编印分发华文教材、向海外各华侨教育机构派遣教师等。以派遣教师和志愿者赴海外华侨学校任教为例,该项工作开始于20 世纪80 年代,至今已坚持近30 年,效果明显。2010 年,国务院侨办为减轻华文学校负担,大幅提高了外派教师的待遇,派遣规模也有了进一步拓展。据统计,2015 年我国共向23 个国家的260 余所华文学校选派了近1 000 名优秀教师开展支教活动,完成各类海外华文教育培训 1.5 万人次,向 39 个国家和地区发行各类华文教材 400 多万册。此外,累计受国务院侨办专项支持的华文教育示范学校达到 245 所,贫困华校 188 所,华星书屋 513 个,华文教育组织 19 个。应该说,我国对海外华文教育的支援种类丰富,力度也在逐年增大,这些都为促进华文教育的发展提供了助力。然而,目前的援助机制也存在不少问题,如援助标准制定不透明、信息公开渠道不完善等。有些项目投入了大量物力、财力,但由于标准制定和信息公开的问题,致使海外华文教育机构出现接收障碍,最终造成项目无法达到预期效果。

参考日美的经验,可以考虑从以下两个方面入手,规范华文教育援助机制。一是设立海外华文教育援助标准,如可以对援助对象的年实施教育时间、课程数量、学校规模等作出明确规定,这样既可以规范目前较为混乱的海外华文学校市场,也能促进和保障华文教育机构的有序发展。二是利用公共平台发布援助项目计划,公开募集,由海外华文教育机构根据自身实际情况选择参加与否,这样既能避免项目实施过程中的暗箱操作问题,调动海外华文教育机构的积极性,同时也可以减少援助内容与需求不匹配、资源浪费的现象发生。

我国人才引进政策与发达国家人才移民政策的比较及其启示探讨

刘益梅[*]

摘要：人才是创新的根基，创新驱动实质上是人才驱动。中国与发达国家在引进海外人才方面存在着一些不同之处：引智主体角色定位差异、"引"和"用"结合程度之分、引智政策可持续性不一、创新创业环境有别、引进人才标准不同。上海在海外人才引进方面取得了重大的政策突破，但也存在人才资源的结构性瓶颈、人才发展的体制机制瓶颈、人才工作的思想认识瓶颈等方面的问题。如何发挥侨务部门的优势，激发海外人才创新创造活力，增强海外优秀人才的归属感和安全感，以便更好地留住人才，让近者悦而尽才、远者望风而慕，是上海侨务部门需要深思的问题。

关键词：上海　高层次海外人才　政策　路径

　　党和国家高度重视人才工作。20 世纪 80 年代以来，无论是人才学理论还是人才工作实践，都得到了很大的发展。从理论上说，邓小平同志首先提出了"人才资源理论"，强调社会主义现代化建设必须依靠和开发人才资源，必须尊重知识、尊重人才，必须营造人才成长的良好环境。江泽民同志继承和发展了

---

　　* 作者简介：刘益梅，上海商学院文法学院副教授。

邓小平的人才理论,提出"人才资源是第一资源",要重视人才的培养、引进和使用,要树立全面的人才观,强调要实施人才战略和人才强国战略。2010年全国人才会议召开后,中共中央、国务院发布《关于进一步加强人才工作的决定》,明确提出坚持"以人为本",实施"人才强国"战略,这是一个以党和国家意志出现的最高层次的人才战略规划。胡锦涛同志提出"优先发展教育,建设人力资源强国"、"统筹抓好以高层次人才和高技能人才为重点的各类人才队伍建设"。2013年,中共中央总书记、国家主席习近平同志强调"要择天下英才而用之"、"要在全社会大兴识才、爱才、敬才、用才之风"。2014年5月,在外国专家座谈会上,习近平同志再次指出,"不拒众流,方为江海……国家对外开放,必须首先推进人的对外开放……要实行更加开放的人才政策……更加积极主动地引进国外人才"[1]。

一、中国与发达国家在引进海外人才政策方面的比较

中国与发达国家在引进海外人才方面存在着一些不同之处,但是由于范围较广,很难进行一一比较。因此,基于操作的方便性,笔者在进行比较时,所涉及的发达国家一般指美国、加拿大和日本等国,所比较的现象更多的是中国某些地区和单位在人才引进工作中存在的不足。本文试图通过介绍发达国家人才引进中值得借鉴的地方,以期为进一步完善中国的海外人才引进政策提供参考。

(一) 引智主体的角色定位:市场与政府的职能存在差异

1. 发达国家的引智主体是市场,政府主要承担服务功能

市场和政府是主要的引智主体,各国政府所扮演的角色与其所对应的人才市场体系发展水平有密切的关系。美国是世界上人才战略最为成功的国家,有比较完善的市场机制,市场在引进海外高层次人才过程中扮演引智主体的角色,表现为宽松的移民政策等;政府在引智过程中主要扮演服务者的角色。美

---

[1] 习近平:《思想禁锢就不可能有真正开放》,《南方都市报》2014年5月24日。

国的市场机制包括职业经理人市场、专业技术人才市场和熟练劳动力市场等，各种不同类型、不同层次的人才市场都比较健全，基本满足了细分市场的需求。

运用猎头公司等中介机构的专业化服务搜寻并寻访所需海外人才是近年来兴起的一种引智渠道，并且已经在发达国家海外人才引进工作中发挥了重要作用。例如，美国政府成立国家猎头，将敏感行业的人才寻访委托给专业猎头机构，同时通过跨国公司和高校科研机构直接招聘优秀的海外人才，国家猎头退居幕后。新加坡通过建立专门的人才服务机构和网络，宣传本国人才政策，发布国内人才需求，加大海外高层次人才引进力度。

2. 中国人才引进工作中，政府承担主体角色，市场的作用相对薄弱

中国由于市场机制不完善，人才引进基本上还是依靠政府的力量。政府在人力资源需求的宏观预测、人才战略思想的研究、总体规划的制定、人才结构的优化、重要政策的统筹等方面，加强对人才队伍建设的宏观调控以及战略规划，并通过相应的政策和法律手段实现调控目标。改革开放以来，我国政府把人才引进作为重要工作，从国家层面予以推行。在不断强化"人力资源是第一资源"理念的过程中，我国引进海外人才的政策先后经历了由点到面、从早期零散的实施意见到如今系统的国家战略的发展过程。

政府和市场在人才引进过程中的主体之分，导致了引智资金来源千差万别。美国主要依靠市场自身的融资机制筹集资金，政府财政拨款、用人单位专项资金、基金会资助、民间捐款等都是其引智资金的主要来源。美国政府在资金筹集方面的主要任务是制定相关政策法规以引导社会资金的投入以及为重点项目划拨财政专款。中国引智资金方面，政府所扮演的角色更丰富，是引智资金的主要来源。

（二）"引"、"用"的结合程度：人才引进中都强调"实用主义"，但存在"引"和"用"结合程度之分

1. 发达国家在人才引进中更加注重"实用性"

发达国家在人才引进方面，更加看重引进人才的实用性。对于计划引进的人才，更多关注他们是否具有足够的能力与经验，一旦达到标准，便不会再苛求

引智对象的国籍、年龄、性别、学历、意识形态等条件。美国不仅从意识形态上大力宣扬"自由、民主、人权"和"科学家无祖国"等观念以及美国的生活方式,还通过不断调整移民和签证制度等灵活的移民政策广泛吸引不同国籍、不同种族的高端人才。早在 1921 年,美国就开始实施《移民配额法令》,限制一般性移民,大幅度增加技术移民的比例。近一百年间,美国不断修改移民法,规定只要是专业精英,无须考虑国籍、年龄等因素,享有优先移民权。1990 年,美国开始实施专门吸纳国外人才的"H—1B 签证计划"(一种有效期为 6 年的临时工作签证),并不断增加这一签证的数量。

2. 中国某些地区和单位在人才引进中存在一定程度的重"引"轻"用"的现象

随着人力资源强国建设的推进,中国在海外人才引进工作方面的力度越来越大,并取得了显著成效。但人才引进工作如何与产业结构调整、升级相适应,如何用好、留住引进的人才,保证人尽其才、才尽其用,需要引起更多重视。2010 年 5 月 25 日,胡锦涛同志在全国人才工作会议的讲话中特别强调人才战略要坚持"以用为本",要保证所引进人才的"有用性",如果某个人才对当地的经济发展、社会建设没有帮助,那么他在国际上名气再大、层次再高,也不应在引进之列。然而在实际操作中,一方面,一些单位,尤其是一些基层单位,为了显示求贤若渴,不惜开出优厚条件,在全球范围内延揽高层次人才,大批高学历、高水平人才蜂拥而至,但本地区、本单位急需的重点人才却没有引来。另一方面,有些地区和单位由于引进的人才过于高端,受实际条件制约无法提供相应的人才使用环境,从而形成大材小用甚至引而不用的局面。此外,人才引进工作中存在"按官职定是非,以官职论成败,凭官职给待遇"的官本位思想和行为,造成了人才资源的畸形配置,压抑了人才的创新活力。

(三)引智政策的可持续性:存在不断调整移民政策与一定程度上的后续政策乏力之分

良好的引智政策和法规可以有效地引导和规范揽才动力,减少人才流动的阻力。不同的历史背景和意识形态,使得各国在海外高层次人才引进方面的政策措施各不相同,但是各国政府无一例外地都把抢占人才竞争制高点作为共同目标。

1. 发达国家不断调整移民政策,简化居留手续

为吸引全球稀缺的高层次人才,各国都制定了居留政策、国籍政策、留学生政策、创业优惠政策等多样化的引智政策。部分国家不仅多次调整移民政策,而且通过放宽条件限制、简化移民手续,为所需要的各领域人才敞开大门。如美国的杰出人才绿卡制度,杰出人才绿卡不仅授予外籍专业人才永久居留权,而且允许其家人一起前往美国共同生活。杰出人才绿卡不需要经过烦琐的劳工证申请程序,若是符合条件,通常半年至一年左右就可以申请下来。根据美国移民法,杰出人才的范围包括科学、艺术、教育、商业和体育五大类,涵盖科学家、研究员、高级工程师、发明家、电脑专家、医师等;画家、书法家、舞蹈家、音乐家、歌星、影星、模特、主持、导演等;各级特级教师、教育理论家等;杰出企业家、工商人才、广告策划专家等;著名运动员、教练员等。2010 年 5 月,美国政府出台《国家安全战略》,明确把开发人才作为国家安全战略的重要内容。

为吸引更多非欧盟人才,欧盟也不断调整其移民政策,从 2005 年开始实施"科学签证"一揽子政策,为非欧盟国家研究人员进入欧盟提供快速通道。2009 年,欧盟在移民政策上再出重拳,启动"蓝卡"计划,目标是在未来 20 年内吸引 2 000 万来自发展中国家的高技术人才。

因为国土狭小,日本的移民制度较为严格,但对外国高级人才和专门人才却持欢迎态度。2005 年,日本专门发布《第三次出入境管理基本计划》,将引进外国高级人才和专业人才作为首要目标,并特别强调高级专业技术人才的出入境不受限于现有的出入境管理政策,特事特办,简化高端人才的居留资格审查等。最近几年,日本文部科学省实施"科学技术人才培养吸引综合计划",进一步加大人才引进力度,通过创建国际一流的研究基地,吸引世界顶尖人才加盟。

2. 中国人才引进的门槛过高以及一定程度上的后续政策乏力客观上阻碍了人才的流动

2003 年 12 月,国务院批准通过了《外国人在中国永久居留审批管理办法》,

即中国的"绿卡"制度,规定对在中国有关单位任职的外国籍高层次人才,在中国有较高数额直接投资的外国籍投资者,对中国有重大突出贡献或国家特别需要的人员以及夫妻团聚、未成年人投靠父母、老年人投靠亲属等家庭团聚人员,可以授予外国人永久居留证,即中国"绿卡"。然而在实际操作中,中国在绿卡的申请和办理方面存在门槛过高的状况。来中国的外籍技术人员要申请绿卡,需要具备的条件是在中国担任副总经理、副厂长等职务以上,或者具有副教授、副研究员等副高级职称以上以及享受同等待遇的人员。这类人员应已连续任职满 4 年,4 年内在中国居留累计不少于 3 年,且纳税记录良好。其任职单位应当符合下列条件之一:一是国务院各部门或者上海市人民政府所属的科研机构或具行政管理性质、职能的事业单位;二是重点高等学校("211 工程"学校以及第一批招生录取高校);三是执行国家重点工程项目或者重大科研项目的企业、事业单位;四是高新技术企业、鼓励类外商投资企业、外商投资先进技术企业或者外商投资产品出口企业。在"绿卡"的制约下,每年持专家证和就业证来中国的外国人仅有 3 万到 5 万人。近年来,中国的人才引进政策不断完善。上海市于 2015 年 7 月颁布《关于深化人才工作体制机制改革促进人才创新创业的实施意见》,明确提出要进一步优化人才创新创业综合环境,进一步改善海外人才在上海工作和定居的条件。

(四)创新创业的环境:存在良好的科研环境与相对滞后的软环境建设之区别

引才靠服务,留才靠环境。人才不同于一般的商品,引进人才,重要的不是一时的特殊待遇和条件,而是长期的、可持续的良好环境和适宜创新的土壤。

1. 发达国家致力于加大科研投入以吸引海外人才

高薪揽才与重奖人才是各国政府、企业和高校吸引并留住高层次人才的普遍做法。为了更好地留住人才,发达国家不断加大科研投入,改善科研环境。如欧盟的"里斯本计划",2010 年以来将科研投入提高到 GDP 的 3%,直接增加 60 万至 70 万个研究岗位,用以吸引更多专业技术人才。追加投入、吸引留学生也是欧盟与美国、加拿大等国争夺人才的一个重要举措。在"伊斯拉漠一期计划"期间(2004—2008),欧盟投入2.3亿欧元,资助了4 200名留学生;在"伊斯拉漠二期计划"期间(2008—2012),欧盟计划追加投入9.6亿欧元。

美国是市场经济十分发达的国家,强大的经济实力和对优秀人才的优厚待遇无疑会吸引众多的外国人才。美国政府和民间设立了多种多样的奖励制度,重奖作出贡献的各类杰出人才以及海外优秀留学生,还为紧缺人才提供特岗特薪、股权期权等其他激励。此外,美国完善的社会福利制度、退休金制度和医疗保险制度以及比较成熟的住房市场,可确保移民美国者生活无忧。这种生活水平的差距加上工作机会的差距成为众多外国人才移居美国的主要因素。

发达国家在实施人才战略的过程中,投入巨额资金,以丰厚的薪酬待遇、优越的科研及工作条件、宜居的生活环境等多个方面的优越条件来吸引人才。值得注意的是,发达国家从来不单独使用丰厚的薪酬待遇,而是将其依附于宽松的科研环境、与国际接轨的管理机制、较好的职业发展平台之上。单纯强调货币薪酬对于海外高层次人才的吸引是十分有限的,只有将物质激励与其他激励协同实施,才能对海外高层次人才产生强大吸引力。

2. 中国人才引进中存在重政策激励、轻创新创业发展环境营造的现象

要想吸引和留住人才,必须根据经济建设和产业发展、产业结构的变化,适时调整海外人才政策,营造尊重知识、尊重人才的社会大环境,保证各类人才能够获得有力的支持。这种环境既包括各级政府部门营造出的大环境,也包括各企事业单位自身形成的小环境;既包括政策环境,也包括工作环境以及生活环境。然而中国的人才引进中,各地政府更多地把重心放在政策激励上,通过物质奖励来拼政策、抢人才,忽视创新创业环境的营造。事实上,比起政策奖励,高层次人才更关心的是事业的发展、创新创业的平台环境以及发挥才能的空间。例如嘉定区和同济大学共同引进的"海归"专家杨志刚教授和他的团队,同济大学充分信任杨志刚教授,让他担任汽车"风洞"项目的负责人,团队运作非常成功。杨志刚教授在国内获得的报酬还不到原来在国外时的一半,但他觉得非常有成就感,因为他能为国家作贡献,实现自己的人生价值。其他"海归"专家也都有同感,认为事业是最重要的。

（五）引进人才的标准：存在"现有成绩"与"发展潜力"上的态度差异

1. 发达国家更加注重人才的发展潜力，扩大海外人才储备

作为依靠外来移民及其后裔建设和发展起来的国家，美国十分重视海外人才的作用。有研究指出，具有专业技能的人才利用他们的才干直接提高了众多美国公司的运行效率。此外，外来人才不但没有夺走美国公民的饭碗，反而为美国公民提供了更多的就业机会。有研究指出，每引进一位人才，就可以为硅谷创造大约 4 个工作位置；每增加一名外来的高技术人才，相当于给美国带来大约 11 万美元的人力资本。正是由于外来人才为美国发展作出了巨大贡献，美国一直把留学生作为后备力量加以储备。二战后不久，美国开始实施留学生政策，为赴美留学人员提供奖学金。一些名牌大学通过提供优厚的助学金、奖学金和优惠贷款吸引国外留学生就读，美国每年对外国留学生的投资高达 25 亿美金。在科研机构、民间机构及政府的推动下，美国已成为接收外国留学生最多的国家。庞大的留学生群体成为美国海外人才的重要来源。据美国国家科学基金会统计，25％的外国留学生在学成后定居美国，被纳入美国国家人才库；在美国科学院的院士中，外来人士占 22％；在美籍诺贝尔奖获得者中，有35％出生在国外。政策引来了人才，人才为美国创造了财富。

2. 中国人才引进中存在过分注重人才现有成绩的现象

我国技术移民的筛选条件是以职位和职称作为标准的，并且有任职单位和在中国的工作经验等相关条件限制。如《外国人在中国永久居留审批管理办法》中规定，技术移民的条件是在国务院或者省级人民政府所属机关以及高等院校等企事业单位担任副总经理、副厂长等职务以上或者具有副教授、副研究员等副高级职称以上以及享受同等待遇，并要求已连续任职满四年、四年内在中国居留累计不少于三年且纳税记录良好。不同国家的职位和职称评定有着不同的标准，难易程度也不尽相同，因此在实际操作中很难根据职位和职称来进行筛选。另外，将人才工作经验和科研成就作为唯一的评价标准，不利于引进那些具有发展潜力但是尚未作出标志性成果的潜力型人才，从而将年轻技术人才和有意在中国发展的外国留学生拒之门外。此外，由于用人单位和社会各

界在对引进海外人才的作用发挥和能力认可方面,存在着急功近利的心态,他们只能草草投入一些"短平快"的项目,出一些简单的成果,而对于事关长远、更有价值的科研工作,无法做到专心致志、做深做精。我国在人才引进软环境方面存在的问题,不利于国外人才的引进。

人才问题是关系到党和国家事业发展的关键问题,人才引进是解决我国现阶段人才供求矛盾的比较快捷、有效的方法,而人才引进政策又是整个人才引进工作的依据和导向。近年来,我国非常重视海外高层次人才的引进工作。在国家的《中长期人才发展规划纲要(2010—2020 年)》的推动和示范下,截至2012 年 7 月,全国有 31 个省市区和 35 个行业系统结合自身实际,启动了 2 778 项人才工程;各省市引进的海外高层次人才超过 2 万名。[①] 我国在人才引进方面取得了很大的进展,但是仍存在若干不足。

二、上海海外人才引进工作存在的问题及其优化路径

近年来,上海在人才工作中积极探索实践,取得了一定成效,但必须保持清醒的头脑,用战略眼光、国际视野和危机意识,分析人才发展中存在的突出问题,努力突破人才工作中的瓶颈。

(一) 上海海外人才引进工作存在的问题

1. 人才资源的结构性瓶颈

人才是先进生产力的开拓者、组织者和管理者,是先进文化的创造者、传播者,也是政治文明建设的直接推动者和实践者。人才资源已成为提高国家、企业竞争优势的最重要的源泉。然而,随着市场经济的不断深化,产业结构的进一步升级换代,上海作为国际性大都市,人才总量虽然比较丰富,但是其结构出现严重错位和失衡,从而导致高层次、关键技术岗位人才流失的趋势越来越严重,极大地影响着上海科创中心的建设。上海的人才主要集中在科教文卫等领域,对建设"科创中心"殊为重要的金融人才相当匮乏,引领战略性新兴产业和

---

① 吴帅:《我国引进海外高层次人才政策梳理及分类比较》,《求贤》2013 年第 12 期。

高新技术产业的专业人才紧缺,人才储备不足,难以适应和满足产业结构升级和城市转型发展需要。以金融人才为例,目前上海约有 35 万名金融从业人员,约占全市从业人员的 5%,而这一比例在国际知名金融中心城市一般为 10%;从结构上看,传统金融从业人员占比 60%以上,创业投资、科技金融、互联网金融人才和专业领军人才数量不足;从国际竞争力看,目前上海国际化金融人才(具有国际视野、国际背景、国际经历)尤其缺乏,其占金融人才的比例不到 2%,而新加坡这一比例则达到 20%左右。[①]

为了突破人才资源的结构性瓶颈,上海应该力争在结构上有所突破,坚持高端引领,重点加大金融、航运、贸易、高新技术产业等重点行业或领域的人才引进和开发力度。

2. 人才发展的体制机制瓶颈

国内的人才评价体系过于强调论文、课题、获奖等显性指标,忽视人才的实际贡献和实际解决问题的能力;高校和科研院所的科技人才把主要精力放在发表论文、申报课题、获取奖项、争取经费上,不愿从事满足市场需求、具有产业前景的研究工作;人才评价标准单一,不管是基础研究类还是应用技术类人才,只用学历、资历、论文、外语和计算机水平等标准量化衡量,没有分层、分类的科学评价体系,经常出现"评上的用不上,用上的评不上"现象;此外,人才评价方式主要依赖行政命令,对专业技术人才的职称评定还在沿用计划经济时代的思维,尚未建立企业主体、社会组织和市场认可的多元评价机制,往往是"评人的不用人,用人的不参评"。如沪上某高校引进一位"海归"教授,担纲组建一所行业智囊机构,现在机构已经顺利建成,同企业的产业化合作也有了起色,但是身兼多个角色的"海归"教授却很迷茫:"新机构组建从零开始,我个人投入的精力和行业资源不可谓不多,但这块工作和考核指标搭不上边——业绩考核更重要的还是看论文、项目。写论文,争项目,建智囊,样样不能放松,等于同时做三份工,累。"

---

① 孔庆伟:《上海必须参与国际金融人才竞争》,《文汇报》2015 年 7 月 27 日。

3. 人才工作的思想认识瓶颈

上海出现人才资源结构性瓶颈以及人才发展的体制机制瓶颈，其根本原因在于人才体制和机制的不完善。"人才发展最大的障碍，仍然是陈旧思想观念和落后体制机制的束缚，传统的人才体制机制还在顽固地束缚人才发展和阻碍人才作用的发挥。"[①]一些部门、一些地方对"人才资源是第一资源"的认识还不到位，重视人才讲在嘴上、写在纸上，就是没有真正落实到行动上。有的重视"搞工程、建项目"，对"人才开发"轻轻带过，"见物不见人"的现象依然存在；有的存在"小富即安"的心态，仅满足于现有成绩、迷恋于和国内城市的比较优势，没有在全球坐标中找准自己的定位，担当国内改革开放排头兵的意识也不够强烈，缺乏开展体制机制创新的勇气，等等[②]。

十年树木，百年树人。人才战略是一项长期的、系统的战略，是经济社会发展中最重要的战略之一，上海科创中心建设应以人才战略作为最重要的战略。因此，上海应改变思想观念，创新人才选拔机制，建立多元化人才评价制度，构建多元化人才激励机制，破除官本位思想，尽早突破人才瓶颈，获得更长远的发展。

（二）上海国际人才高地建设优化路径

1. 处理好市场配置和政府引导的关系

海纳百川，不仅要为人才打开城市之门，更要从市场需求出发，以更加灵活的人才管理机制激发人才创新创业活力，使得人尽其才，实现人才资源的优化配置。上海要建设国际人才高地，必须深入贯彻落实科学发展观，着眼于破解人才发展的突出问题，充分发挥市场在人才资源配置中的基础性作用。上海人才工作要立足市场，坚持市场配置和政府引导相结合的原则。一方面，要充分发挥市场这只"无形之手"在人才资源配置中的基础性作用。上海的人才市场起步早、发展快，经过30多年的培育，人力资源服务机构的数量在全国名列前茅。世界财富500强企业中的三家人力资源公司科德、万宝盛华、任仕达和全

---

① 邱永明：《不断破除"官本位"，进一步解放人才》，《第一资源》2011年第4期。
② 李希：《深入推进上海国际人才高地建设》，《组织人事报》2012年1月17日。

球五大猎头公司海德思哲、光辉国际、亿康先达、罗盛咨询、史宾沙都已进入上海。人力资源服务业务日益丰富，服务功能日趋完善，多层次、多元化的发展趋势日渐明显。

另一方面，人才市场离不开政府这只"有形之手"的引导和推动。上海人才市场的发育同上海整体市场化程度还不能匹配，有的地方还很不成熟，需要政府来培育。且上海目前的人才问题，不仅是数量和质量问题，根本性的问题还是机制和环境，要解决这些问题，更多需要依靠政府的行政职能。因此，上海人才工作需要行政来推动，在总体规划的制定、人才结构的优化、重要政策的统筹、人力资源的整合、人才工作机制的完善以及人才环境的优化等方面，充分发挥政府职能。政府推进人才工作的关键在于科学界定管理人才的领域、边界、职责和方法，通过简政放权、放管结合等手段，探索市场发现人才、使用人才、激励人才、评价人才的政策举措。与此同时，还要找到行政与市场的结合点，即体制机制创新和人才综合环境的营造。政府应在充分发挥市场基础性作用的同时，顺势而为，改善人才发展环境，从而最大限度地释放市场配置资源的决定性作用，保障高校、科研院所用人自主权，激发各类人才的创造活力。

2. 处理好平台搭建与体制机制的关系

到2020年，浦东新区要基本形成面向全球的创新要素集聚和辐射功能，基本建成创新型产业集聚发展的重要基地，基本形成充分激发各类创新主体创造活力的制度体系，基本形成完备的创新创业综合服务体系。在国际人才引进方面，浦东新区将进一步加大人才特区建设的力度，率先在人才出入境、就业许可、执业资格、离岸创业等方面取得突破；将加强与美国硅谷、以色列特拉维夫等全球科技创新先进地区的技术交流，有望建立3万平方米的自贸试验区海外人才离岸创新创业基地，支持海外人才设立离岸研发、离岸贸易、离岸金融等创业企业。在人才发展环境方面，浦东新区将围绕人才创新创业和安居乐业等重点需求，整合各类公共和市场服务资源，解决个性化的服务需求；充分利用推进浦东综合配套改革、张江国家自主创新示范区建设的契机，积极发挥人才特区先行先试、试验示范功能，大胆实践探索，实行特殊政策、特殊机制、特事特办，进一步探索试点，实行更加开放、更具竞争力和吸引力的人才政策，继续在全市人才发展体制机制创新上起引领带动作用。

在搭建良好的平台的同时，我们需要注意处理好其与体制机制之间的关系。坚持以"双自联动"推进人才制度创新，在海外人才引进方面，进一步降低永久居留证申办条件，扩大人才签证申请范围，简化来上海创新创业的外国人入境和居留手续，以更开放、更积极和更有效的政策集聚海外人才；在人才管理机制上，坚持以更灵活的方式激发人才创新创业活力。与此同时，坚持以更完善的服务营造创新创业环境，创新更具竞争力的人才集聚制度，建立更加灵活的人才管理机制，优化人才创新创业的综合环境。基于此，政府需要逐步退出微观的人才管理，转而注重行使公共服务职能，即坚持服务导向，坚持政府公共服务、公共产品"供应商"的角色定位，通过合理的城市规划、完善的基础设施、宜居的生活环境、多元的文化氛围、尊重人才的社会环境，吸引并留住海外人才。

3. 处理好海外人才服务与引导的关系

美籍华人、上海联影医疗研究院首席执行官陈群说，之前一些海外人才回国创业，由于生活保障不全，一般是丈夫在国内工作，夫人带着孩子在海外生活，夫妻长期处于两地分居状态。希望政府持续优化人才生活保障，改变海外人才的"过客"心态。"人才跟着环境走"，这里的环境是一个多层次系统，既包括了经济、政策、服务、人文等社会大环境，又包括了岗位要求、企业文化、管理风格等内部小环境。在海外人才管理中，首先应该为人才发展创造优良的综合环境，如优化事业环境和文化生活环境，充分激发各类人才的创新创业活力。为此，上海建立了海外高层次人才生活服务专窗和科技事业发展服务专窗，为人才创新创业提供"一口受理、全程代理"的专业化、精细化服务。

在为海外人才提供高质量服务的同时，还要注重引导，加强与海外人才的思想联系。即让人才辩证客观地看待上海在人才引进工作中所取得的成绩以及存在的问题；在为人才服务的过程中，用科学的方法帮助人才更好地融入团队，以便发挥更大的作用。通过人才服务和引导、社会大环境的营造和优化，最大限度地激活市场主体的创新动力，把各类优秀人才团结起来。

4. 处理好重大人才工程与人才评价体系之间的关系

中央明确指出,人才引进工作要坚持"以我为主,按需引进,突出重点,讲求实效"的方针,"按需引才",尤其是引进需求领域的尖端人才,仍是我国人才引进工作的重点。科学的人才引进策略应是先对本地区、本单位的发展现状有科学认识,对欲引进人才有较为明确的需求方向,并充分考虑到产业结构调整、发展战略规划等因素,在此基础上细化各项指标,按需发现人才、引进人才。只有这样,才能保证引进的人才尽快融入本地区、本单位的发展并实现其价值,达到引才引智的目的。在海外人才引进过程中,应以实施重大人才工程为载体。在重大人才工程的引领下,大力实施领军人才培养计划、高技能人才开发计划、青年英才培养计划等重大人才培养工程。人才结构战略性调整,有利于促进产业结构优化升级,为上海建设科创中心以及国际化大都市提供坚强的人才保证。

在实施重大人才工程的同时,还要处理好人才评价机制问题。面对国内人才评价体系的弊端,努力寻求破解方案,尤其需要针对不同类型的人才,建立分类评价体系。如在人才引进和使用过程中,建立以能力、业绩、贡献为主要标准的人才评价导向;完善基础研究人才、应用开发人才、科技成果转化人才的分类评价体系;努力完善人才评价标准,既要克服人才评价中重学历、资历的传统观念,也要在坚持成果、业绩的基础上着重评价人才的发展潜力和创新能力,尤其应对当前尚未取得突出成果但潜力巨大的"准人才"有科学认识;针对回国工作、符合条件的海外高层次留学人才,在科技创新工作中业绩成就突出、成果显著的优秀中青年工程技术人员等,开辟高级职称评审绿色通道;改革国有企业技术人员主要依靠职务提升的单一晋升模式,拓宽技术条线晋升渠道,等等。科学的人才评价体系的建立,有利于充分发挥海外高层次人才的作用,以用好人才带动引进人才。此外,大力发展人力资源服务业,通过提升人才服务企业的国际化,带动人才队伍的国际化,有助于推进"上海人力资源服务产业园区"建设,从而为创建国家级人力资源服务标准化示范区做出表率。

5. 改革科研成果转化机制,加大科研人员股权激励

"过去,科技成果转化收益涉及国有资产的转让问题,成果处置权的管理非

常严格,收益分配手续烦琐,研发团队获益比例很低"[1],这种转化和分配机制在很大程度上限制了科研人员的积极性。转变科研成果转化机制势在必行。在科技成果转化方面,可以引进市场化定价机制,由高校、科研院所与研发团队自主选择评估定价或协议定价方式。在科技成果转化收益方面,研发团队所得不低于70%。[2] 研发团队收益的具体分配方案,则由团队负责人与团队成员协商确定,分享共同申请知识产权的权利和职务发明专利所有权,以股份或出资比例方式进行奖励。分配中切忌平均主义,应充分体现人才价值与工作业绩相结合的激励机制。与此同时,还要简化收益分配手续。上海社科院政治与公共管理研究所研究员汪怿认为,收益分配手续的简化和科研团队获益比例的提升,可能产生具备"乘数效应"的激励作用,比如,有了利益保障,会有更多科研人员进行专项成果转化研究;收益交由团队分配,有利于创新团队的建设管理[3]。创新股权激励制度,实行知识、技术、管理等要素按贡献参与分配的办法,不断探索实行高技能人才和高层次人才项目工资制和协议工资制,使各类人才各得其所、才尽其用。

三、侨务工作服务上海海外人才引进工作的思考

创新驱动的实质是人才驱动。上海要建设科技创新中心,必须坚持集聚和用好各类人才。侨务部门应发挥职能优势,激发海外人才创新创造活力,让各类人才近者悦而尽才、远者望风而慕。

(一) 依托高校教育资源,进一步加强海外新侨资源涵养

高校引进人才中,约有三分之一是通过海外校友推荐或帮助在海外招聘而来。侨办可以加强与高校的联系,充分依托高校教育资源和师资力量,通过举办联谊会、海外华侨华人研讨会、专题现场会等活动,为归侨和海外优秀人才提供了解国情、了解侨务工作的窗口和交流事业的平台。加强海外侨情调研,加

---

[1] 钱蓓:《专家聚焦人才评价:"20条"有望引导形成新的评价导向》,《文汇报》2015年7月7日。

[2] 《科技成果转化奖励怎么核定更科学》,《文汇报》2016年12月29日。

[3] 钱蓓:《专家聚焦人才评价:"20条"有望引导形成新的评价导向》,《文汇报》2015年7月7日。

强与新华侨华人、华裔新生代以及新兴侨团的联系，逐步整合侨务资源，建立动态、长效、共享的全市侨情资源库。

（二）建立项目跟踪制度，增强海外人才的聚合辐射功能

上海科创中心的建设，为海外高端人才提供了广阔的发展平台。侨务部门在海外人才引进工作中，首先应充分发挥主体作用，根据上海科创中心建设的要求，打造具有地方特色的侨务引智品牌，积极落实人才引进政策，推动海外华侨华人高层次人才及创新团队来上海创新创业、施展才华。其次，与各区、园区保持密切合作，为重点华侨华人创新创业团队授牌，评选优秀创业团队，为重点侨资企业实行挂牌服务，推动重点华侨华人企业的发展。再次，坚持人才、项目、团队相结合，推动各区实施人才工程，组团赴海外引才，引进重点产业、新兴产业以及重点学科建设所需的海外高层次创新创业人才。最后，着力提升引进侨资的质量和水平，引导侨商积极参与上海科创中心建设，将服务重点贴近侨商事业发展，对引进和推介的侨商投资项目实行动态跟踪管理，及时更新项目进展。

（三）着眼职能特点，推动部门协调，形成侨务引智工作合力

侨务部门应进一步发挥组织、协调、指导和服务的作用，调动全社会力量共同做好侨务工作。第一，加强与其他部门的沟通、协作以及配合，将新一代华侨华人特别是创新创业人才所关心的创业扶持、配套服务、社会保险、子女教育、回国定居、身份证明等方面的内容上升为政策和法律条文，为长期持续吸引侨智、侨资营造良好的法治环境。第二，定期听取创新创业团队和侨资企业的意见和建议，及时帮助他们协调解决经营发展中所遇到的困难与问题，协助维护创新创业团队及侨资企业的合法权益。第三，加强与引智引资职能部门的协作，密切联系市人才、科技、人社、商务等部门，共同开展引智引资工作。通过与各涉侨部门（单位）的协作，形成工作合力，为推动上海科创中心建设作出新贡献。

（四）依托社区服务功能，为海外人才创造良好的生活环境

为了更好地服务海外人才，侨务部门应进一步强化服务意识，依托社区，把

加强社区侨务工作作为拓展新领域、发挥新作用、创新社会管理的着力点。在社区侨务工作方面，逐步建立起结构优化、覆盖全面的"市—区—街道—社区"四级侨务工作网络。同时，侨办可以指导各区、街道、社区结合本地区实际，针对海外人才提供特色服务，如成立服务海外人才的社会组织，举办海外人才公益活动以及为海外人才提供便利午餐、休闲、交友等服务。为海外人才量身打造各类创业孵化器和创业园区，在住房、就医、教育等方面形成完备的创业服务体系。

新的时期，我国政府应积极创新人才引进政策，为海外优秀人才提供相对自由、公平的竞争环境，营造良好的引才氛围，增强海外优秀人才的归属感和安全感，以便更好地留住人才，加快建设人才强国。

图书在版编目（CIP）数据

上海侨务研究报告.2015—2017/上海侨务理论研
究中心编.—上海：华东师范大学出版社，2018
ISBN 978-7-5675-8571-3

Ⅰ.①上… Ⅱ.①上… Ⅲ.①侨务-工作-研究报告
-上海-2015-2017 Ⅳ.①D634

中国版本图书馆 CIP 数据核字(2018)第 284476 号

上海侨务研究报告(2015—2017)

编　　者　上海侨务理论研究中心
组稿编辑　王　焰
项目编辑　朱妙津
审读编辑　沈　苏
装帧设计　卢晓红
出版发行　华东师范大学出版社
社　　址　上海市中山北路 3663 号　邮编 200062
网　　址　www.ecnupress.com.cn
电　　话　021-60821666　行政传真 021-62572105
客服电话　021-62865537　门市(邮购)电话 021-62869887
地　　址　上海市中山北路 3663 号华东师范大学校内先锋路口
网　　店　http://hdsdcbs.tmall.com

印 刷 者　北京虎彩文化传播有限公司
开　　本　787×1092　16 开
印　　张　20
字　　数　303 千字
版　　次　2018 年 12 月第 1 版
印　　次　2018 年 12 月第 1 次
书　　号　ISBN 978-7-5675-8571-3/D·232
定　　价　48.00 元

出 版 人　王　焰

(如发现本版图书有印订质量问题,请寄回本社客服中心调换或电话 021-62865537 联系)